THÉATRE COMPLET
DE
EUGÈNE LABICHE

AVEC UNE PRÉFACE

PAR

ÉMILE AUGIER

VI

LE PLUS HEUREUX DES TROIS
LA COMMODE DE VICTORINE — L'AVARE EN GANTS JAUNES
LA SENSITIVE — LE CACHEMIRE X. B. T.

PARIS
CALMANN LÉVY, ÉDITEUR
ANCIENNE MAISON MICHEL LÉVY FRÈRES
3, RUE AUBER, 3

1892

Droits de reproduction et de traduction réservés.

THÉATRE COMPLET

DE

EUGÈNE LABICHE

VI

ÉMILE COLIN. — IMPRIMERIE DE LAGNY

LE PLUS HEUREUX DES TROIS

COMÉDIE EN TROIS ACTES

Représentée pour la première fois, à Paris, sur le théâtre du PALAIS-ROYAL, le 11 janvier 1870.

COLLABORATEUR : M. E. GONDINET

PERSONNAGES

	ACTEURS qui ont créé les rôles
ALPHONSE MARJAVEL.	MM. Geoffroy.
KRAMPACH.	Brasseur.
JOBELIN.	Lhéritier.
ERNEST JOBELIN.	Gil-Pérès.
HERMANCE.	Mmes Ravel.
BERTHE.	Priston.
PÉTUNIA.	Kid.
LISBETH.	Reynold.

LE
PLUS HEUREUX DES TROIS

ACTE PREMIER.

UN SALON CHEZ MARJAVEL.

Cheminée à gauche, premier plan ; sur la cheminée, une pendule surmontée d'une tête de cerf; un petit guéridon au troisième plan. Une grande horloge-coucou à droite; portes au fond dans les pans coupés. Au milieu de la scène, un divan rond et s'ouvrant; au milieu du divan, une corbeille de fleurs. Porte au fond; de chaque côté de cette porte, un portrait : celui de droite sur ses deux faces représente une femme; celui de gauche représente Marjavel; une console sous chaque portrait. Au premier plan, à droite, une fenêtre ouvrant sur un balcon.

SCÈNE PREMIÈRE.

PÉTUNIA, puis MARJAVEL, puis HERMANCE.

Au lever du rideau, Pétunia est en train d'épousseter le divan

PÉTUNIA, au public.

Je ne connais rien de bête comme d'épousseter! cette opération consiste à envoyer sur le fauteuil de droite la poussière qui se reposait sur le fauteuil de gauche... C'est un déplacement, voilà tout... (Elle gagne la droite et époussète le portrait; elle le retourne et voit un autre portrait de femme derrière.) Tiens! le portrait de madame qui a un envers, un autre portrait de femme!

MARJAVEL, une serviette au cou, se disposant à se raser; il paraît à la porte, pan coupé gauche.

Pétunia!

PÉTUNIA, replaçant le tableau comme il était.

Monsieur?

MARJAVEL.

Ernest n'est pas arrivé?

PÉTUNIA.

Non, monsieur.

MARJAVEL, désappointé.

Non? (Poussant un soupir.) Enfin!

Il disparaît.

PÉTUNIA, seule et venant en scène.

Il ne peut plus se passer de son Ernest... il a été lui-même le chercher à Paris, en voiture... et il l'a installé à Auteuil dans le pavillon, au bout du jardin... Après cela, il paraît que c'est dans la nature... un mari aime toujours l'Ernest de sa femme.

HERMANCE entre par le fond; elle tient à la main un petit paquet enveloppé.

Pétunia!

PÉTUNIA.

Ah! c'est madame...

Elle prend le paquet et le pose sur un petit meuble à droite.

HERMANCE.

M. Ernest n'est pas arrivé?

PÉTUNIA.

Non, madame.

HERMANCE.

Non?... (Poussant un soupir.) Enfin!... débarrassez-moi de mon chapeau... de mon mantelet, et laissez-moi.

PÉTUNIA, prenant les objets indiqués qu'elle pose sur le divan.

Bien, madame.

Elle entre à droite, pan coupé.

SCÈNE II.

HERMANCE.

Personne!... (Elle court vivement à une tête de cerf empaillée qui est sur la cheminée et l'ouvre comme une boîte.) C'est là dedans que nous cachons notre correspondance. (Regardant dans la boîte.) Rien!... Il ne m'a pas écrit... Ah! les hommes ne savent pas aimer!... (Tirant une lettre de sa poche et la remettant dans la boîte qu'elle referme.) Tandis que moi... tous les jours, un billet... Aujourd'hui, je lui fais part de mes terreurs... Ce cocher que j'ai vu rôder sous mes fenêtres...

MARJAVEL, passant sa tête.

Ernest n'est pas arrivé?...

HERMANCE.

Non... je ne l'ai pas vu...

MARJAVEL, entrant.

Mais qu'est-ce qu'il fait, cet animal-là? à dix heures!

HERMANCE.

Tu as besoin de lui?

MARJAVEL.

Non, non... mais j'aime à le voir... il m'amuse, il a des naïvetés... Hier, on parlait devant lui d'une femme mariée... et légère... il s'est écrié : « Est-ce que c'est possible? est-ce qu'il y a des femmes qui trompent leurs maris?... » Un enfant! quoi, un enfant!

HERMANCE, riant.

Oh! tout à fait!

MARJAVEL.

Un jour, il faudra que je m'amuse à le dégourdir.

HERMANCE, vivement.

Par exemple! de quoi vous mêlez-vous? Est-ce que ça vous regarde?

MARJAVEL.

Non... Je dis ça pour plaisanter... Voyons, ne te fâche pas... Ah! je savais bien que j'avais quelque chose à te confier.

HERMANCE.

Quoi?

MARJAVEL.

Je me suis donné un valet de chambre.

HERMANCE, étonnée.

Ah! c'est une bonne idée.

MARJAVEL.

Avec sa femme.

HERMANCE.

Ah!

MARJAVEL.

Des gens sûrs... parce que je ne veux plus être servi que par des gens sûrs... Je les fais venir d'Alsace.

HERMANCE.

D'Alsace?

MARJAVEL.

J'ai écrit à mon régisseur : « Mariez-moi un domestique sûr... avec une domestique sûre... et envoyez-les moi... » Ils arrivent aujourd'hui.

HERMANCE.

Comment?... Eh bien, et Pétunia?

MARJAVEL.

Je crois que le moment est venu de lui indiquer la porte... Est-ce que tu y tiens?

HERMANCE.

Oh! pas du tout!

MARJAVEL.

Mon Dieu, ce n'est pas une méchante fille; mais elle a continuellement un pompier dans sa cuisine.

HERMANCE.

En effet, j'ai cru remarquer...

MARJAVEL.

Et moi, ça me fait des peurs... Je crois toujours qu'il y a le feu.

HERMANCE.

Alors tu vas la congédier?

MARJAVEL.

Non... pas moi... toi...

HERMANCE

Comment?

MARJAVEL.

Affaire d'intérieur... ça te regarde. Ainsi ma première femme... cette bonne Mélanie... dont le portrait est derrière le tien... car je n'ai pas voulu vous séparer...

HERMANCE, sèchement.

Merci bien !

MARJAVEL.

Oh ! si tu l'avais connue, tu l'aurais aimée... tout le monde l'aimait... Demande à Jobelin, l'oncle d'Ernest... il savait l'apprécier, lui ! Eh bien, quand il y avait un domestique à renvoyer, elle me disait : « Alphonse, est-ce que tu ne vas pas faire un petit tour à ton café?... » Je partais... et, à mon retour, c'était fait.

HERMANCE.

C'est bien, je me charge de l'exécution.

MARJAVEL.

Après ça, si tu préfères attendre Ernest... il fera ça, lui !

HERMANCE.

Non, c'est inutile.

MARJAVEL.

Au fait, j'ai un autre service à lui demander.

HERMANCE.

Mon ami, si je puis...

MARJAVEL.

Non, il s'agit d'une toiture qui a besoin de réparations... Il est jeune... il montera là-haut... ça le promènera.

HERMANCE.

Mais c'est très-dangereux.

MARJAVEL.

Je crois bien ! Je n'y monterais pas pour mille francs !

on me dirait voilà mille francs, je n'y monterais pas.

HERMANCE.

Mais alors?...

PÉTUNIA, au dehors.

Oui, tout de suite.

MARJAVEL.

Chut!... j'entends Pétunia!... sois ferme! je file!

Il rentre à gauche.

SCÈNE III.

HERMANCE, PÉTUNIA.

PÉTUNIA, entrant par le pan coupé de droite.

Madame n'a pas d'ordres à me donner?

HERMANCE.

Si, j'ai à vous parler, mademoiselle; je vais sans doute être forcée de me priver de vos services...

PÉTUNIA, stupéfaite.

Madame me renvoie?

HERMANCE.

Vous ne devez pas en être bien surprise.

PÉTUNIA.

Au fait, je devais m'en douter... je n'ai pas le bonheur de plaire à M. Ernest.

HERMANCE, étonnée.

Plaît-il? En quoi les affaires de mon ménage regardent-elles M. Ernest?

PÉTUNIA.

Oh! je dis ça... parce que M. Ernest est l'ami de monsieur... et de madame.

HERMANCE, à part.

Elle se doute de quelque chose!

PÉTUNIA.

Madame me donne-t-elle huit jours?...

HERMANCE.

Certainement, nous n'en sommes pas à quelques jours près.

PÉTUNIA, pleurant.

Ah! ça me fait de la peine! J'étais attachée à madame et à M. Marjavel! et à M. Ernest aussi

HERMANCE.

C'est bien, et, puisque vous êtes dévouée... et discrète...

PÉTUNIA.

Ah! madame!

HERMANCE.

Je verrai mon mari, je lui parlerai... Je dois vous dire qu'il est très-froissé de ce pompier que vous recevez.

PÉTUNIA.

Dame! je ne peux pas recevoir des ambassadeurs; d'ailleurs, ce pompier... c'est mon tuteur!

HERMANCE, à part.

Elle se moque de moi. (Haut.) Allez... attendez mes ordres.

PÉTUNIA se dirige vers la porte du fond et s'arrête.

La robe que madame portait hier est bien fatiguée, est-ce que madame compte la remettre?

HERMANCE.

Non, je vous la donne...

PÉTUNIA, avec effusion.

Oh! je ne quitterai jamais madame!

Elle sort par le fond.

SCENE IV.

HERMANCE, puis MARJAVEL, puis PÉTUNIA.

HERMANCE, seule.

Elle me tient! nous aurons commis quelque imprudence. Et Ernest qui n'est pas là!

MARJAVEL, entrant.

Ernest n'est pas arrivé?

HERMANCE, s'oubliant.

Non, je l'attends.

MARJAVEL.

Moi aussi, parbleu!... Onze heures!... Je parie qu'il est encore à sa toilette! S'il croit que je l'ai invité à venir à ma campagne pour se cirer les moustaches!... Ah! je finirai par prendre un parti!

HERMANCE.

Lequel?

MARJAVEL.

J'en inviterai un autre!

HERMANCE.

Tu es injuste; hier, il a arrosé ton jardin jusqu'à neuf heures du soir, pendant que tu fumais ton cigare.

MARJAVEL.

Moi, je ne puis pas arroser, ça me fait mal aux reins. Mais après, pour le récompenser, j'ai fait son besigue.

HERMANCE.

C'est-à-dire qu'il a fait le tien!

MARJAVEL.

Pourquoi le mien plutôt que le sien?

HERMANCE.

Il déteste le jeu!

MARJAVEL.

Lui?... alors, pourquoi me dit-il tous les soirs : « Eh bien, papa Marjavel, est-ce que nous ne faisons pas notre petite partie?... » Tu t'assois près de nous avec ton ouvrage... alors ses yeux brillent... s'allument...

HERMANCE, vivement.

C'est la vue des cartes.

MARJAVEL.

Parbleu! je m'en suis bien aperçu! Veux-tu que je te dise? Ernest est joueur! il n'aime pas les chevaux, il n'aime pas la table, il n'aime pas les femmes... du moins je n'ai jamais remarqué...

HERMANCE.

Moi non plus!

MARJAVEL.

Donc, il est joueur! donc, il finira mal!... Il faudra que je prévienne Jobelin, son oncle... Mais il ne s'agit pas de ça! Tu as vu Pétunia! L'as-tu...?

HERMANCE, à part.

Que lui dire?... (Elle court prendre le petit paquet enveloppé que Pétunia a déposé sur un meuble.) Mon ami... permets-moi..

MARJAVEL.

Quoi donc?

HERMANCE, lui présentant une calotte.

C'est aujourd'hui ta fête... la Saint-Alphonse...

MARJAVEL.

Une calotte!

HERMANCE; elle arrache vivement l'étiquette qui pendait après.

Brodée par moi, en cachette.

MARJAVEL, l'embrassant.

Ah! chère amie! que tu es bonne!

HERMANCE.

Et comme tu t'enrhumes souvent du cerveau l'hiver...

MARJAVEL.

C'est vrai... Ça me grossit le nez.

HERMANCE.

J'ai fait ouater l'intérieur avec de l'édredon...

MARJAVEL, épanoui.

De l'édredon!... Elle m'entoure d'édredon! ma parole, il n'y a pas sous le ciel un homme plus heureux que moi! Avec ma première femme (Hermance remet la calotte sur le petit meuble.), c'était la même chose... J'ai une chance de... pendu! (Tendrement.) Hermance... (Hermance vient près de lui.), tu n'as pas affaire à un ingrat, et, ce soir... j'irai lire mon journal dans ta chambre.

HERMANCE, baissant les yeux.

Tais-toi donc!

MARJAVEL, la lutinant.

Tu ne veux pas que j'aille lire mon journal dans ta chambre?... Dis-le donc! dis-le donc!... Ah! tu ne le dis pas!

HERMANCE.

Voyons... Marjavel... tu es fou!

MARJAVEL, poussant un cri.

Ah! sapristi!

HERMANCE.

Quoi donc?

MARJAVEL.

Puisque c'est aujourd'hui ma fête, nous allons recevoir des visites! Jobelin... avec son bouquet, il n'y manque jamais... et puis la petite Berthe, sa nièce... et Isaure, ma sœur.

HERMANCE.

Eh bien?

MARJAVEL.

Comment allons-nous faire? Nos Alsaciens ne sont pas arrivés, et tu as renvoyé Pétunia... Il ne nous reste qu'Ernest.

HERMANCE.

Non, je n'ai pas renvoyé Pétunia.

MARJAVEL.

Ah! tant mieux! ce sera pour demain.

HERMANCE.

Cette fille est dans une position très-intéressante.

MARJAVEL.

Allons, bon! le pompier!

HERMANCE.

Mais non! tu ne comprends pas... Je veux dire très-digne d'intérêt.

MARJAVEL

Elle? allons donc!

ACTE PREMIER.

HERMANCE.

Je l'ai fait parler... Elle élève, avec ses faibles gages, deux orphelins, dans une mansarde.

MARJAVEL.

Pas possible?...

HERMANCE.

Et elle leur fait donner une très-bonne éducation... sur ses économies.

MARJAVEL.

Tiens! tiens! qui est-ce qui se serait douté de ça?

HERMANCE.

C'est une vie de sacrifice... de dévouement... Elle a renoncé pour eux aux joies de la famille.

MARJAVEL.

Ah! c'est bien!... Ah çà! et le pompier?

HERMANCE, embarrassée.

Le pompier... c'est leur père...

MARJAVEL.

Alors ils ne sont pas orphelins...

HERMANCE, souriant.

Oh! un pompier... ce n'est pas un père... il est toujours dans le feu!

MARJAVEL, passant à la petite table de droite, sur laquelle est une sonnette.

C'est juste. Je suis d'autant plus touché de la conduite de Pétunia, que j'ai absolument besoin d'elle.

Il sonne.

HERMANCE.

Qu'est-ce que tu fais?

MARJAVEL.

Je la sonne... Je vais lui adresser quelques mots. (Pétunia paraît.) Approchez, mademoiselle, approchez.

PÉTUNIA.

Monsieur?

MARJAVEL.

Je sais tout. Continuez, mademoiselle, à marcher dans cette voie d'abnégation et de sacrifices que vous vous êtes tracée...

PÉTUNIA.

Plaît-il?

MARJAVEL.

L'orphelin porte bonheur. (Il passe devant elle.) Continuez, mademoiselle, continuez, l'orphelin porte bonheur.

Il sort par la gauche.

PÉTUNIA, allant vivement à Hermance.

Quel orphelin?

HERMANCE, bas, à Pétunia, en gagnant la porte.

Taisez-vous donc, puisqu'on vous garde.

Elle disparaît par la porte où est sorti son mari.

SCÈNE V.

PÉTUNIA, puis JOBELIN.

PÉTUNIA, seule.

Eh bien, elle est forte, madame!... et voilà monsieur qui me fait des compliments!

JOBELIN, entrant du fond avec une bouteille et un bouquet de roses.

Marjavel est-il chez lui?

ACTE PREMIER.

PÉTUNIA.

Monsieur Jobelin !... je vais le prévenir de votre arrivée.
Elle sort, par le coupé gauche.

JOBELIN, seul; il dépose le bouquet et la bouteille sur le divan.

Je viens souhaiter la fête à Marjavel; c'est une habitude que j'ai contractée du temps de sa première femme... Je ne puis entrer dans ce salon sans être ému... Il m'est permis de jeter un regard mélancolique sur le portrait de cette pauvre Mélanie. (S'adressant au portrait d'Hermance.) On l'a remplacée, pauvre femme !.. au bout d'un an et trois jours !... On oublie si vite... ô époque voltairienne ! (Allant au portrait, le regardant.) Mais me voici, moi... (S'arrêtant.) Ah ! non, c'est la seconde... (Il retourne le portrait, côté Mélanie.) Me voici ! je viens accomplir mon pieux pèlerinage... chère Mélanie !... nous fûmes bien coupables. (S'adressant au portrait Marjavel qui est de l'autre côté.) Nous t'avons trompé, Marjavel !... homme excellent !... homme parfait !... homme admirable !... Je n'ai pas de remords, parce que je me repens... (Il revient en scène.) Et, si je me repens, c'est qu'elle n'est plus là... Sans cela !... pauvre amie !... c'est moi qui ai suggéré à Marjavel l'idée de la faire peindre derrière l'autre... La dernière fois que nous nous vîmes, nous étions en fiacre... elle avait une peur d'être reconnue qui la rendait charmante... elle se cachait derrière un éventail qu'elle était censée avoir gagné à la loterie... La loterie, c'était moi !... Pauvre enfant ! tout me la rappelle ici... (Il soupire en regardant le divan, puis va à la cheminée.) J'avais eu l'idée machiavélique d'offrir à Marjavel cette pendule à tête de cerf... pour sa fête. C'est là dedans que nous cachions notre correspondance... (Il ouvre.) Hein ?... un billet ! un ancien qui est resté... (Il ouvre le billet, et vient en scène.) Quelle imprudence !... écrit d'une main tremblante... c'est bien ça... elle tremblait toujours. (Lisant.) « Un grand malheur nous menace... le cocher du fiacre nous a reconnus, il nous épie, il porte le n° 2114. Tâchez de le voir...' ai le pressentiment que ce fiacre nous portera malheur. » (Parlé.) Elle était bébête avec ses pressentiments!... Je me rappelle qu'un jour elle avait rêvé d'un chat noir... et elle prétendait que c'était le commissaire de police.

PÉTUNIA, entrant.

M. Marjavel vous attend.

Elle sort par la droite.

JOBELIN, reprenant sa bouteille et son bouquet.

Ah! très-bien, je vais lui offrir un bouquet de roses et une bouteille de rhum de 1789... il n'y en a qu'une au monde.

Il sort.

SCÈNE VI.

ERNEST, seul; il est entré par le fond, porte un bouquet de roses et une bouteille de rhum.

Je viens souhaiter la fête à Marjavel, un bouquet de roses et une bouteille de rhum de 1789... il n'y en a qu'une au monde... Je l'ai chipée à mon oncle Jobelin... Sapristi! que j'ai mal aux reins!... Cet animal de Marjavel m'a fait arroser hier jusqu'à neuf heures du soir... (Regardant la porte de gauche.) Pauvre Hermance!... c'est bien pour toi! Voilà son portrait. (S'adressant au portrait.) Oh! nous fûmes bien coupables. (Il dépose sa bouteille et son bouquet sur la console de droite. — Apercevant la tête de Mélanie.) Tiens! c'est l'autre! Mais qui est-ce qui retourne donc toujours la vieille? (Il retourne le portrait côté d'Hermance.) Oui! nous fûmes bien coupables. (S'adressant au portrait de Marjavel.) Nous t'avons trompé, Marjavel! homme excellent! homme parfait! homme admirable!... Je n'ai pas de remords... parce que je ne me re-

pens pas!... Oh! mais pas du tout! (Venant en scène.) J'ai
fait avant-hier avec Hermance une promenade délicieuse..
tout le long des fortifications... Ce matin, j'ai retrouvé
dans ma poche le numéro du fiacre. (Il le montre.) 2114...
Je le conserve comme un symbole d'amour... et de petite
vitesse... Voyons si Hermance n'a rien laissé pour moi
dans la tête de cerf... (Il l'ouvre.) C'est très-commode, cette
cachette que nous avons trouvée. (Regardant.) Je ne vois
rien... (Il replace la tête de cerf, les cornes à l'envers, et gagne la
droite.) Sapristi! que j'ai mal aux reins!... Je frise un lumbago.

SCÈNE VII.

ERNEST, HERMANCE.

HERMANCE, entrant vivement de gauche et très-agitée.

Ah! vous voilà! je vous attends depuis ce matin...

ERNEST.

Qu'y a-t-il?

HERMANCE.

Je n'ai qu'une minute... et mille choses à vous dire... On vient.

Ils s'éloignent vivement l'un de l'autre.

ERNEST.

Non... remettez-vous.

HERMANCE.

Voyons... je ne sais par où commencer.. D'abord ma femme de chambre a des soupçons!...

ERNEST.

Pétunia?

HERMANCE.

M. Marjavel voulait la renvoyer... j'ai obtenu qu'elle restât.

ERNEST.

Bravo! On ne renvoie jamais une femme de chambre qui a des soupçons...

HERMANCE.

Il a arrêté des Alsaciens... des gens sûrs... pour nous espionner, sans doute...

ERNEST.

Oh! quelle idée!

HERMANCE.

On vient!

Elle tombe assise, à gauche, sur le divan.

ERNEST *tombe assis, à droite, sur le divan; il remonte sa montre pour se donner une contenance.*

Mais non!... c'est une voiture...

HERMANCE, se levant.

Une voiture!... Vous m'y faites songer... Méfiez-vous du cocher.

ERNEST, se levant en même temps qu'Hermance.

Quel cocher?...

HERMANCE.

Et si l'on veut vous faire monter sur le toit... n'y montez pas, c'est très-dangereux.

ERNEST.

Quel toit?

HERMANCE.

Ah! j'oublie le plus important... j'ai laissé mon éventail dans le fiacre... un cadeau de mon mari.

ACTE PREMIER.

ERNEST.

Mais je suis là, moi, je l'ai trouvé et je l'ai serré dans la poche de mon paletot...

HERMANCE.

Alors, vite, rendez-le-moi...

ERNEST.

Plus tard... Je suis allé ce matin chez mon oncle pour lui emprunter quelque chose... de 1789... et j'y ai oublié mon paletot.

HERMANCE.

On va le trouver... nous sommes perdus!

ERNEST.

Mais ne tremblez donc pas toujours... (Lui prenant la taille.) Je suis discret... prudent...

Le coucou laisse entendre un long échappement, puis sonne lentement deux heures.

HERMANCE, le repoussant.

On vient!

Elle tombe assise sur une chaise à gauche, près de la cheminée.

ERNEST *est allé s'asseoir vivement sur la chaise à droite, près du petit meuble.* — *Après un temps.*

C'est pas votre mari... c'est le coucou.

HERMANCE, se levant.

Oh! je l'arrêterai... il me fait trop peur.

ERNEST, même jeu.

Ah! c'est ennuyeux de causer comme ça, c'est à peine si nous pouvons nous voir tous les 36 du mois et nous serrer la main entre deux portes.

HERMANCE.

Ah! c'est que je ne vis pas!

ERNEST.

Hier soir, je voulais vous surprendre...

HERMANCE.

Comment?

ERNEST.

J'ai grimpé sans bruit, le long du treillage qui est sous le balcon... Je me croyais arrivé à votre fenêtre... J'ai frappé trois petits coups... et une grosse voix m'a répondu: « Qui va là? »

HERMANCE.

La chambre de ma tante!... Nous sommes perdus!

Elle gagne vivement la droite.

ERNEST.

Mais non!... Je me suis laissé dégringoler... et tout est rentré dans le silence.... Mais je reviendrai ce soir...

HERMANCE.

Ce soir? Ça ne se peut pas! Je vous le défends.

ERNEST.

Pourquoi?

HERMANCE.

C'est la fête de M. Marjavel, et...

ERNEST.

Quoi?

HERMANCE.

Rien!

ERNEST.

Écoutez... si la chose est possible... ouvrez la fenêtre de ce salon...

Indiquant la fenêtre, premier plan.

HERMANCE.

Non... ce ne sera pas possible... partez. Il ne faut pas qu'on nous trouve ensemble. Vous reviendrez dans cinq minutes !

ERNEST.

Oui... dans trois minutes. Ah! j'oubliais. (Reprenant son bouquet et sa bouteille de rhum.) Ah! je suis bien heureux!

Il sort par le fond.

SCÈNE VIII.

MARJAVEL, JOBELIN, HERMANCE, puis ERNEST.

Marjavel paraît au bras de Jobelin.

HERMANCE, à part.

Il était temps!

Elle va au petit meuble de droite et semble chercher quelque chose.

JOBELIN, entrant avec la bouteille.

Elle a été apportée, en 1789, par un cousin de Lafayette, dont le neveu la légua au grand-père de mon oncle... il n'y en a qu'une au monde...

MARJAVEL.

Ah! ce bon Jobelin! Voilà un ami! (Passant à sa femme.) Ernest n'est pas arrivé?

HERMANCE.

Je ne l'ai pas vu.

JOBELIN.

J'ai laissé Berthe, ma nièce, avec sa femme de chambre en train d'achever un petit ouvrage pour la Saint-Alphonse... elle va venir.

MARJAVEL.

Ah! cette chère Berthe... elle a aussi pensé à moi.. Mais qu'est-ce que fait Ernest?... Sans être exigeant, il me semble qu'un jour comme celui-ci...

PÉTUNIA, annonçant.

M. Ernest!

Ernest entre avec son bouquet et sa bouteille.

ERNEST, saluant Hermance cérémonieusement.

Madame... Mon cher Marjavel...

Il lui présente son bouquet.

MARJAVEL, sévèrement.

Monsieur Ernest, j'aurais préféré moins de fleurs et un peu plus d'empressement...

ERNEST.

Excusez-moi... j'ai fait une longue course ce matin pour vous apporter...

MARJAVEL.

Quoi?

ERNEST, présentant sa bouteille.

Cette bouteille de rhum de 1789... il n'y en a qu'une au monde.

JOBELIN, à part.

Mais je la reconnais.

ERNEST.

Elle a été rapportée par un cousin de Lafayette.

MARJAVEL.

Alors, il en a rapporté deux...

Il montre la bouteille donnée par Jobelin, prend celle d'Ernest ainsi que le bouquet, et va les déposer à gauche sur la console.

ERNEST, à Jobelin, bas.

Comment! vous en aviez donc deux?

JOBELIN, bas.

Mais non! la mienne vient des Caves réunies, animal!

MARJAVEL, revenant à sa place.

Mes amis... je vous remercie... et, pour vous témoigner le prix que j'attache à votre précieux cadeau... ces deux bouteilles... je les boirai seul... Je n'en donnerai à personne.

JOBELIN, réclamant.

Mais...

MARJAVEL.

Ne me remerciez pas!...

JOBELIN, à part.

J'aurais pourtant voulu y goûter.

SCÈNE IX.

Les Mêmes, BERTHE.

JOBELIN, apercevant Berthe qui paraît au fond. Il va au-devant d'elle.

Ah! voici ma nièce...

BERTHE, entrant du fond avec des bretelles dans un papier; elle salue Hermance qui a remonté à son entrée.

Bonjour, madame.. (Allant à Marjavel.) Monsieur Marjavel, permettez-moi de vous offrir...

JOBELIN, vivement.

L'ouvrage de ses doigts... Je l'ai vu faire...

MARJAVEL, qui a déployé le papier.

Une paire de bretelles... merci, chère enfant... Je vous promets de les porter tout seul!...

JOBELIN, à part.

Je comprends les bretelles... mais le rhum!...

BERTHE, à Ernest.

Bonjour, cousin; vous avez oublié votre paletot chez mon oncle... et voici ce qui est tombé de la poche.

Elle tire l'éventail de sa poche.

HERMANCE, à part.

Mon éventail!

ERNEST, à part.

Petite bête!

MARJAVEL.

Voyons?... très-joli!

ERNEST, bas, à Hermance.

Il va le reconnaître!

HERMANCE, de même.

Nous sommes perdus!

Berthe remonte et gagne la gauche.

MARJAVEL, prenant l'éventail à Ernest.

Ah! mon gaillard! vous laissez traîner des éventails dans vos poches de paletot.

JOBELIN, à part, suivant l'éventail des yeux.

Il ressemble à celui de Mélanie.

ERNEST.

Monsieur Marjavel, n'allez pas croire...

MARJAVEL.

Je crois que cet éventail appartient à une femme!...

ACTE PREMIER.

mais ce qu'il y a de sûr... c'est que ce n'est pas à la mienne.

HERMANCE, s'efforçant de sourire.

Certainement...

ERNEST, nerveux et riant.

Ah! très-drôle! très-drôle!

JOBELIN, prenant l'éventail des mains de Marjavel.

Voulez-vous permettre?... (Éclatant.) Juste... je le reconnais... c'est...

TOUS.

Quoi?

JOBELIN, se maîtrisant.

C'est... c'est l'éventail d'Anne d'Autriche.

ERNEST.

Que je viens d'acheter pour l'offrir à ma cousine Berthe.

BERTHE.

A moi? Oh! que je suis contente! (Bas, à Jobelin.) Vous voyez bien qu'il m'aime.

JOBELIN.

C'est incroyable.

BERTHE.

Qu'y a-t-il là d'incroyable?

JOBELIN.

Non, je dis: c'est incroyable comme il ressemble à celui que j'ai donné...

BERTHE.

A qui?

JOBELIN.

A Anne d'Autriche!... Ah! je ne sais plus ce que je dis!

Berthe et Jobelin remontent au fond.

MARJAVEL.

Mes amis, nous passerons notre journée ensemble, j'ai un projet. (Il sonne et aperçoit la tête de cerf, dont les cornes sont retournées et poussant un cri.) Ah !

TOUS.

Quoi ?

MARJAVEL, à la cheminée.

On a touché à ma tête !

HERMANCE.

Non !

ERNEST.

Non !

JOBELIN.

Non !

MARJAVEL.

Mais si, les cornes sont retournées du côté du mur !

JOBELIN, à part.

Maladroit !

ERNEST, à part.

Quelle faute !

MARJAVEL, examinant la tête qu'il a prise dans ses mains.

Ça tourne donc, ça ?

HERMANCE, bas, à Ernest.

Avez-vous pris mon billet ?

ERNEST, bas.

Non.

HERMANCE, de même.

Nous sommes perdus !

ACTE PREMIER.

MARJAVEL, voyant l'ouverture qui y est pratiquée.

Tiens! ça s'ouvre, ça forme une petite boîte.

HERMANCE, bas, à Ernest.

Le billet n'y est plus.

ERNEST, bas.

Quelqu'un l'a pris.

HERMANCE, de même.

C'est Pétunia.

JOBELIN, à part, montrant le billet.

Comme j'ai bien fait de passer par là!

MARJAVEL, refermant la tête de cerf.

C'est très-gentil... j'y mettrai des timbres-poste.

PÉTUNIA, entrant de droite.

Madame a sonné?

HERMANCE, à part.

Elle!

ERNEST, bas, à Pétunia.

Voilà vingt francs... brûle-le!

PÉTUNIA, étonnée.

Quoi?

MARJAVEL, près de la cheminée, à Pétunia.

Allez nous chercher un fiacre... un grand, nous sommes cinq.

PÉTUNIA.

Tout de suite, monsieur.

Elle sort par le fond.

MARJAVEL.

Nous allons tous aller dîner chez Doyen... c'est moi qui régale pour ma fête.

BERTHE.

Ah! quel bonheur! je n'ai jamais dîné au restaurant!

ERNEST, bas, à Hermance.

Dites donc, chez Doyen... il y a des bosquets...

HERMANCE, bas.

Taisez-vous!

ERNEST, de même.

Tiens!... pour sa fête!

PÉTUNIA, rentrant un numéro de fiacre à la main. Tous reviennent en scène.

Le fiacre est en bas... numéro 2114.

Elle le donne à Marjavel.

HERMANCE, ERNEST et JOBELIN, poussant un cri en entendant nommer le numéro du fiacre.

Ah! mon Dieu!

MARJAVEL.

Eh bien, quoi?

HERMANCE.

Rien, je me suis piquée.

JOBELIN.

Je me suis mordu.

ERNEST.

J'ai une botte qui me gêne.

Marjavel remonte au fond pour mettre son paletot et Berthe pour s'arranger. — Pétunia l'aide.

HERMANCE, bas, à Ernest.

2114. C'est le numéro de notre fiacre.

ERNEST, bas.

Je le sais bien.

ACTE PREMIER.

HERMANCE, bas.

Il nous a reconnus.

ERNEST, de même.

Mais non !

HERMANCE, de même.

J'en suis sûre !

ERNEST, de même.

Ah ! diable.

HERMANCE, de même.

Cachez-vous ! masquez-vous !

Elle prend sa voilette sur le divan, et, en la pliant s'en fait un masque.

ERNEST, à part.

Qu'est-ce que je pourrais bien me mettre sur la figure ?

Il avise un petit rideau blanc, à la fenêtre ; il le décroche, le roule et s'en fait un cache-nez qui monte jusqu'aux yeux.

JOBELIN, à part, en redescendant.

Il n'est pas probable que ce cocher me reconnaisse au bout d'un an... cependant la prudence exige... (Apercevant des lunettes sur la cheminée.) Les lunettes de Marjavel...

Il s'applique une paire de lunettes bleues.

ERNEST, après avoir pris le rideau.

J'ai ce qu'il me faut.

MARJAVEL, les regardant.

Ah çà ! quelle diable de toilette faites-vous là ?

HERMANCE.

C'est à cause de la poussière.

JOBELIN.

Je crains le soleil.

ERNEST.

Et moi les courants d'air. (A part.) Que diable vais-je faire de la tringle?

BERTHE, à Ernest.

Un cache-nez au mois d'août!...

ERNEST, bas.

Tais-toi et donne-moi le bras!

Il fourre la tringle dans son pantalon.

MARJAVEL.

Pétunia! (Pétunia s'avance.) S'il vient deux Alsaciens me demander, vous les ferez asseoir... sur une chaise de paille que vous irez prendre dans la cuisine... et vous les prierez de m'attendre.

PÉTUNIA.

Bien, monsieur.

MARJAVEL, prenant le bras de sa femme pendant que Berthe descend vers Ernest.

En route!

JOBELIN, à part.

Je n'y vois pas du tout avec ça!

Il se heurte contre Hermance.

ERNEST, de même.

La tringle me gêne pour marcher.

Ils sortent tous par le fond, excepté Pétunia.

SCÈNE X.

PÉTUNIA, puis KRAMPACH et LISBETH.

PÉTUNIA, seule.

Bon voyage! me voilà maîtresse de la maison! Il n'y a plus que moi ici, et la sœur de monsieur, mademoiselle Isaure; mais elle ne sortira pas de sa chambre... elle s'est fait teindre les cheveux ce matin, c'est son jour... et elle sèche.

> Krampach et Lisbeth paraissent au fond. Ils portent des paquets comiques. Lisbeth tient à la main une marmite en fonte. Tous deux ont le costume alsacien.

KRAMPACH.

Guten tag mein fraulein... Wohnt hier herr Marjavel? Ein mann Welcher einen groszen Barich und Reichtum hat...

> Lisbeth répète le même allemand.

PÉTUNIA, étonnée.

Qu'est-ce que c'est que ça? qu'est-ce que vous voulez?

KRAMPACH.

Elle ne comprend pas!... C'est-y pas ici que demeure M. Marjavel, un homme qui a un gros ventre et de la fortune?

LISBETH.

Un homme qui a un gros ventre et de la fortune!

PÉTUNIA, à part.

Je parie que ce sont les Alsaciens... (Haut.) Vous êtes les Alsaciens?...

KRAMPACH

Ya!

LISBETH.

Ya!

PÉTUNIA.

Eh bien, ils ont de bonnes têtes.

KRAMPACH, venant en scène.

Wir sind dies en morgen. (Se reprenant.) Nous sommes partis ce matin à quatre heures.

PÉTUNIA, l'arrêtant.

A la bonne heure, vous parlez français!

KRAMPACH.

Ya... un petit peu... pas beaucoup... de temps en temps tout de même. (Il se tape sur la cuisse.) Gredin! (A Pétunia.) Mais ma femme, il a été plus à l'école que moi... qui n'y suis pas été du tout. (Il se tape sur la cuisse.) Gredin!

PÉTUNIA, à part.

Qu'est-ce qu'il a donc à se taper sur la jambe? (A Lisbeth.) Alors, madame parle français?

LISBETH.

Ya.

PÉTUNIA.

Et vous venez pour entrer au service de M. Marjavel?

LISBETH.

Ya!

PÉTUNIA, désignant Krampach.

Et ça... c'est votre mari?

LISBETH.

Ya!

PÉTUNIA, apercevant Krampach qui s'est assis sur le divan, et le faisant relever et passer devant elle.

Non! pas là-dessus... je vais vous chercher une chaise de paille, donnez-moi vos paquets...

Elle le débarrasse.

KRAMPACH.

Merci de l'obligeance...

PÉTUNIA, à Lisbeth.

Et les vôtres?

Elle la débarrasse.

KRAMPACH.

Pas le marmite! une femme ne doit jamais quitter son marmite!

PÉTUNIA.

Ah! ne vous fâchez pas!... Je n'y tiens pas, à votre marmite!

Elle sort en laissant la marmite aux mains de Lisbeth.

SCÈNE XI.

KRAMPACH, LISBETH.

KRAMPACH, s'appliquant des coups sur tout le corps, et gagnant la gauche, pendant que Lisbeth, qui le regarde, passe à droite.

Tiens! tiens! tiens! gredin!

LISBETH.

Mais qu'é que t'as?

KRAMPACH.

J'ai que ce matin avant de partir de chez nous, je me suis absenté... au fond du jardin, alors j'ai emprisonné un n'hanneton dans mon pantalon.

LISBETH.

Un n'hanneton?

KRAMPACH.

Que je le promène depuis Mulhouse... il me gratte, il me grignote. (Se tapant de tous les côtés.) Tiens! tiens! tiens!

LISBETH.

Pourquoi que tu le gardes?

KRAMPACH.

Je le garde pas par gourmandise... mais, quand on voyage en chemin de fer avec des dames... qu'on ne connaît pas... on ne peut pas ôter sa culotte, ça ferait crier l'administration.

LISBETH.

Fallait descendre à une station...

KRAMPACH.

Ah bien, oui! j'ai essayé... mais on n'est pas plus tôt descendu qu'il faut remonter.

Il imite le bruit de la vapeur qui s'échappe.

LISBETH.

En tout, t'es si lambin...

KRAMPACH.

A Illfurth... on m'a bien indiqué un endroit... ousqu'il y avait une femme qui gardait l'établissement...

LISBETH.

Eh bien?

KRAMPACH.

Eh bien!... j'ai pas voulu. C'était de la dépense. (Se frappant.) Tiens, v'là qu'y change de place, l'animal! il se promène là dedans comme dans un parc!... Tape-moi dans le dos... ferme, ferme! (Lisbeth pose sa marmite et lui tape dans le dos.) **Y descend!... y descend!...** (Tout à coup.) **Tant pis, je vas l'ôter!**

Il fait mine de défaire ses bretelles.

LISBETH, qui a repris sa marmite, après avoir tapé avec ses deux mains.

Ah! mais non!

KRAMPACH

Il n'y a personne.

LISBETH.

Eh bien, et moi?

KRAMPACH.

Toi, t'es du bâtiment!... fais le guet... si quelqu'un vient, tu m'avertiras.

LISBETH, remontant au fond et tournant le dos.

Dépêche-toi!

KRAMPACH, gagnant près de la cheminée, tout en faisant mine de défaire son pantalon.

Si on savait ce que c'est que de posséder un n'hanneton dans son intérieur...

LISBETH, redescendant.

Vite! v'là du monde!...

SCÈNE XII.

LES MÊMES, PÉTUNIA.

PÉTUNIA, entrant avec une chaise de paille.

Tenez, voilà une chaise... (Elle la pose devant le divan. Secouant sa main.) **Pristi! je me suis enfoncé un petit morceau de bois sous l'ongle.**

KRAMPACH.

Ah! c'est mauvais ça.

LISBETH.

C'est pas bon.

KRAMPACH.

Mais je connais un remède... on étale dessus du fromage mou... et on le fait lécher par une poule...

PÉTUNIA.

Ah! farceur!

KRAMPACH, prenant la chaise.

Parole d'honneur. (A part.) Si je pouvais m'asseoir dessus. (Il s'assied; à Lisbeth.) Si t'es fatiguée, assieds-toi sur la marmite.

LISBETH.

Non, mes bonnets sont dedans.

KRAMPACH.

Puisqu'il y a un couvercle.

LISBETH.

Non, je ne veux pas.

KRAMPACH.

Comme tu voudras.

PÉTUNIA, qui rangeait sur la cheminée, se retourne.

Eh bien, vous n'êtes pas gêné, vous! et votre femme? Elle restera debout!

KRAMPACH, assis.

C'est la position qui convient à une femme qui a fait des turlutaines.

PÉTUNIA.

Qu'est-ce que c'est que ça?

KRAMPACH.

Chut! Elle a commis une faute avant son mariage.

PÉTUNIA.

Avec vous?

KRAMPACH.

Avec moi, ça ne serait pas une faute.

LISBETH, pleurant.

Tu m'avais promis que tu n'en parlerais jamais.

KRAMPACH.

Je n'en parlerai jamais... je l'ai juré! mais je peux bien le dire à mademoiselle qui ne le sait pas. (Il fait plusieurs bonds sur sa chaise et finit par se gratter avec. — A part.) Ça ne peut pas durer... c'est pas possible.

Il la pose, Lisbeth la prend, la porte à droite et revient en scène.

PÉTUNIA, à part.

Encore! Il est plein de tics, cet Alsacien.

KRAMPACH.

Quand j'ai épousé Lisbeth, c'était une gringalète, maigre, de rien du tout. Son père vint me trouver dans les champs, j'arrachais des betteraves; il me dit : « Krampach, tu es un honnête homme, ma fille a fait une faute, je te la donne en mariage. »

PÉTUNIA.

C'est engageant.

KRAMPACH.

Je lui répondis par un sourire d'incrédulité... comme cela... qui voulait dire : « Père Schaffouskraoussmakusen, je suis sensible à votre ouverture, mais j'aime mieux être le premier à Rome que le second à Lisbeth. »

PÉTUNIA.

Ah! vous êtes fier, vous.

KRAMPACH.

Ya... je suis un peu fier.

PÉTUNIA.

Oui, mais vous l'aimiez?...

KRAMPACH.

Je l'aimais, parce qu'elle avait cinq mille francs qui venaient de sa mère... madame Schaffouskraoussmakusen.

PÉTUNIA.

Alors c'est pour ses écus?

KRAMPACH.

Ya... ils étaient placés chez Kuissermann.

LISBETH.

Un fabricant de sangsues.

KRAMPACH.

Tais-toi... tu peux pas parler... t'as commis une faute! Ils étaient placés chez Kuissermann, fabricant de sangsues, à 22 pour 100, qu'il ne payait pas; c'est un joli intérêt.

PÉTUNIA.

Mais s'il ne payait pas...

LISBETH.

On laisse aquimiler.

KRAMPACH, sans comprendre.

Aquimiler? quoi aquimiler? (Comprenant.) Oui, on les accumulait : mais, au moment de régler, il est parti pour Paris, avec le magot.

PÉTUNIA.

Alors, vous êtes volé?...

ACTE PREMIER.

KRAMPACH.

Ya... mais je le retrouverai...

PÉTUNIA.

Oh! Paris est bien grand.

KRAMPACH.

Laissez faire, j'ai mon idée... Tous les dimanches j'irai me planter sur la place du marché, faudra bien qu'il y vienne.

On entend sonner.

PÉTUNIA.

On sonne... je reviens!...

Elle sort.

SCÈNE XIII.

KRAMPACH, LISBETH, puis MARJAVEL, et HERMANCE.

KRAMPACH.

Ah! le gredin, il se réveille. Elle est partie; tant pis, je vas l'ôter.

Il commence à défaire ses bretelles

MARJAVEL entre, suivi d'Hermance et de Pétunia.

Où sont-ils? Je veux les voir!

PÉTUNIA, montrant Krampach et Lisbeth

Les voici!

MARJAVEL.

Bonjour, mes amis!... avez-vous fait un bon voyage?

KRAMPACH.

Merci, ça ne va pas mal... et ma femme non plus.

Il donne une poignée de main à Marjavel.

MARJAVEL.

Ah! non! Il ne faut pas me donner la main, c'est bon en Alsace. (Apercevant Krampach qui rattache ses bretelles.) Et puis... autant que possible, vous ne ferez pas votre toilette dans ce salon. (A sa femme.) Ils m'ont l'air de gens sûrs...

HERMANCE.

Mais ce sont des paysans.

MARJAVEL.

Ils se formeront. (Haut.) Il est tard... Pétunia va vous montrer votre chambre, nous causerons demain.

KRAMPACH, saluant.

Bonsoir, monsieur et madame.

LISBETH.

Bonsoir, monsieur et madame.

MARJAVEL, à part, regardant Lisbeth qui est montée près de la bonne.

Elle est gentille, l'Alsacienne.

Lisbeth et Pétunia sortent à gauche.

KRAMPACH, à part, se disposant à les suivre.

Cette fois, je vais pouvoir l'ôter.

MARJAVEL, le rappelant.

Krampach!

KRAMPACH.

Monsieur?

MARJAVEL.

Reste, toi... Puisque tu es mon valet de chambre, tu vas m'aider à me déshabiller... Allume les bougies.

KRAMPACH, à part, allumant deux bougies.

Je ne peux pas être seul depuis Mulhouse!...

MARJAVEL, à sa femme.

Je tiens d'autant plus à l'avoir près de moi que je ne me sens pas à mon aise.

HERMANCE.

Qu'as-tu donc?

MARJAVEL.

J'ai mangé deux tranches de melon.

HERMANCE.

Ah! je te le disais bien.

MARJAVEL.

C'est incroyable... la première passe toujours... très-bien... mais la seconde m'est fatale...

HERMANCE.

Alors, pourquoi en prends-tu deux?...

MARJAVEL.

Qu'est-ce que tu veux! le jour de ma fête... Est-ce que tu n'as jamais fait de fautes, toi?...

HERMANCE, vivement.

Je ne dis pas ça... mon ami...

MARJAVEL, se prenant l'estomac et gagnant à droite.

Ah! ça ne va pas... diable de seconde tranche.. J'étouffe... (Appelant.) Krampach!

KRAMPACH.

Monsieur?

MARJAVEL, s'asseyant sur la chaise, près la petite table à droite

Ouvre la fenêtre.

HERMANCE, à part, effrayée.

Ah! mon Dieu! le signal attendu par Ernest! (Haut.) Non! n'ouvrez pas.

MARJAVEL.

Ouvre!...

HERMANCE, à son mari.

Tu vas t'enrhumer.

MARJAVEL.

Il n'y a pas de danger; ouvre, je suis bien couvert. (Krampach ouvre la fenêtre, puis retourne à la cheminée.) Ah! ça fait du bien...

HERMANCE, à part.

Et l'autre qui va grimper le long du treillage! (Haut.) Mon ami, si tu ne te sens pas à ton aise, tu ferais mieux d'aller te coucher.

MARJAVEL.

Tu crois?

HERMANCE.

Oh! le lit, il n'y a rien de mieux.

MARJAVEL, se lève.

Bonsoir. (Il l'embrasse.) Dis donc, demain, j'irai lire mon journal dans ta chambre.

HERMANCE.

Oui... dépêche-toi.

MARJAVEL.

Krampach, suis-moi!

KRAMPACH.

Tout de suite, monsieur.

<small>Il se donne deux ou trois coups de pincette dans le dos, et entre à la suite de Marjavel avec la bougie et la pincette.</small>

SCÈNE XIV.

HERMANCE, puis ERNEST.

HERMANCE, seule.

Vite! fermons cette fenêtre. (Elle se dirige vers la fenêtre Ernest paraît sur le balcon, il porte un morceau de gouttière à la main. — Reculant.) Lui!

ERNEST, entrant.

Oui... j'ai vu le signal... et j'arrive le cœur plein d'amour.

HERMANCE, apercevant la gouttière.

Qu'est-ce que vous tenez là?

ERNEST.

C'est un morceau de gouttière qui s'est décollé pendant que je grimpais, je ne pouvais pas le laisser tomber... à cause du bruit... et je l'apporte... Hermance, j'arrive le cœur plein d'amour.

HERMANCE.

Il faut le cacher... Si mon mari le trouvait...

ERNEST.

Oh! je ne tiens pas à le garder pour notre entretien... Où le mettre?

HERMANCE.

Je ne sais pas... (Désignant le divan qu'elle ouvre.) Ah! dans ce meuble...

ERNEST.

Tiens! ça s'ouvre? (Il met la gouttière dans le divan qu'il referme.) Hermance, j'arrive le cœur plein d'amour.

HERMANCE.

Il faut vous en aller.

ERNEST.

Pourquoi?

HERMANCE.

Mon mari est là... couché...

ERNEST.

Ça ne me gêne pas... (Avec passion.) Hermance, oublions le ciel et la terre! Nous sommes seuls au monde... C'est le balcon de Juliette et je suis Roméo!

HERMANCE.

Plus bas!

ERNEST.

Un baiser... un seul?

Il se dispose à l'embrasser.

VOIX DE MARJAVEL, dans la coulisse.

Hermance!

Hermance recule vivement.

ERNEST, à part.

Est-il ennuyeux, cet animal-là!... il ne me laisse pas un moment tranquille!

VOIX DE MARJAVEL.

Hermance!

HERMANCE.

Il vient! fuyez!

ERNEST.

Oui... ce balcon... ça me connait. (Il s'approche du balcon et s'arrête tout à coup.) Impossible.

HERMANCE

Comment!

ACTE PREMIER.

ERNEST, bas, à Hermance.

Votre tante est à sa fenêtre... elle sèche!

HERMANCE.

Ah! mon Dieu! et la porte qui est fermée en bas; où vous cacher?

VOIX DE MARJAVEL.

Hermance!

HERMANCE, montrant le divan qu'elle ouvre.

Là, dans ce meuble.

ERNEST.

Avec la gouttière? (Entrant dans le divan.) Je ne pourrai jamais tenir là dedans.

HERMANCE.

Dépêchez-vous!

Elle ferme le divan et gagne vivement la chaise de droite, où elle s'assied et fait semblant de prendre un ouvrage sur la table.

SCÈNE XV.

HERMANCE, ERNEST, caché; MARJAVEL, KRAMPACH.

MARJAVEL, entrant, suivi de Krampach.

Tu ne m'entends donc pas, ma chère amie?...

HERMANCE, se levant et venant à lui.

Non... je n'ai rien entendu...

KRAMPACH.

Monsieur a des coliques dans l'estomac.
Il se donne une tape sur les cuisses et repose la pincette dans la cheminée.

MARJAVEL, à Krampach.

Mais quand tu te taperas les cuisses, ça ne me soulagera pas!... Ah! je ne me sens pas bien.
Il s'assied sur le divan.

HERMANCE, à part.

Bon! il se met sur l'autre!

MARJAVEL.

Qu'on aille tout de suite me chercher Ernest!

HERMANCE.

C'est inutile...

MARJAVEL.

Si... je veux voir Ernest! (A Krampach.) Va... dans le pavillon au bout du jardin... et, s'il dort, ne crains pas de le réveiller.

KRAMPACH.

Tout de suite. (A part.) Dans le jardin, je trouverai bien une petite feuille de vigne pour me déshabiller derrière.
Il sort par le fond.

SCÈNE XVI.

MARJAVEL, HERMANCE, puis ERNEST.

MARJAVEL, assis.

Je ferai coucher Krampach sur ce divan.

HERMANCE, à part.

Voilà une idée...

ACTE PREMIER.

MARJAVEL.

Et comme ça, si j'ai besoin de soins...

HERMANCE, à part.

Que faire? il doit étouffer là-dessous... (Haut, prenant les mains de son mari.) Voyons, te sens-tu mieux?

MARJAVEL.

Non, ça me pèse toujours.

HERMANCE.

Ah! mon Dieu! tes mains sont glacées... tu te refroidis!...

MARJAVEL, effrayé.

Tu crois?

HERMANCE.

Il faut marcher... marcher vite!

MARJAVEL.

Oui, pour rétablir la circulation.

Il se met à arpenter la scène.

HERMANCE.

Plus loin! plus loin!... tu as tout l'appartement pour te promener.

MARJAVEL.

C'est juste, je vais jusqu'au bout et je reviens. (Il sort à droite en marchant à grands pas et en comptant.) Un... deux... trois...

HERMANCE, ouvrant le divan.

Vite!... sortez!...

ERNEST, se montrant; il est très-pâle.

J'étouffe... je vous demanderai un verre d'eau sucrée.

MARJAVEL, en dehors.

23, 24.

ERNEST, rentrant vivement la tête; Hermance s'assied sur le divan.

Ah!

MARJAVEL, entrant de droite et traversant la scène.

25, 26, 27.

Il disparaît à gauche, Ernest relève le divan et paraît.

ERNEST, continuant sa phrase.

Avec un peu de fleur d'oranger.

HERMANCE.

Nous n'avons pas le temps, il va revenir.

ERNEST, sortant du divan.

La gouttière me coupait la figure.

HERMANCE.

Je l'entends... partez !... vous reviendrez dans cinq minutes.

ERNEST, se sauvant par le fond.

Oui... (A part.) Quel métier!

Il disparaît par le fond.

MARJAVEL, rentrant en comptant ses pas.

51, 52... J'ai fait 52 pas... (A Hermance.) Ernest n'est pas arrivé?

HERMANCE.

Pas encore...

MARJAVEL, tombant sur le divan.

Je suis brisé... c'est la marche, j'ai fait cinquante-deux pas. (On frappe deux petits coups discrets à la porte.) Entrez!

Ernest paraît.

ACTE PREMIER.

HERMANCE.

Monsieur Ernest!

MARJAVEL, boudeur.

Ce n'est pas malheureux!

ERNEST, jouant l'empressement.

Vous m'avez fait demander?... qu'y a-t-il?

HERMANCE.

Mon mari est un peu souffrant... je vais lui faire du thé... un cataplasme... allumez le feu.

Elle sort à droite.

MARJAVEL, à Ernest.

Allumez le feu!

ERNEST, à part, allumant le feu.

Comme c'est agréable!

MARJAVEL, geignant sur le divan.

Heu!... heu!...

ERNEST, s'approchant de lui et lui prenant la main.

Eh bien! pauvre ami... comment vous sentez-vous?

MARJAVEL.

Bien faible, j'ai cru que vous ne viendriez jamais.

ERNEST

J'étais couché... le temps de passer un pantalon.

MARJAVEL.

Moi, monsieur, si j'avais un ami malade, je ne songerais pas à ma toilette.

ERNEST, lui tâtant le pouls

Ça ne sera rien... un peu de prostration.

MARJAVEL.

Comment dites-vous?

ERNEST

C'est de la prostration.

MARJAVEL.

Ce n'est pas dangereux?

ERNEST.

Non.

HERMANCE, rentrant avec une tasse de thé et une petite casserole qu'elle pose à terre près d'elle. — A Marjavel.

Tiens, mon ami, une tasse de thé.

Elle s'assied à sa droite, Ernest à sa gauche

MARJAVEL, portant la tasse à ses lèvres.

Merci... c'est trop chaud. (Hermance souffle avec Ernest sur la tasse.) C'est de la prostration que j'ai... (Il boit.) Ce n'est pas dangereux.

HERMANCE, prenant la casserole.

Vous, monsieur Ernest, faites le cataplasme.

Elle lui donne la casserole.

ERNEST, se levant très-surpris.

Moi?

Il va à la cheminée.

HERMANCE; elle prend la tasse et la pose sur la petite table de droite.

Oui... tournez! tournez!

ERNEST à part, tournant la cuiller avec fureur.

Et on appelle ça un rendez-vous d'amour!

MARJAVEL.

Ah! ça va mieux... ça passe... Hermance, mets-toi là près de moi.

<small>Hermance prend la chaise et veut s'y asseoir à distance de Marjavel.</small>

ERNEST, à part.

Il oublie donc que je suis là?

<small>Il frappe sur la casserole.</small>

MARJAVEL.

Non!... plus près...

HERMANCE, s'asseyant sur le divan.

Me voici, mon ami...

MARJAVEL, lui prenant la taille.

Ah! tu es un ange!... et je ne sais comment te remercier...

<small>Il lui embrasse les mains.</small>

ERNEST, à part.

Sacrebleu! (Il frappe très-fort sur la casserole.) Il ne bouge pas.

<small>Il renverse d'un coup de pied les pincettes et la pelle dans la cheminée.</small>

MARJAVEL, à Hermance.

Tu l'aimes bien, ton gros loulou.

<small>Il embrasse Hermance sur la joue.</small>

ERNEST, à part.

Il n'y a donc que le melon qui le dérange? (Présentant la casserole.) Voilà le cataplasme.

<small>Il la pose sur la main de Marjavel, qui, se sentant brûlé, pousse un cri. Hermance se lève.</small>

ACTE DEUXIÈME.

Un salon dans le pavillon habité par Ernest. Ameublement de campagne. Portes à gauche et à droite, pans coupés; cheminée au fond, glace sans tain, un secrétaire. Troisième plan à droite, une petite table, deux portes; deuxième plan, une table-bureau. A gauche, devant une chaise basse est un fauteuil, une chaise à gauche de la cheminée.

SCÈNE PREMIÈRE.

ERNEST, puis JOBELIN et BERTHE.

Au lever du rideau, Ernest est endormi dans un fauteuil à droite de la cheminée; il tient un morceau de gouttière dans ses bras. On frappe à la porte de droite, il ne se réveille pas.

JOBELIN, entrant, suivi de Berthe.

Personne... (A part.) Je ne peux pas entrer dans ce pavillon que j'ai habité autrefois sous le règne de Mélanie... sans être ému... tout me rappelle...

BERTHE, après avoir examiné autour d'elle, montrant Ernest.

Mais, mon oncle... voici mon cousin...

JOBELIN.

Il dort!...

ACTE DEUXIÈME

BERTHE, étouffant sa voix.

Que tient-il si précieusement?

JOBELIN.

Ça, c'est un fragment de gouttière...

BERTHE.

Qu'il presse sur son cœur?

JOBELIN.

Cela me rappelle qu'un jour je m'endormis dans ce même fauteuil aussi... avec un aquarium sur les bras.

BERTHE.

Vous?...

JOBELIN.

Mais j'avais un motif...

BERTHE, indiquant Ernest.

Voyez, mon oncle, comme il a l'air bon.

JOBELIN.

Oui... il a le sommeil bon.

BERTHE.

Et doux!

JOBELIN.

Ça, je ne peux pas dire le contraire.

BERTHE.

Je parie qu'il pense à moi...

JOBELIN.

Pourquoi?

BERTHE.

Parce qu'il m'aime.

JOBELIN.

Mais il ne te l'a jamais dit!

BERTHE.

Oh! ça ne fait rien... vous n'avez pas remarqué comme il rougissait, hier, en me donnant l'éventail...

JOBELIN.

C'est vrai!...

BERTHE.

Alors, pourquoi ne lui parlez-vous pas de votre projet de mariage?

JOBELIN.

D'abord, mon projet... c'est le tien...

BERTHE.

Du tout!... vous m'avez dit un jour: « Je crois qu'Ernest fera un bon mari... »

JOBELIN.

Vrai... je ne pensais pas à toi...

BERTHE.

Ah! tant pis! il ne fallait pas me le dire!...

JOBELIN.

Il y a une chose qui m'arrête... je suis ton tuteur... et tu es plus riche que lui...

BERTHE.

Ah! voilà pourquoi il hésite à se déclarer! Vous ne comprenez pas cela, vous préférez nous sacrifier à des calculs d'intérêts...

JOBELIN.

Tu y tiens?

BERTHE.

Oui!

ACTE DEUXIEME.

JOBELIN.

Une fois, deux fois, trois fois!

BERTHE.

Oui!

JOBELIN.

Eh bien, laisse-nous... je vais lui parler!

BERTHE, elle remonte à la porte de droite.

Ah! que vous êtes gentil!

JOBELIN.

Promène-toi dans le jardin... je t'appellerai...

BERTHE, sortant à droite.

Comme il va être heureux!

SCÈNE II.

JOBELIN, ERNEST.

JOBELIN, posant son chapeau sur un meuble.

Cet entretien doit être grave. (Il prend la chaise à gauche de la cheminée et se place en face d'Ernest.) Mon cher Ernest... interrogez votre cœur et répondez-moi sans ambages... Ah! non! il dort, je vais le réveiller! (Il frappe plusieurs petits coups sur la gouttière. Ernest fait un grognement, mais ne se réveille pas.) Après ça, si je le réveille, il sera de mauvaise humeur... et la négociation pourra manquer... Attendons-le. (Il se lève et vient en scène.) Moi aussi, je me suis endormi, une fois, avec un aquarium sur les bras... mais j'avais un motif. Cet aquarium me venait de Mélanie, j'avais eu l'imprudence de dire en passant devant le bassin des Tuileries : « Dieu! les beaux poissons rouges! » Et, le soir même, je recevais mon aquarium... elle avait comme ça des délicatesses de chatte ! Pauvre Mélanie ! nous fûmes bien coupables ! (Ernest fait un mouvement et passe sa gouttière du bras droit dans celui de gauche sans se réveiller.) Ah ! il se réveille !... Non... le voilà reparti... il a changé son arme de bras; depuis qu'il est dans la mobile, il se croit toujours à l'exercice... Moi aussi, j'ai été militaire, lieutenant... dans l'immobile; souvent Mélanie me faisait revêtir ce costume pour l'accompagner dans nos promenades solitaires... les femmes aiment à s'appuyer sur un bras qui porte une épée à sa ceinture. (Regardant Ernest.) Ah çà ! mais il ne se réveille pas.

SCÈNE III.

Les Mêmes, KRAMPACH.

KRAMPACH, entrant de droite et à la cantonade; il tient une lettre à la main.

Mais puisqu'il n'y a pas d'adresse ?

JOBELIN, allant à lui.

Chut !... Tu vois bien que mon neveu dort !

KRAMPACH, examinant la gouttière.

Tiens !... c'est un nouveau fusil, ça ?

JOBELIN.

Est-il bête !... C'est une gouttière... ça sert à recueillir l'eau qui tombe du ciel.

KRAMPACH, regardant en l'air et étendant la main pour s'assurer qu'il ne pleut pas.

J'en sens pas !

ACTE DEUXIÈME.

JOBELIN, descendent en scène.

Voyons, qu'est-ce que tu veux?

KRAMPACH.

Le concierge m'a remis une lettre...

JOBELIN.

Donne...

KRAMPACH.

Un instant!... C'était-y vous... c'était-y lui, ou c'était-y le bourgeois qui connaît le fiacre 2114?

JOBELIN, vivement.

Le fiacre? c'est moi... Plus bas!

KRAMPACH.

Je ne dis rien.

Il lui donne la lettre.

JOBELIN, décachetant la lettre et lisant, à part.

« Cancre! » (Parlé.) Il m'a reconnu malgré mes lunettes bleues. Oh! les pressentiments de Mélanie! (Lisant.) « Cancre! (Krampach écoute; Jobelin s'en aperçoit, il le repousse. Krampach gagne la cheminée, et examine ce qu'il y a dessus, ainsi qu'Ernest.) Je te découvre enfin! » (Parlé.) Au bout d'un an. (Lisant.) « Quand on se promène en fiacre avec une petite dame, on ne donne pas vingt-cinq centimes au cocher comme les gens vertueux. » (Parlé.) Je croyais en avoir donné trente (Lisant.) « Je pourrais faire du scandale, mais je suis honnête... j'aime mieux t'emprunter cinq cents francs. » (Parlé. Hein? (Lisant.) « Je les attends sous le septième bec de gaz, si je ne les ai pas dans une heure, je t'en demanderai mille. Signé n° 2114. » (Parlé.) Un scandale!... Il dirait tout à Marjavel. (Se fouillant.) Je ne dois pas hésiter. (A Krampach.) As-tu cinq cents francs sur toi?

KRAMPACH, se fouillant.

Je vais voir... J'ai vingt-cinq centimes et treize sous dans ma malle.

Il remonte à la cheminée.

JOBELIN, très-agité.

Garde-les! (A part.) Que faire? Dans une heure, il m'en demandera mille!... Eh! si je les empruntais à Ernest sans le réveiller, c'est le plus simple. (Il va au secrétaire.) Le même secrétaire... je le reconnais... la serrure accroche... il faut donner un coup de poing. (Il donne un coup de poing, le secrétaire s'ouvre.) Voilà!... juste!... il reste un billet de cinq cents. (Il ferme le secrétaire, appelant.) Krampach!

KRAMPACH.

Monsieur...

JOBELIN, très-bas.

Tu trouveras un fiacre... le n° 2114, sous le septième bec de gaz...

KRAMPACH, même ton.

Un fiacre sous un bec de gaz?... bon...

JOBELIN.

Tu lui remettras ce billet... Tu lui diras que c'est de la part du jeune homme...

KRAMPACH.

Quel jeune homme?

JOBELIN.

Moi...

KRAMPACH.

Enfin... on pouvait le demander.

Il sort à droite.

JOBELIN, seul.

C'est un chantage!... cet automédon veut me faire chanter... il me tient, le misérable! l'honneur posthume de Mélanie est dans ses mains... et puis Marjavel... dame! il ne serait pas content... il me faudrait croiser avec lui un fer homicide... je ne me défendrais pas... et alors... c'est moi qui goberais la sauce... Ah! j'ai chaud!... j'ai soif! je vais boire un verre d'eau dans la chambre d'Ernest. (Il ouvre la porte de gauche, deuxième plan.) Tiens, l'aquarium y est encore... Ah! Mélanie! si tu savais ce que tu me coûtes!

Il entre dans la chambre à gauche.

SCÈNE IV.

ERNEST, HERMANCE.

HERMANCE, entre avec précaution par la porte de gauche, pan coupé, et la referme, même jeu à la porte de droite; après examen, elle court au fauteuil et secoue vivement Ernest.

Ernest!

ERNEST, réveillé en sursaut, laisse tomber la gouttière.

Hein?... quoi?... Voilà le cataplasme!...

HERMANCE.

Chut!

ERNEST; il ramasse la gouttière.

Ah! c'est vous...

HERMANCE.

J'ai pu m'échapper un instant... mon mari fait sa barbe... il va mieux aujourd'hui...

ERNEST.

Je crois bien!

HERMANCE.

Il ne souffre plus.

ERNEST.

Parbleu! j'ai fait chauffer assez de serviettes!... j'ai assez fricassé de cataplasmes!

HERMANCE.

Vous avez passé une bien mauvaise soirée.

ERNEST.

Mais non!... excellente!... Ah! vous pouvez vous vanter de m'avoir fait passer une nuit bien agréable... sur le divan... car il m'a forcé à coucher sur le divan avec la gouttière!... Que voulez-vous que j'en fasse?

HERMANCE.

Cachez-la... faites-la disparaître. (Très-tendre.) Mon ami!...

ERNEST, cache la gouttière sous le fauteuil de gauche.

Madame?...

HERMANCE.

Il souffrait tant!... moi, je veillais dans sa chambre.

ERNEST.

Et de mon divan j'entendais votre conversation.

HERMANCE, un peu inquiète.

Ah! vous entendiez?...

ERNEST.

Tout!... à deux heures moins cinq qu'avez-vous dit à votre mari?

HERMANCE.

Mais... je ne sais pas, moi...

ERNEST.

Vous lui avez dit : « Mon gros chéri, si tu mourais, je ne te survivrais pas. » Si vous croyez que c'est agréable!

ACTE DEUXIÈME.

HERMANCE, embarrassée.

Il faut détourner les soupçons...

ERNEST.

Et à quatre heures douze?...

HERMANCE.

Quoi?

ERNEST.

J'ai entendu le sifflement d'un baiser... Si vous croyez que c'est agréable!

HERMANCE.

Ce n'est pas ma faute!... il faut bien détourner les..

ERNEST.

Les soupçons... Je trouve que vous les détournez beaucoup trop les soupçons!

HERMANCE, s'appuyant sur son épaule.

N'est-ce pas vous qui êtes aimé?

ERNEST.

Oui, c'est moi qui suis aimé... mais c'est lui qui en profite...

HERMANCE, piquée.

Seriez-vous jaloux par hasard du sort de mon mari?

ERNEST.

Ma foi!... ils ne sont pas déjà tant à plaindre les maris!...

HERMANCE.

Oh!

ERNEST.

Oui, je sais qu'il y a le petit inconvénient... mais puisqu'ils l'ignorent! A part cela, de quoi se plaignent-ils? nous les soignons, nous les dorlotons, nous les mijotons...

ils sont gras, roses, frais, gais, superbes!... tandis que nous, les amoureux, nous sommes maigres, jaloux, craintifs, tremblants... comme des voleurs.

HERMANCE.

Ernest!

ERNEST.

Pour eux, la table est toujours mise, ils s'y installent, ils s'y carrent! tandis que nous, nous nous cachons dans les meubles, nous grimpons sur les gouttières... pour venir ramasser leurs miettes... quand ils veulent bien nous en laisser!... Ah! il ne faut pas qu'ils viennent nous attendrir tant que ça! (Il s'assied sur la petite chaise de gauche.) Et, par-dessus le marché, votre mari me trouve bête!... bête... mais dévoué...

HERMANCE, allant vers lui.

Il n'a pas dit ça!

ERNEST.

Pardon, madame, à trois heures vingt-sept... ma montre va très-bien. (Il la cherche dans sa poche et ne la trouve pas.) Tiens! Ah! elle sera restée dans ma chambre... Bête, mais dévoué!... et vous n'avez pas dit le contraire... au contraire!

HERMANCE, s'asseyant sur le fauteuil près d'Ernest.

Voyons... calmez-vous!... j'arrive près de vous heureuse... confiante...

ERNEST, qui a fait entendre un petit grognement, se retourne doucement et se met à genoux devant Hermance.

Ce n'est pas malheureux! Depuis deux mois, je crois que c'est la première fois que je me trouve un peu seul avec vous. (Lui prenant la taille.) Eh bien?

HERMANCE.

Quoi?.

ERNEST.

Causons... le moment est venu de causer...

On entend tousser Jobelin dans la chambre à côté.

HERMANCE, se reculant avec terreur.

Ciel!... il y a quelqu'un là!

ERNEST, même jeu et passant à droite.

Allons, bon!

On entend Jobelin se moucher

HERMANCE.

C'est mon mari! je le reconnais à son rhume!

ERNEST.

Sapristi!

HERMANCE, éperdue.

Il nous épiait... nous sommes perdus! niez tout!... tout!...

Elle sort par la droite, pan coupé.

SCÈNE V.

ERNEST, puis JOBELIN, puis KRAMPACH.

ERNEST, seul, boutonnant son habit.

Allons!... c'est une affaire!... j'aime mieux ça, j'en ai assez de cette vie de soubresauts. (Imitant la voix d'Hermance.) « Nous sommes perdus! » nous sommes sauvés! (Il va ouvrir la porte de gauche, deuxième plan.) Monsieur, je suis à vos ordres!...

JOBELIN, sortant; il tient un aquarium.

Merci, mon ami, tu es bien bon...

ERNEST.

Mon oncle!...

JOBELIN.

Tu es donc réveillé?

ERNEST, à part.

Il n'a rien entendu.

JOBELIN.

Ils ne sont plus nourris, ces pauvres poissons rouges... je les promène un peu... Ah! de mon temps!... Donne-moi du biscuit.

Il lui met l'aquarium sur les bras.

ERNEST.

Où voulez-vous que j'en prenne?

JOBELIN, allant à la table de gauche, et ouvrant le tiroir.

J'en avais toujours là... il y en a encore.

ERNEST.

Alors, mon oncle, c'est pour ça que vous êtes venu me voir?

KRAMPACH, entrant de droite.

En v'là un n'hasard!

ERNEST.

Qu'est-ce que c'est?

JOBELIN, passant vivement entre eux.

Krampach! je suis à toi.

Il pousse Ernest, qui tient l'aquarium et le pose sur la table de gauche.

KRAMPACH, à part sur le devant. Ernest et Jobelin s'occupent à gauche des poissons, ils leur donnent du biscuit.

J'ai retrouvé mon filou... Kuissermann!... c'est le cocher... le numéro 2114 ; j'allais lui remettre le billet de cinq cents francs, lorsqu'il m'est venu une idée... honorable, je lui ai dit : « Pas de réponse !... » et j'ai gardé les cinq cents francs à compte.

JOBELIN, revenant, à Krampach.

Eh bien, qu'a-t-il répondu ?...

KRAMPACH.

Il a répondu : « Ah ! c'est comme cela... Eh bien, je reviendrai !... »

JOBELIN.

Comment ! il reviendra !

KRAMPACH, tirant un vieux carnet de sa poche.

Faut que je fasse mes comptes !...

ERNEST, occupé des poissons, se retournant.

Qu'avez-vous donc, mon oncle ?...

JOBELIN, très-agité.

Moi ? rien !... (A part.) Il reviendra !... Je cours chez mon banquier... (Haut.) Adieu !...

Il sort par la gauche, pan coupé.

KRAMPACH, à Ernest.

Monsieur, je voudrais vous demander un service, à vous qu'êtes un homme capable.

ERNEST.

Capable de quoi ?...

KRAMPACH.

Vous êtes capable.

ERNEST.

Voyons, parle.

KRAMPACH.

Cinq mille francs, moins cinq cents francs... plus les

intérêts pendant un an, six mois et vingt-trois jours... plus un jour d'intérêt en moins qui est aujourd'hui... combien que ça fait?...

ERNEST.

Qu'est-ce que tu me chantes là?...

KRAMPACH.

Je vas recommencer... cinq mille francs...

ERNEST.

Va te promener... tu m'ennuies.

KRAMPACH.

C'est bien la peine d'être un homme capable. (Il sort en faisant son compte.) Cinq mille francs moins cinq cents francs... plus les intérêts... je ne peux pas faire ce compte-là.

Ernest le pousse vivement. Il disparaît à gauche.

SCÈNE VI.

ERNEST, BERTHE.

ERNEST, voyant entrer Berthe.

Berthe!

BERTHE, entrant de droite.

Avez-vous vu mon oncle?

ERNEST.

Il me quitte...

BERTHE.

Ah!

Elle baisse les yeux. Ils descendent.

ERNEST, à part.

Elle baisse les yeux... est-ce que j'ai dit quelque chose d'inconvenant?...

BERTHE, tout à coup.

Ah! c'est égal, monsieur... je croyais que vous seriez plus content que ça!

ERNEST, étonné.

Moi?... je suis ravi... enchanté...

BERTHE.

Et vous ne me sautez pas au cou?

ERNEST, étonné.

Mais si!... mais si! je te saute au cou! comment donc! (Il l'embrasse. — A part.) Ce n'est pourtant pas sa fête aujourd'hui.

BERTHE.

A la bonne heure! mon oncle croyait que vous ne m'aimiez pas...

ERNEST.

Lui? Oh! qu'il est bête!...

BERTHE.

Comment?

ERNEST.

Bête... mais dévoué. (A part.) Comme dit Marjavel...

BERTHE.

Mais, moi, j'y vois clair... Vous rappelez-vous notre promenade au Jardin des Plantes?

ERNEST, cherchant à se rappeler.

Au Jardin des Plantes?...

BERTHE.

Le jour où j'ai donné à manger à l'autruche...

ERNEST.

Parfaitement!... Marjavel m'a fait porter un pain de quatre livres tout le temps de la promenade... pour les ours!

BERTHE.

Eh bien, c'est là que j'ai vu que vous m'aimiez

ERNEST.

Devant les ours?

BERTHE.

Mais non! devant l'autruche...

ERNEST.

Ah!

BERTHE.

La vilaine bête avait pris mon gant avec le gâteau que je lui présentais... elle allait tout avaler... quand vous n'avez pas craint de passer votre bras à travers les barreaux...

ERNEST, avec fierté.

C'est vrai... j'ai eu ce courage, seul contre une autruche!... j'ai saisi le bout de votre gant qui allait disparaître... j'ai tiré... l'autruche aussi...

BERTHE.

Et vous êtes tombé!...

ERNEST.

En vous rapportant trois doigts... C'est tout ce que j'ai pu sauver de l'engloutissement!...

BERTHE, tristement.

Tout le monde a ri... mais, moi, je me suis juré ce jour-là que je serais votre femme.

ERNEST.

Ma femme! toi? (Se reprenant.) vous?

BERTHE.

Mon oncle ne vous l'a donc pas dit?

ERNEST.

Non.

BERTHE.

Oh! alors, ce que je vous ai dit ne compte pas! je me sauve!...

ERNEST, la retenant.

Non, reste!... Moi, un mari? un vrai?... à mon tour?... mais c'est le bonheur!... c'est la délivrance! (Se jetant à ses genoux.) Tiens! tu es un ange!

BERTHE.

Relevez-vous!...

ERNEST.

Mais je t'aime!

BERTHE.

Laissez-moi! demandez ma main à mon oncle... et nous verrons!

Elle s'échappe et sort à droite.

SCÈNE VII.

ERNEST, HERMANCE, puis MARJAVEL.

ERNEST, à genoux.

Me marier! ah! si je le pouvais... je serais libre... je casserais ma chaîne... ah! Seigneur! Seigneur! cassez ma chaîne!

HERMANCE, entrant, à part.

Mon mari était chez lui. (Apercevant Ernest à genoux.) Eh bien, qu'est-ce que vous faites là?...

ERNEST, embarrassé, sans se lever.

Moi? je... je vous attends!...

HERMANCE.

A genoux?

ERNEST.

Oui... quand je vous attends, je me mets à genoux. C'est plus commode, on est tout porté...

HERMANCE, lui laissant baiser sa main.

Êtes-vous enfant!

MARJAVEL, entrant de droite, apercevant Ernest aux genoux de sa femme.

Monsieur!... que signifie?

HERMANCE.

Mon mari!...

ERNEST, à part.

Pincé! (Haut.) N'avancez pas!... ne marchez pas... (Marjavel recule effrayé.) Avez-vous trouvé?...

MARJAVEL, s'avançant.

Quoi?

ERNEST.

Le diamant que madame a perdu!...

HERMANCE, vivement.

Le diamant de ma bague qui est sorti de son chaton... et que monsieur a la bonté de chercher...

MARJAVEL.

Diable! un diamant! il faut chercher! (Il se baisse. — A Ernest.) D'autant plus que la maison n'est pas sûre; on m'a pris cette nuit un morceau de gouttière... Le trouvez-vous?...

ERNEST.

Non...

HERMANCE.

J'y tiens d'autant plus qu'il me vient de toi, mon ami... c'est le plus gros...

MARJAVEL.

Fichtre?... ne piétinez pas!... (Il se relève.) Je vais chercher un petit balai... (A Ernest.) là... dans votre chambre... Ne piétinez pas!

Il entre à gauche, deuxième plan.

SCÈNE VIII.

HERMANCE, ERNEST, puis KRAMPACH, puis MARJAVEL.

ERNEST, se levant.

Ah! nous l'avons échappé belle.

KRAMPACH entre avec une lettre pareille à celle qu'il a remise à Jobelin.

C'est pour le monsieur qui connaît le fiacre 2114.

HERMANCE.

Le fiacre!

ERNEST, vivement.

C'est pour moi!

HERMANCE.

Que peut-il vouloir? Voyez... voyez vite!...

ERNEST, lisant.

« Cancre!... »

KRAMPACH.

Il l'a déjà dit.

ERNEST.

Tu dis?...

KRAMPACH.

Je dis : il l'a déjà dit.

ERNEST va lire, il voit Krampach qui écoute, il le repousse; celui ci va à la cheminée et range, puis revient s'appuyer sur le secrétaire en faisant toujours ses comptes.

« Tu crois qu'on peut se promener avec une petite dame et ne donner que vingt-cinq centimes au cocher comme les gens vertueux? » (Parlé.) Je croyais lui en avoir donné cinquante. (Lisant.) « Si tu ne m'envoies pas mille francs avant une demi-heure, je t'en demanderai trois mille. » (Parlé.) Le misérable! où est ma canne?...

HERMANCE.

Y pensez-vous?... Il faut payer... tout de suite...

ERNEST.

Mais c'est du chantage.

HERMANCE.

Préférez-vous un scandale?...

ERNEST.

Non!... (Allant au secrétaire, il repousse Krampach, qui retourne à la cheminée.) Je ne sais pas si j'ai la somme. (Il tourne la clef du secrétaire, puis donne un coup de poing, le secrétaire s'ouvre; cherchant dans les tiroirs, à part.) Eh bien... mais j'avais un billet... on a ouvert ce secrétaire... c'est quelqu'un qui connaît le coup de poing.

HERMANCE.

Eh bien?...

ERNEST, revenu à Hermance, et prenant l'argent qu'il a dans sa poche.

Je n'ai que trente-trois francs.

HERMANCE.

Ah! mon Dieu! (Ouvrant son porte-monnaie.) Et moi dix!

ERNEST.

Ça fait quarante-trois. (A Krampach.) As-tu neuf cent cinquante-sept francs sur toi?

KRAMPACH, se fouillant avec gravité.

Je vais voir.

HERMANCE, bas.

Mon mari!

ERNEST, de même.

Marjavel! (A Krampach.) C'est bien... plus tard.

MARJAVEL, entrant de gauche.

Impossible de mettre la main sur le balai... (A Ernest.) Avez-vous trouvé?...

KRAMPACH, répondant à Marjavel.

J'ai vingt-cinq centimes, et treize sous dans ma malle.

MARJAVEL, le repoussant.

Eh bien, qu'est-ce que ça nous fait?

KRAMPACH.

C'est pour monsieur... il y a quelqu'un qui attend...

ERNEST.

Oh! rien!... une note qu'on me réclame.

KRAMPACH.

Neuf cent cinquante-sept francs...

ERNEST, à Krampach.

C'est bien... je payerai plus tard...

MARJAVEL.

Pourquoi plus tard?... Qu'est-ce qui est là?

KRAMPACH.

C'est Kuissermann.

ERNEST, vivement.

Un tailleur... (A Krampach.) Dites que je passerai, je n'ai as la somme sur moi.

MARJAVEL, tirant son portefeuille.

Eh bien, est-ce que je ne suis pas là?...

ERNEST.

Vous?... Ah! non, par exemple!...

MARJAVEL.

Ernest!... (Le serrant dans ses bras.) vous me faites de la peine; je me croyais votre ami...

ERNEST, embarrassé.

Certainement, mais...

MARJAVEL.

Allons! ne faites donc pas l'enfant! (Il passe et donne un billet à Krampach.) Tiens, porte ça à ce tailleur.

ERNEST, à part.

C'est lui qui paye... c'est dur à avaler pour un galant homme!

KRAMPACH, à part.

Je vas le serrer avec l'autre billet... (Écrivant sur son carnet.) Cinq cents francs... plus mille francs... plus les intérêts...

MARJAVEL, à Krampach.

Eh bien, qu'est-ce que tu fais là?...

KRAMPACH.

J'y vais, monsieur... je vas le porter... (A part.) Je ne pourrai jamais faire ce compte-là!

Il sort à droite.

SCÈNE IX.

HERMANCE, MARJAVEL, ERNEST, puis JOBELIN, puis KRAMPACH.

MARJAVEL.

Eh bien, l'avez-vous retrouvé?...

HERMANCE et ERNEST.

Quoi?...

MARJAVEL.

Le diamant...

HERMANCE.

Non, pas encore...

ERNEST.

Nous étions en train de le chercher, quand...

MARJAVEL.

Il faut nous y remettre... Ne piétinez pas. (Il se baisse. — A Hermance.) Toi, cherche du côté de la cheminée.

Hermance remonte à la cheminée.

ERNEST, se baissant aussi, à part.

C'est ennuyeux de chercher un diamant qu'on n'a pas perdu...

JOBELIN, entrant de gauche.

Je viens de chez mon banquier... (Les apercevant à terre. Tiens! qu'est-ce que vous faites là?

MARJAVEL.

Ma femme vient de perdre un diamant... celui que portait Mélanie...

Krampach entre de droite.

JOBELIN.

Mélanie!... cherchons!...

Il se jette à terre et cherche.

MARJAVEL, à Krampach qui entre.

Krampach, cherche aussi...

KRAMPACH.

Quoi?

MARJAVEL.

Un diamant de prix, cherche...

KRAMPACH, se mettant à genoux et cherchant.

Une fois, j'ai trouvé un n'hanneton... mais je savais ousqu'il était. (A part, en rampant à l'avant-scène.) Je viens de voir Kuissermann : je lui ai dit : « Pas de réponse!... »

ERNEST, apercevant Krampach et se rapprochant à genoux

Eh bien... qu'a-t-il répondu?

KRAMPACH.

Il a répondu : « Ah! c'est comme ça? Eh bien... je reviendrai. »

Krampach remonte en cherchant et gagne l'extrême gauche, où il s'étale tout de son long et se met à faire ses comptes.

ERNEST.

Comment, il reviendra?...

JOBELIN, à genoux près d'Ernest.

Puisque je te rencontre, voilà les cinq cents francs que je t'ai empruntés.

Il lui remet un billet, remonte et passe.

ERNEST, à genoux.

Ah! ah! c'est vous! (A part.) Il connaît le coup de poing (Rampant vers Marjavel.) Tenez.

ACTE DEUXIÈME.

MARJAVEL.

Vous avez trouvé?

ERNEST.

Non; mais, puisque je vous rencontre, voilà toujours cinq cents francs sur ce que je vous dois.

Il lui remet le billet.

MARJAVEL, à genoux.

Ça ne pressait pas...

ERNEST.

Je viens de faire une rentrée.

MARJAVEL.

Cherchons! cherchons!

KRAMPACH, à plat ventre, a tiré son carnet et fait ses comptes.

Deux fois trois font neuf... trois fois six font huit... (A part.) Je trouve qu'il me redoit soixante-quatorze mille francs; ça doit être trop...

MARJAVEL.

Eh bien, Krampach, tu ne cherches pas?

KRAMPACH.

Voilà, bourgeois, voilà!

Il nage sur le parquet et pique une tête sous le fauteuil de gauche.

ERNEST, à part.

Est-ce que nous allons jouer à ça toute la journée?

KRAMPACH, la tête sous le fauteuil.

J'ai trouvé!

TOUS, se relevant.

Voyons!

KRAMPACH.

C'est-y ça?

> Il montre le morceau de gouttière caché par Ernest.

ERNEST, à part.

Animal!

HERMANCE, redescendant.

Ah! mon Dieu!

MARJAVEL.

Ma gouttière! (A Ernest.) Comment se trouve-t-elle chez vous?

ERNEST, embarrassé.

C'est bien simple... Il a fait beaucoup de vent cette nuit... un vent d'ouest.

MARJAVEL.

Oui.

ERNEST.

Et le vent d'ouest est connu pour décrocher les gouttières.

MARJAVEL.

C'est vrai.

ERNEST.

Alors, j'ai trouvé celle-ci dans le jardin et je l'ai serrée.

MARJAVEL.

Merci, Ernest... (A part.) Bête... mais dévoué.

> Il donne le morceau de gouttière à Krampach, qui va le poser derrière le dos du fauteuil, où il se cache en continuant à faire ses comptes.

JOBELIN, bas, à Hermance.

Il a de l'ordre... Je crois que ça fera un bon mari.

ACTE DEUXIÈME.

MARJAVEL, se mettant dans le fauteuil de gauche.

Ne nous décourageons pas. (A part.) Moi, j'ai mal aux reins... (Haut.) Cherchons toujours.

HERMANCE, allant à Marjavel.

C'est inutile, mon ami... je me souviens maintenant, je crois l'avoir perdu dans le jardin.

JOBELIN.

Ah! diable! dans le sable, c'est plus difficile.

MARJAVEL.

Ah! Ernest a de bons yeux!... Allez, mes enfants, cherchez... cherchez!...

ERNEST, à part.

Je ne suis pas fâché de faire un tour de jardin. (A Jobelin.) Vous prendrez à droite, (Montrant Hermance.) et nous à gauche... Cherchons! cherchons!

Hermance, Ernest et Jobelin sortent en faisant mine de chercher, Hermance et Ernest par la gauche, Jobelin par la droite. Krampach se relève et se dispose à les suivre.

MARJAVEL.

Ne piétinez pas.

SCÈNE X.

KRAMPACH, MARJAVEL.

MARJAVEL, rappelant Krampach.

Krampach!

KRAMPACH; il a la gouttière à la main.

Bourgeois?

MARJAVEL.

Si on ne retrouve pas ce diamant, ce soir, après ton dîner, tu t'amuseras à balayer ce salon... et tu mettras de côté tous les résidus... nous les passerons au tamis.. Eh bien, es-tu content ici?

KRAMPACH.

Mon Dieu, oui, je suis content... mais je suis contrarié aussi...

MARJAVEL.

Tiens! qu'est-ce qui te contrarie?

KRAMPACH.

Je vas vous dire... J'ose pas le dire!...

MARJAVEL.

Alors, va-t'en.

KRAMPACH.

Oui, bourgeois... (Il remonte, pose la gouttière sur le fauteuil qui est à la cheminée et revient.) Bourgeois?

MARJAVEL.

Quoi?

KRAMPACH.

Je vas oser le dire... Voyez-vous, ce qui me contrarie ici... c'est les femmes... Pour lors, je voudrais vous prier de donner de temps en temps un coup d'œil à la mienne... Je vous rendrais ça!

MARJAVEL.

Comment! tu veux que je donne un coup d'œil à ta femme? Elle est gentille?...

KRAMPACH.

Pas mal... Certainement Lisbeth, c'est pas une méchante fille. Mais elle a de la nature... et des antécédents.

MARJAVEL.

Des antécédents?

KRAMPACH.

Elle a commis une faute...

MARJAVEL.

Elle a cassé quelque chose?

KRAMPACH, riant.

Ah! non, bourgeois.

Il lui donne une tape sur l'épaule.

MARJAVEL.

Finis donc, animal! nous ne sommes pas en Alsace.

KRAMPACH.

Vous comprenez bien... une faute!... avec un galant.

MARJAVEL.

Ah! bah! (A part, gaillard.) Tiens! tiens! tiens! (Haut.) Et tu attaches de l'importance à cela?

KRAMPACH.

Oh! j'en attache... sans en attacher... C'est un accident qu'est général... Il ne faudrait pas croire qu'il n'y a que nous...

MARJAVEL.

Comment, nous?

KRAMPACH.

Je veux dire qu'il y en a d'autres... dans mon pays.

MARJAVEL, riant.

Et à Paris aussi!

Il lui donne une tape.

KRAMPACH, se tordant.

Et à Paris aussi!

Il tape sur l'épaule de Marjavel.

MARJAVEL,

Ne tape donc pas comme ça; tu es domestique, tu ne peux pas taper; moi qui suis le maître, je peux taper. (Il le tape sur l'épaule, Krampach rit très-fort. — A part.) Eh bien, il a l'accident gai!

KRAMPACH.

Après ça, moi, c'était avant le mariage... et on m'avait prévenu.

MARJAVEL.

Et tu l'as épousée quand même?

KRAMPACH.

Par délicatesse... à cause des cinq mille francs. Mais il y a une chose qui m'*ostine*... je voudrais connaître le nom de son suborneur.

Il prononce avec difficulté.

MARJAVEL.

Suborneur... celui qui a subor...

KRAMPACH.

Oui, bordonné...

MARJAVEL.

Oh! à quoi bon?

KRAMPACH.

J'ai peur que ce ne soit pas un homme comme il faut... que ce soit un homme du commun, mais je ne le connais pas.

MARJAVEL.

Tu ne peux pas avoir tous les bonheurs!

KRAMPACH.

Je l'ai demandé à Lisbeth... elle ne veut pas le dire...

MARJAVEL.

Eh bien, qu'est-ce que tu veux que j'y fasse?

KRAMPACH.

Oh! si vous vouliez... un maître, c'est comme un père... elle a confiance en vous... faites-la jaser... faites-vous raconter la chose.

MARJAVEL.

Tiens!... c'est une drôle d'idée!...

KRAMPACH.

Dites-lui comme ça... histoire de causer... « T'as donc commis une faute... toi? — Qui qui vous l'a dit? qu'a dit... — C'est mon petit doigt! » que vous direz. Et vous la laisserez aller... sans en avoir l'air... et vous viendrez me le rapporter... sans en avoir l'air.

MARJAVEL, à part.

Eh bien, il m'enrôle dans sa petite police.

KRAMPACH, apercevant venir Lisbeth à droite.

La v'là! n'ayez pas l'air!

SCÈNE XI.

MARJAVEL, KRAMPACH, LISBETH.

LISBETH entre, un bougeoir allumé à la main, et un panier à bouteilles sous le bras. — A Marjavel.

C'est-y vous qui va à la cave?

MARJAVEL.

Oui... tout à l'heure. (A part, la regardant.) Ça a l'air d'une gaillarde.

KRAMPACH, bas, à sa femme, en arrangeant son fichu.

Arrange-toi un peu... le monsieur va t'interroger.

LISBETH, à Marjavel.

Vous avez à me parler?

MARJAVEL.

Oui... mon enfant...

KRAMPACH, à Lisbeth.

Et pas de cachotteries!... un maître, c'est comme un père...

MARJAVEL, à Krampach.

Laisse-nous!

KRAMPACH, finement.

Sans en avoir l'air. (Haut.) Je vas faire la chambre du jeune homme. (A Lisbeth, en sortant.) Cause avec le monsieur! cause avec le monsieur! (A Marjavel.) Sans en avoir l'air... (Haut.) Je vas faire la chambre du jeune homme.

Il entre à gauche, deuxième plan.

SCÈNE XII.

MARJAVEL, LISBETH, puis KRAMPACH.

LISBETH.

Quoi que vous me voulez, monsieur?

MARJAVEL.

Pose ton bougeoir et ton panier. (Elle place le bougeoir allumé sur le panier, et le tout sur la chaise à droite près de la petite table. — A part.) Elle a un petit air alsacien... qui appelle la faute et balaye le repentir.

ACTE DEUXIÈME.

LISBETH, s'approchant.

Me v'là, monsieur.

MARJAVEL.

Ah! très-bien! (A part.) Comment diable lui faire raconter ça? il faudrait trouver un biais. (Haut.) Range les fauteuils, ce salon est en désordre... (Lisbeth range le salon sur la gauche seulement. — Au public, après avoir vu travailler Lisbeth, et en tenant la droite de la scène.) C'est drôle... je ne peux pas être fidèle, moi! ça n'est pas dans mes cordes! j'ai une femme charmante, bonne, douce... et qui m'adore! si je mourais, elle ne me survivrait pas... Eh bien, malgré cela, j'ai toujours une petite intrigue en l'air, je suis un gueux! Avec Mélanie, c'était la même chose... j'en avais même deux... mais j'étais plus jeune...

LISBETH, revenant.

Ça y est, monsieur...

MARJAVEL, à part.

Voyons, c'est mon biais qu'il faut trouver. (Haut.) Ah! très-bien! maintenant essuie les flambeaux, frotte ferme! Lisbeth remonte à la cheminée, Marjavel s'asseoit sur la chaise à gauche, puis, tout en regardant Lisbeth, s'adresse au public.) Ainsi la semaine dernière, je suis allé à ce polisson de bal Mabille... vraiment j'ai tort d'y aller; je dis toujours que je n'irai plus et j'y retourne... J'y ai cueilli une jeune Polonaise appelée Ginginette, une femme adorable... il paraît qu'elle confine aux plus grandes familles de la Lithuanie... nous avons eu ensemble deux conférences... j'ai cela de bon, c'est que je ne m'attache pas... comme toutes les personnes qui ont le nez retroussé... du reste.

Il se lève.

LISBETH, qui a essuyé les flambeaux, descend à droite.

Me v'là, monsieur. .

MARJAVEL, à part.

Ah! oui! abordons la question délicatement. (Haut et tout à coup.) T'as donc commis une faute, toi?

LISBETH.

Qui qui vous l'a dit?

MARJAVEL.

C'est mon petit doigt...

LISBETH.

Pas vrai... C'est Krampach.

MARJAVEL.

Peu importe! Voyons, raconte-moi comment ce malheur est arrivé...

LISBETH.

Ah! non...

MARJAVEL, lui prenant la main.

Tu manques de confiance en moi... ce n'est pas bien. (Lui caressant le bras.) Un maître, c'est comme un père...

LISBETH, riant.

Hi! hi!

MARJAVEL.

Quoi?

LISBETH.

Vous me chatouillez...

MARJAVEL.

Elle a des dents superbes! Regarde-moi donc... elle a des dents superbes...

Il l'embrasse.

KRAMPACH, entrant avec une lampe à la main.

Bourgeois, comment qu'on asticote les lampes?

MARJAVEL.

Tu demanderas à Ernest.

KRAMPACH, bas.

A-t-elle nommé?

MARJAVEL, de même.

Pas encore... mais ça viendra.

KRAMPACH, rentrant.

Bien! continuez, je vais faire la chambre du jeune homme.

Il rentre à gauche, deuxième plan.

MARJAVEL, à Lisbeth.

Voyons, mon enfant... comment as-tu pu te laisser aller à une pareille inconséquence?

LISBETH.

Ce n'est pas ma faute, j'étais t'amoureuse!

MARJAVEL, riant.

Ah! elle l'a bien dit! Regarde-moi... (Il l'embrasse.) Il était donc bien beau, cet étranger?

LISBETH.

Oh! oui!

MARJAVEL.

Jeune?

LISBETH.

Ya!

MARJAVEL.

De mon âge?

LISBETH.

Oh! c'te bêtise! puisqu'il était jeune!

MARJAVEL.

Et qu'est-ce qu'il te disait?

LISBETH.

Dame! vous savez bien!

MARJAVEL.

Dis tout de même...

LISBETH; elle s'exécute.

Il me regardait de côté... avec des yeux blancs.

MARJAVEL, la regardant en coulisse.

Comme ça?

LISBETH.

Ah! ben mieux!

MARJAVEL.

Après?

LISBETH.

Après... il m'a donné deux oranges.

MARJAVEL, à part.

Quel pays que cette Alsace! un regard et deux oranges! J'en ferai une provision. (Haut.) Et ensuite?... Ne me cache rien...

LISBETH, baissant les yeux.

Vous savez ben...

MARJAVEL.

Dis tout de même...

LISBETH, baissant les yeux.

Le lendemain...

MARJAVEL.

Ah! tu passes au lendemain? Tu triches.

ACTE DEUXIÈME.

LISBETH.

Il m'a promis de m'épouser... et il est parti pour aller chercher ses papiers...

MARJAVEL, à part.

Aïe!...

LISBETH.

Je l'ai attendu trois ans... et, comme il ne revenait pas... j'ai épousé Krampach...

MARJAVEL.

Et tu n'as plus entendu parler de l'autre?

LISBETH.

Si... il m'a envoyé une montre en argent...

MARJAVEL.

Voyons-la?...

LISBETH.

Ah! je ne l'ai plus... Krampach a dit comme ça que je ne pouvais pas porter le symbole de mon déshonneur.

MARJAVEL.

Très-bien!

LISBETH.

Alors, c'est lui qui la porte...

MARJAVEL.

Ah! moins bien!...

LISBETH.

Mais il n'est pas content... parce que la montre retarde.

MARJAVEL.

Je t'en donnerai une autre, veux-tu?

LISBETH.

Je veux ben.

MARJAVEL, l'embrassant.

En or...

LISBETH.

Je veux ben...

MARJAVEL, la lutinant.

Et je la ferai régler... avec des oranges.

Il la serre dans ses bras. Elle se débat près de la chaise où est le bougeoir allumé et le panier. Krampach paraît.

SCÈNE XIII.

Les Mêmes, KRAMPACH.

KRAMPACH, entrant et surprenant Marjavel. Il pousse un cri.

Oh!

MARJAVEL, étreignant Lisbeth.

Elle brûle! au feu! Ta femme brûle!

KRAMPACH.

Comment?

MARJAVEL.

Le bougeoir est tombé sur elle... de l'eau, vite! de l'eau!

KRAMPACH.

Au feu! de l'eau! frottez ferme!

Il rentre à gauche en courant. Marjavel quitte Lisbeth et gagne un peu à gauche.

SCÈNE XIV.

MARJAVEL, LISBETH, puis ERNEST, puis KRAMPACH.

LISBETH, riant.

Ah! vous êtes un malin, vous!

MARJAVEL, revenant à elle.

Vite! dis-moi le nom du séducteur... ça calmera Krampach.

LISBETH.

Plus souvent!

MARJAVEL.

Est-ce que je le connais?

LISBETH.

Parbleu!... c'est un de vos amis... c'est vous qui me l'avez amené en Alsace...

MARJAVEL.

En Alsace? qui diable?...

ERNEST, entrant de gauche.

Monsieur Marjavel!

LISBETH.

Ah!

Elle lui saute au cou.

ERNEST.

Oh!

MARJAVEL, comprenant.

Ernest!

KRAMPACH, entrant vivement avec un pot d'eau.

V'là de l'eau.

MARJAVEL.

Elle brûle plus que jamais! verse!
> Krampach verse son pot d'eau sur la tête d'Ernest qui se dégage. Lisbeth remonte.

ERNEST, inondé.

Sapristi! qu'est-ce que c'est que ça?

KRAMPACH, très-étonné.

Tiens! c'est un autre!
> Il remonte près de sa femme, et pose son pot à droite près de la table.

ERNEST, à part, s'essuyant.

Lisbeth à Paris!... il ne manquait plus que ça.
> Lisbeth et Krampach remontent à droite.

MARJAVEL, gouailleur, bas à Ernest, à l'avant-scène gauche.

Vous avez conquis l'Alsace... à quand la Lorraine?

ERNEST, bas.

Taisez-vous!

KRAMPACH, revenant, bas, à Marjavel.

Vous a-t-elle nommé son criminel?

MARJAVEL, de même.

Elle allait tout m'avouer... quand le feu a pris; mais je ne me décourage pas... je reprendrai l'interrogatoire en revenant de la cave.

KRAMPACH, de même.

C'est une bonne idée! (Haut.) Lisbeth, prends ton panier et ton bougeoir et va à la cave avec le monsieur.

LISBETH.

Mais c'est que...

<small>Elle prend le panier et le bougeoir et gagne la porte de droite.</small>

KRAMPACH.

Va... et surtout pas de cachotteries.

MARJAVEL, à part.

Il faudra que j'achète des oranges... (A Lisbeth.) Viens, mon enfant!... (Haut.) Krampach, j'ai une paire de bottes neuves qui est percée et qui me gêne, je te la donne!

<small>Il sort avec Lisbeth.</small>

SCÈNE XV.

KRAMPACH, ERNEST.

KRAMPACH, à part.

Ah! qu'il est bon, monsieur! il m'a promis une livrée... et il me donne des bottes neuves percées... et, quand je pense que la femme à mon bourgeois a des manigances!... Il ne voit pas clair, faut que je lui ouvre les yeux... Pst... pst... petit, petit!

ERNEST, étonné, et qui est à la cheminée.

Hein! c'est à moi?

KRAMPACH.

Venez par ici.

ERNEST, à part, s'approchant.

Il est familier.

KRAMPACH.

Je vas vous faire une confidence... un secret... qu'il ne faudra pas dire... parce que, si vous le disiez...

ERNEST.

Ça ne serait pas un secret.

KRAMPACH.

Voilà! pour lors, je crois que madame Hermance.. c'est-y comme ça que vous l'appelez?

ERNEST.

Madame Marjavel.

KRAMPACH.

Je crois qu'elle fait des farces à son *hôme*

ERNEST.

Hein? par exemple!...

KRAMPACH.

On a vu monter un *hôme* le long du treillage, sous ses fenêtres.

ERNEST.

Allons donc! ce n'est pas possible. (A part.) Animal!

KRAMPACH.

Je ne suis pas un enfant... je sais ce que je dis... Alors, ce pauvre bourgeois!... (S'attendrissant.) un homme de cœur... qui m'a promis une livrée et une paire de bottes neuves... percées, je me suis dit : « Il ne voit pas clair, faut l'éclairer. »

ERNEST.

Quoi! l'éclairer?

KRAMPACH.

Faut lui conter la manigance.

ERNEST, à part.

Bien! voilà autre chose! (Haut.) Mais tu n'y penses pas!... d'abord, c'est faux... et puis ça lui ferait de la peine.

KRAMPACH.

Si c'est faux, ça ne peut pas lui faire de peine.

ERNEST.

Sans doute, mais...

KRAMPACH.

Et si ce n'est pas faux... faut l'éclairer... Allons lui conter ça à la cave.

Il prend Ernest par le bras et le fait tourner.

ERNEST, à part.

Il y tient. (Haut.) Mais ça ne se fait pas... Voyons, si un pareil malheur t'arrivait et qu'on vienne te le dire...

KRAMPACH.

On me l'a dit.

ERNEST.

Ah!... Eh bien?...

KRAMPACH.

Eh bien, j'ai été vexé, oh! mais vexé comme un bossu devant un carabinier.

ERNEST.

Tu vois...

KRAMPACH.

Ça ne fait rien, allons lui conter ça à la cave.

Même jeu.

ERNEST.

Non!

KRAMPACH.

Si!

ERNEST.

Il va revenir... ce n'est pas la peine de lui dire ça devant Lisbeth... Attendons-le.

KRAMPACH.

Attendons-le...

Il s'asscit sur la chaise à droite, premier plan.

ERNEST, à part.

Si je pouvais le fourrer dans une trappe!... Oh! j'ai mon affaire. (A Krampach.) Eh bien, qu'est-ce que tu fais là?

KRAMPACH.

J'attends le bourgeois.

ERNEST.

Mon salon n'est pas fait.

KRAMPACH.

Je l'ai balayé ce matin.

ERNEST.

Et la cave aux liqueurs?

KRAMPACH.

Quoi?

ERNEST.

Une boîte qui est sur la table avec quatre carafons : rhum, eau-de-vie, anisette, kirsch.

KRAMPACH, se levant par mouvements en entendant le nom des liqueurs.

Mazette!

ERNEST.

Tu vas la nettoyer, tu finiras les quatre carafons.

KRAMPACH, joyeux.

Faudra les boire?

ERNEST.

Parbleu! (A part.) Il y a de quoi flanquer par terre la cathédrale de Strasbourg. (Haut.) Après, tu y passeras de l'eau et tu secoueras.

KRAMPACH.

Pour les rincer, quoi ; en Alsace, nous disons rincer.

<small>Il reprend son pot à eau qu'il avait posé près de la table de droite.</small>

ERNEST.

Oui... va!... va!...

KRAMPACH.

Faut l'éclairer.

<small>Ernest le pousse dans sa chambre et l'enferme à double tour. Hermance paraît à gauche.</small>

SCÈNE XVI.

HERMANCE, ERNEST.

HERMANCE, entrant de gauche.

Pourquoi enfermez-vous ce garçon?

ERNEST, descendant vivement en scène.

Il a vu un homme grimper sur votre balcon, il veut prévenir M. Marjavel.

HERMANCE.

Ah! mon Dieu! il faut lui parler... acheter son silence

ERNEST.

Ah bien, oui!... c'est une idée fixe... Empêchez votre mari d'entrer dans ce pavillon, et je me charge du reste.

HERMANCE.

Que voulez-vous faire?

ERNEST.

Je l'ai lancé sur la cave à liqueurs... et, dans cinq minutes, nous le coucherons.

HERMANCE.

Mais demain?

ERNEST.

Demain, nous verrons... l'important est d'éloigner votre mari.

HERMANCE.

Vous avez raison, je vais... (Elle remonte et se trouve face à face avec Marjavel.) Lui!

SCÈNE XVII.

Les Mêmes, MARJAVEL, LISBETH, puis KRAMPACH.

Marjavel entre suivi de Lisbeth; il porte le panier à bouteilles et le bougeoir.

MARJAVEL, à Lisbeth en entrant.

Viens, petite... (Apercevant Hermance.) Ma femme!... (Haut.) Nous venons de la cave avec Lisbeth.

Il cache le panier et le bougeoir derrière son dos.

HERMANCE, très-émue.

Oui... je vois... mon ami...

Lisbeth prend le panier et le bougeoir.

ERNEST, de même; il a pris la chaise de droite comme contenance.

C'est une très-bonne idée... Lisbeth... la cave...

MARJAVEL.

J'ai monté une bouteille de pomard... il commence à tourner... le moment est venu de le boire.

HERMANCE, troublée.

Oui... c'est le bon moment.

ERNEST, inquiet et retirant la housse de la chaise, qu'il froisse sans s'en apercevoir.

En effet... parce que le pomard, tant qu'il n'est pas tourné...

MARJAVEL, à part.

Qu'est-ce qu'ils ont?... (A Lisbeth.) Ce panier est trop lourd pour toi... appelle ton mari.

LISBETH, appelant.

Krampach!

Elle pose son panier et son bougeoir éteint, et va à la porte de droite, deuxième plan.

KERMANCE, vivement.

Je crois que tu l'as envoyé en course.

MARJAVEL.

Moi?... du tout... il était là tout à l'heure!

LISBETH, criant à tue-tête.

Ah! Krampach! Krampach!

MARJAVEL, appelant aussi.

Krampach! Krampach!

ERNEST, à part.

Impossible de les faire taire.

Voix de Krampach dans la coulisse, il chante en allemand.

MARJAVEL.

Il chante!

LISBETH, ouvrant la porte.

Arrive donc, lambin!

Krampach paraît il est très-chancelant et achève sa chanson allemande.

TOUS.

Il est gris!

ERNEST, à part.

Il est gris! quelle chance!

KRAMPACH, entrant.

Me v'là, mon bourgeois, j'ai quelque chose à vous dire.

MARJAVEL.

Moi aussi. (Krampach veut parler, Marjavel l'interrompant.) Permettez-moi de commencer... Monsieur Krampach, je n'ai pas besoin de vous rappeler que la sobriété est sœur de la tempérance... mais, si vous continuez à marcher dans cette voie de désordre et d'incontinence que vous vous êtes tracée, je me verrai forcé de me priver de vos services. A vous maintenant... parlez!

KRAMPACH.

Eh bien, bourgeois... il y a un *hôme* qui monte, la nuit, par le treillage, chez votre femme.

MARJAVEL.

Un homme?

ERNEST, vivement en passant.

Ne l'écoutez pas... il est ivre.

HERMANCE, à Marjavel.

Laissons-le.

KRAMPACH.

J'ai une preuve.

MARJAVEL, allant à lui.

Une preuve!... quelle preuve?

KRAMPACH, tirant de sa poche une montre avec sa chaîne et ses breloques.

Ces breloques attachées au treillage.

ERNEST, à part.

Ma montre!

ACTE DEUXIÈME.

HERMANCE, à part.

Perdue!

Elle tombe assise sur le fauteuil de gauche.

MARJAVEL, examinant la montre et les breloques.

Mais je les reconnais... Comment se trouvaient-elles attachées au treillage sous les fenêtres de ma femme? Répondez, où alliez-vous?

ERNEST.

J'allais...

MARJAVEL.

Où alliez-vous?

ERNEST.

J'allais au second, chez Lisbeth.

Il remonte. Marjavel passe près d'Hermance.

LISBETH.

Je ne m'en suis pas aperçue.

MARJAVEL.

Chez Lisbeth!...

Il part d'un grand éclat de rire.

ERNEST, riant aussi et s'adressant à Krampach.

Oui, chez Lisbeth.

KRAMPACH, se dégrisant.

Chez mon femme!...

ERNEST.

Comment, sa femme?...

KRAMPACH, se précipitant sur lui.

Ah! gredin!

MARJAVEL, le retenant et faisant un rempart de son corps à Ernest.

Ne touche pas... c'est mon ami!

ACTE TROISIÈME.

Un jardin; bancs à gauche, chaises rustiques à droite; grande corbeille de fleurs, posée à plat au milieu du théâtre; une autre corbeille à gauche, dont une partie en saillie sur la scène, deuxième plan; pots à fleurs vides à droite, deuxième plan. En décoration, fond de jardin, sur lequel on voit la maison à droite.

SCÈNE PREMIÈRE.

ERNEST, puis HERMANCE.

ERNEST, en costume de jardinier, un arrosoir à chaque main; il arrose la corbeille du milieu; se retournant.

Elle m'a dit : « A huit heures, sous l'orme! » J'y suis. (Avec un soupir.) J'y suis, mais déguisé en homme de jardin. J'ai pris le costume du jardinier, parce qu'après les événements d'hier nous ne saurions être trop prudents. Pauvre Hermance! J'ai cherché toute la nuit un biais... tendre, pour lui dire : « Mais, sapristi! est-ce que vous n'en avez pas assez de cette existence?... Hermance, rentrons dans le devoir... Épousons ma cousine Berthe. » Ah! elle ne comprendra jamais cela, jamais!... Bon! ce sont mes jambes que j'arrose à présent.

Il va arroser la corbeille de gauche.

HERMANCE, arrivant de droite, troisième plan.

Pierre, avez-vous des melons pour ce soir? (Voyant Ernest.) Ernest!

ACTE TROISIÈME.

ERNEST, déconcerté.

Vous me reconnaissez?

HERMANCE.

Je vous devine. Donnez-moi un arrosoir et causons de loin pour ne pas être surpris.

Ils continuent la scène en arrosant, Ernest à gauche, Hermance au milieu.

HERMANCE, venant en scène.

Je vous ai dit de venir ici, parce que je ne veux plus vous recevoir, j'ai trop peur!

ERNEST, même jeu.

Moi aussi!

HERMANCE.

Ernest, il faut en finir.

ERNEST, avec tristesse.

C'est donc une rupture?

HERMANCE, même jeu.

Ne prononcez pas ce mot.

ERNEST.

Ah! Hermance!

HERMANCE.

Ah! Ernest!

ERNEST.

Je serai toujours votre ami.

HERMANCE.

C'est encore trop : Ernest, il faut vous marier, mon ami.

ERNEST, s'oubliant.

J'y pensais.

HERMANCE, étonnée, et posant à terre son arrosoir.

Hein? vous y pensiez?

ERNEST, posant son arrosoir.

Je pensais que vous alliez me faire cette horrible proposition. (Avec des larmes dans la voix.) Après ce que je vous ai écrit il y a huit jours!

HERMANCE.

J'ai toujours votre lettre sur mon cœur!

ERNEST.

Et vous voulez que je prenne une femme?

HERMANCE.

Il le faut, mon ami.

ERNEST, hypocritement.

Laquelle?

HERMANCE.

Ma tante.

ERNEST.

La vieille!

HERMANCE.

Elle sera si heureuse!

ERNEST.

Je crois bien!

HERMANCE.

J'ai déjà tout arrangé dans ma tête. Vous épouserez ma tante : elle n'est pas jolie, mais elle ne l'a jamais été; que vous importe?

ERNEST.

Oh! rien... seulement, c'est une vieille demoiselle.

HERMANCE.

Eh bien?

ACTE TROISIÈME.

ERNEST.

Pendant que nous y sommes, je crois que nous ferions mieux d'en prendre une jeune.

HERMANCE, vivement.

Laide... alors.

ERNEST, avec indifférence.

Laide ou jolie.

HERMANCE.

Jolie, jamais!

ERNEST.

Cherchons dans les laides. Oh! Dieu! cela m'est égal!.... Il y a ma cousine.

HERMANCE.

Berthe?

ERNEST.

Cela ferait plaisir à mon oncle.

HERMANCE.

Elle est très-jolie.

ERNEST.

Peuh! je n'aime pas ces beautés-là, moi... et puis, vous savez, je l'ai vue toute petite. Elle n'avait qu'une dent; elle était affreuse! ça m'est toujours resté.

HERMANCE.

Je préfère que vous épousiez ma tante.

ERNEST.

Plutôt mourir de la main de Marjavel.

On entend le claquement d'un fouet.

HERMANCE, reprenant l'arrosoir.

Qu'est-ce que c'est que ça?

ERNEST, même jeu et passant vivement.

C'est le cocher, il a quitté le septième bec de gaz pour se mettre devant la porte.

HERMANCE.

Cependant vous lui avez donné ce qu'il vous demandait?

ERNEST.

Mais il me nargue. Nous sommes à la merci de cet homme.

HERMANCE.

Je ne peux plus vivre ainsi.

Elle pose l'arrosoir à gauche, près du banc.

MARJAVEL, du dehors, à gauche.

Krampach, va me chercher le jardinier, mort ou vif.

ERNEST.

C'est Marjavel... Il cause avec Krampach!

Il pose l'arrosoir à droite, deuxième plan.

HERMANCE, effrayée, venant en scène.

Mariez-vous avec votre cousine aujourd'hui, à l'instant.

ERNEST.

Je vais écrire à mon oncle.

HERMANCE, remontant à la corbeille du milieu, Ernest la suit.

Et j'annoncerai la nouvelle à mon mari.

ERNEST, lui tendant la main.

Adieu!

HERMANCE, lui prenant la main.

Adieu!

ERNEST, avec des larmes.

Ainsi tout est fini?

ACTE TROISIÈME.

HERMANCE, pleurant aussi.

Tout.

ERNEST, à part, se séparant d'Hermance.

Enfin! je respire.

HERMANCE, à part, gagnant à gauche.

Maintenant, je suis calme.

MARJAVEL, entrant.

Ah! mais le voilà. — Dis donc, toi!... cet animal-là sait qu'on a perdu un diamant et il ratisse les allées!

HERMANCE.

Il arrosait, mon ami.

MARJAVEL.

Je l'ai vu ratisser de la chambre d'Ernest. — Arrive ici, butor! (Ernest s'approche de dos.) Je t'avais recommandé d'emporter cette caisse, ces pots et ces bancs. (Ernest prend une caisse vide et la met sur sa tête, de façon à se cacher jusque sur les épaules, Marjavel lui met sur les bras deux pots à fleurs vides, et le surcharge d'une chaise qu'il pose sur la caisse.) Tu ne réponds rien, brute?

Il le pousse et le fait sortir par la gauche. Ernest murmure.

HERMANCE.

Mais vous le chargez trop.

MARJAVEL.

Lui? allons donc! il est fort comme un bœuf. (Ernest s'en va en trébuchant.) Et il fait bon, boum, encore!...

VI 7

SCÈNE II.

HERMANCE, MARJAVEL.

HERMANCE.

Eh bien, vous ne me souhaitez même pas le bonjour?

MARJAVEL.

Pardonne-moi, je suis préoccupé depuis hier...

HERMANCE.

Et de quoi, mon ami?

MARJAVEL.

De la perte de ton diamant.

HERMANCE.

C'est un petit malheur.

MARJAVEL.

Je tiens à savoir s'il n'a pas été volé; car, depuis que mes domestiques sont sûrs, ma maison ne l'est plus. Le vent m'a déjà pris une gouttière... Je me suis levé de bonne heure, j'ai couru au pavillon, j'ai tout fait balayer par Krampach, qui passe les balayures au tamis.

HERMANCE.

C'est bien inutile.

MARJAVEL.

J'y tiens. Croirais-tu qu'Ernest est déjà sorti?

HERMANCE.

M. Ernest doit avoir beaucoup d'occupations en ce moment... Je crois qu'il est question pour lui d'un mariage.

MARJAVEL, étonné.

Ernest se marie?

HERMANCE, gaiement.

Vous en serez certainement le premier informé.

MARJAVEL.

Je ne suis pas égoïste. Je ne me plaindrai pas de perdre un ami... que j'ai comblé... car enfin nous l'avons comblé.

HERMANCE.

Il a trente-deux ans, il pense à son avenir.

MARJAVEL.

On ne pense qu'à soi aujourd'hui. Je m'étais habitué à Ernest; il ne me rendait aucun service, mais il était dévoué... Il se marie, il a raison. Seulement, je trouve qu'il faisait un célibataire excellent et qu'il fera un mari détestable.

HERMANCE.

Vous le jugez mal... peut-être!

MARJAVEL.

Je le connais... il a beaucoup de défauts; mais je suis son ami, je ne dois parler que de ses qualités. Il en a, je ne les connais pas... Les connais-tu, toi?

HERMANCE.

Mais!...

MARJAVEL.

Et qui épouse-t-il?

HERMANCE, avec indifférence.

Sa cousine, dit-on, mademoiselle Berthe.

MARJAVEL.

Pauvre enfant! C'est Jobelin qui a imaginé cela. Ernest n'a aucune fortune, Berthe est riche. Pauvre enfant!

HERMANCE, à part.

Est-ce drôle? C'est lui que ça contrarie. (Haut.) On m'attend pour le déjeuner... A bientôt.

Elle sort par la gauche.

SCÈNE III.

MARJAVEL, puis KRAMPACH, puis LISBETH.

MARJAVEL.

Mais qu'est-ce qui le force à se marier?... est-ce que nous ne sommes pas heureux comme ça?

KRAMPACH, entrant, solennel et digne; il est en livrée.

Bourgeois... je viens vous demander une audience.

MARJAVEL, surpris.

Une audience?

KRAMPACH.

J'ai quelque chose à vous dire.

MARJAVEL.

Dépêche-toi.

KRAMPACH.

Voulez-vous être mon témoin?

MARJAVEL.

Ton témoin? puisque tu es marié...

KRAMPACH.

C'est pas pour ça... je vais me battre en duel.

MARJAVEL.

Avec qui?

ACTE TROISIÈME.

KRAMPACH.

Avec le jeune homme qui a suborné Lisbeth.

MARJAVEL.

Tu en veux à Ernest?

KRAMPACH.

J'en veux à Ernest!...

MARJAVEL.

Et pourquoi?

KRAMPACH.

Comment! pourquoi?...

MARJAVEL, l'interrompant.

Chut! Ta femme a fait une faute, mais tu l'as réparée

KRAMPACH.

Oui, je l'ai réparée.

MARJAVEL.

Donc, elle n'existe plus, donc, tu ne peux pas en vouloir à Ernest.

KRAMPACH.

Vous croyez? alors, je veux qu'il me respecte.

MARJAVEL.

Est-ce qu'il ne te respecte pas?

KRAMPACH.

Non... j'ai trouvé une lettre adressée à ma femme.
Il tire de sa poche un papier brûlé d'un bout et sur les bords.

MARJAVEL.

Une lettre?

KRAMPACH, le papier à la main.

Dans les balayures... Je ne lis le français que quand il

est écrit en allemand... Mais c'est égal, j'ai lu trois mots qui me chiffonnent... Voilà !

Il lui donne la lettre.

MARJAVEL, parcourant le papier.

C'est un brouillon.

KRAMPACH, se rappelant.

« Votre mari est un... » le reste est brûlé.

MARJAVEL, à part.

Oui, c'est l'écriture d'Ernest.

KRAMPACH.

Est un quoi?

MARJAVEL.

Un imbécile... parbleu!...

KRAMPACH, heureux.

Ça ne veut dire que ça?...

MARJAVEL.

Ça ou autre chose; mais ce n'est pas adressé à ta femme. (Lisant.) « Quelle crainte peut-il vous inspirer, cet homme excellent? »

KRAMPACH, joyeux.

C'est bien pour moi!

MARJAVEL, continuant.

« Il est naïf... fat et crédule. »

KRAMPACH, ravi.

C'est bien moi!

MARJAVEL, à lui-même.

Naïf... fat et crédule!... Je connais des gens comme ça, moi

KRAMPACH, sans comprendre.

Oui...

ACTE TROISIÈME.

MARJAVEL, continuant.

« Ne pensons qu'à notre amour... lui seul existe. » il a une intrigue avec une femme mariée?

KRAMPACH.

Lisbeth!

MARJAVEL.

Allons donc!... A Lisbeth, il écrirait : « Oranges à discrétion... » Non : « Oranges et discrétion! » C'est à une femme du monde.

KRAMPACH.

Alors, je peux être l'ami d'Ernest?

MARJAVEL.

C'est ton devoir.

KRAMPACH, avec résolution.

C'est mon devoir?... Alors, c'est bien!

MARJAVEL, parcourant la lettre et passant

Oh! mais quel feu! c'est de la passion! c'est du vitriol! c'est du pétrole! (Comme s'il lui venait une inspiration.) Ernest ne peut pas se marier. Nous le garderons avec nous!...

LISBETH, venant de droite; elle a dans sa main une orange qu'elle semble manger.

Le déjeuner est servi...

KRAMPACH, vivement

Qu'est-ce que tu manges là, toi?

LISBETH.

Ça, c'est une orange.

KRAMPACH.

Qui te l'a donnée?

MARJAVEL, bas, à Lisbeth

Ne réponds pas.

LISBETH.

C'est le monsieur.

MARJAVEL, à part.

Récasse! (Haut.) Oui... j'avais par hasard une petite orange dans ma poche.

KRAMPACH.

Si c'est le monsieur... je n'ai rien à dire.

MARJAVEL, à part, en s'en allant.

Dieu! qu'il y a des maris bêtes! Quand on est bête comme ça, on ne se marie pas.

Il sort par la droite. Lisbeth va pour le suivre, Krampach la retient.

SCÈNE IV.

KRAMPACH, LISBETH.

KRAMPACH, l'amenant en scène.

Maintenant il s'agit de s'expliquer; hier, j'étais un peu dans les carafons... mais aujourd'hui...

LISBETH.

Mais quand je te dis!...

KRAMPACH.

Tais-toi! T'as commis une faute! pourquoi que tu *m'ostines* que tu ne t'es pas aperçue du jeune homme? (Lisbeth veut parler.) Tais-toi! parle!...

LISBETH.

Je te dis que je n'ai vu personne dans ma chambre, que des souris.

KRAMPACH.

Les souris... ils ne portent pas des montres et des breloques!...

ACTE TROISIÈME.

LISBETH.

Qué que t'en sais?

KRAMPACH.

J'en sais que ce n'est pas l'usage.

LISBETH.

Eh bien, après?

> Krampach et Lisbeth se disputent en allemand. Lisbeth termine la dernière phrase.

KRAMPACH, après le parlé allemand.

A la bonne heure!... Pourquoi que tu ne m'as pas dit tout de suite que tu avais été trompée par un homme si comme il faut?

LISBETH.

Ça ne te regardait pas.

KRAMPACH, avec fierté.

Comment, ça ne me regardait pas?... je n'ai donc pas mon amour-propre, alors...

LISBETH.

Nein!

KRAMPACH.

Ya!

LISBETH.

Nein!

KRAMPACH.

Ya. (Avec dignité.) C'est bien, madame!... puisque c'est comme ça... je vais adresser une pétition aux tribunaux pour leur demander ma séparation de corps.

LISBETH, attendrie.

Oh! Krampach!

KRAMPACH.

Et l'autorisation de prendre des maîtresses jolies... avec des chapeaux roses... jolis!

LISBETH, avec prière, puis avec passion.

Non! Krampach! Vois-tu, depuis que t'as une livrée, je t'adore!

KRAMPACH, avec un peu de fatuité.

Voilà bien les femmes! toutes les mêmes! dès qu'on a un peu de toilette!...

LISBETH.

Dieu! que tu es beau comme ça!

Elle lui saute au cou et l'embrasse.

KRAMPACH, se défendant en riant de plaisir.

Tu me chiffonnes! tu me chiffonnes!

LISBETH.

Tiens! voilà mon orange... (Elle l'embrasse.) T'es t'un ange!

Elle sort par la gauche.

SCÈNE V.

KRAMPACH, seul; puis ERNEST.

KRAMPACH.

J'ai tous les bonheurs à la fois... J'ai l'orange... ma femme m'adore et Kuissermann me paye... j'ai tous les bonheurs à la fois.

Il gagne la gauche.

ERNEST, entrant de droite sans voir Krampach.

Je viens de la mairie, les publications sont faites.

ACTE TROISIÈME

KRAMPACH.

Ah! le petit jeune homme!

Il semble arranger le parterre de fleurs de gauche et gagne insensiblement celui du milieu.

ERNEST.

Mon oncle va venir en habit noir annoncer la grande nouvelle... je serai marié à mon tour... et je n'aurai pas d'amis... pas d'Ernest. (Apercevant Krampach; à part.) Tiens, voici l'autre... l'autre mari... Marjavel deux! il va me demander des explications... Évitons-le.

Il va pour sortir, Krampach l'arrête.

KRAMPACH, le ramenant en scène, avec émotion et dignité.

Nous l'avons aimée tous les deux!

ERNEST.

Dame!... le hasard... le printemps... C'était au mois de mai...

KRAMPACH.

C'est vous qui avez commis la faute; mais je l'ai réparée... Donc, elle n'existe plus... donc, je ne peux pas vous en vouloir.

ERNEST.

A la bonne heure! voilà qui est raisonné.

KRAMPACH, insistant.

Je peux pas vous en vouloir; sans ça, je vous rendrais la montre.

Il tire sa montre en argent.

ERNEST.

La montre!... Ah! oui... je la reconnais... (A part.) C'est lui qui la porte. (Haut.) Garde-la...

KRAMPACH.

C'est qu'elle retarde. Elle marche comme une cane.

ERNEST.

Oh! quand on n'est pas pressé!...

KRAMPACH.

On dit que ça se garantit trois ans.

ERNEST.

Tu veux que je la fasse régler?

KRAMPACH.

Oui, et, en même temps, je vous prierai d'y faire poser une sonnette.

ERNEST.

Comment, une sonnette?

KRAMPACH.

Chez nous, M. le brigadier de gendarmerie a une montre avec une sonnette.

ERNEST.

Tiens, tiens, tiens, tiens!

KRAMPACH.

Oui!... quand il est trois heures, elle fait : ding! ding! ding!... quand il est quatre heures, elle fait : ding! ding! ding! ding! quand il est cinq heures...

ERNEST.

Oui... ainsi de suite jusqu'à minuit... (A part.) Il me demande une montre à répétition... Eh bien, il n'est pas exigeant. (Haut.) Tu l'auras.

KRAMPACH, lui tendant la main.

Soyons amis.

ERNEST, à part, un peu froissé.

Un domestique!... ah! bah!... il n'y a personne. (Retirant sa main.) Du monde!... (A Krampach.) Va chercher Marjavel.

ACTE TROISIÈME.

KRAMPACH, en sortant.

Oui, soyons amis.

ERNEST.

Oui, va, va. (A Hermance, qui entre de droite.) Madame, voici mon oncle en cravate blanche. (Allant au-devant de Jobelin.) Mon oncle!... ma cousine!...

SCÈNE VI.

Les Mêmes, JOBELIN, BERTHE.

JOBELIN, entrant par la gauche avec Berthe, à Hermance.

Madame!... (Cherchant Marjavel.) Mon excellent ami!... Ah! pardon, il n'y est pas. (Se mettant en position.) Madame, je veux que vous soyez informée la première de l'événement heureux qui se prépare. M. Ernest Jobelin, mon neveu, épouse mademoiselle Berthe Jobelin, ma nièce.

HERMANCE, à Berthe.

Je vous félicite, mademoiselle...

ERNEST, à part.

Ça va comme sur des roulettes...

HERMANCE, à Berthe.

Vous ne doutez pas des vœux que je forme pour votre bonheur.

BERTHE, naïvement.

Oh! madame, je suis bien heureuse!

HERMANCE, l'attirant un peu vers elle.

Votre cousin vous aimait depuis longtemps.

BERTHE.

Il ne me l'avait jamais dit, madame, croiriez-vous cela?

HERMANCE, avec joie.

Ah!

JOBELIN.

Il est si timide!

HERMANCE, à part.

Il ne l'aime pas.

SCÈNE VII.

ERNEST, BERTHE, MARJAVEL, JOBELIN, HERMANCE.

MARJAVEL, accourant, joyeux.

On me demande?... Eh! c'est Jobelin, en habit noir!... en gants jaunes!... Oh! oh!... Faut-il rentrer dans le salon?

JOBELIN.

Nous sommes à merveille sous ce toit de verdure.

MARJAVEL, allant à Berthe et l'embrassant avec effusion.

Pauvre enfant! (Recommençant.) pauvre enfant!

BERTHE, étonnée.

Pourquoi m'embrasse-t-il?

JOBELIN, se mettant en position.

Mon excellent ami, je veux que vous soyez informé le premier...

MARJAVEL, bas, à Ernest.

Soyez tranquille, je vais vous tirer de là.

ERNEST.

Hein?

ACTE TROISIÈME.

MARJAVEL, lui serrant la main avec énergie.

Comptez sur moi!

JOBELIN, qui a suivi Marjavel pour achever sa phrase.

Le premier... de l'événement heureux.

MARJAVEL, bas.

Éloigne ta nièce.

JOBELIN, continuant.

Qui se prépare...

MARJAVEL, bas.

Éloignez l'enfant!

JOBELIN, continuant.

J'ai l'honneur...

MARJAVEL, bas.

Il le faut! force majeure!

JOBELIN.

Ah! (A Berthe.) Berthe, mon excellent ami Marjavel t'autorise à aller cueillir un bouquet dans ses plates-bandes.

BERTHE, allant à Marjavel.

On me renvoie...

JOBELIN.

Il paraît que c'est plus convenable.

MARJAVEL.

Nous vous rappellerons. (L'embrassant toujours avec effusion.) Pauvre enfant!

BERTHE, s'en allant à regret.

Mais qu'a donc M. Marjavel?

Elle sort par la gauche.

SCÈNE VIII.

ERNEST, MARJAVEL, HERMANCE, JOBELIN

JOBELIN.

Maintenant, je peux continuer? (Se remettant en position.) Mon excellent ami, je veux que vous soyez informé le premier...

MARJAVEL.

Assez! Tu viens m'annoncer le mariage d'Ernest?

JOBELIN, étonné.

Oui...

MARJAVEL.

Ce mariage est impossible!

ERNEST.

Hein?

HERMANCE.

Quoi?

JOBELIN.

Comment?

MARJAVEL.

Ernest ne peut pas se marier.

JOBELIN.

Pourquoi?

MARJAVEL.

Il n'aime pas sa cousine.

ERNEST, protestant.

Permettez...

ACTE TROISIÈME.

MARJAVEL, bas, à Ernest.

Laissez-moi faire! (Haut.) Il a une liaison...

JOBELIN.

Hein?

ERNEST, protestant.

Mais...

MARJAVEL, à Ernest.

Quoi? Il vaut mieux le dire tout de suite! (A Jobelin.) Il a une de ces liaisons... à tout casser... qui enchaînent toute une existence.

JOBELIN.

Mon neveu?

ERNEST.

Vous vous trompez!

MARJAVEL, continuant.

Il aime une femme mariée!...

ERNEST et HERMANCE.

Ah!

Ils se regardent en baissant les yeux.

JOBELIN, se récriant.

Oh! oh!

MARJAVEL.

C'est un amour coupable sans doute, il vaut mieux prendre une petite sans conséquence comme... (Il se désigne et reprend vivement.) Mais cet amour a pour excuse sa violence même.

JOBELIN.

Mais es-tu bien sûr...?

MARJAVEL, tirant le papier brûlé de sa poche.

Vous allez en juger. (Voulant lire.) Qu'est-ce que j'ai donc fait de mon lorgnon? — Hermance!

HERMANCE.

Mon ami?...

MARJAVEL, lui remettant le papier.

Vous allez voir comme elle lit le sentiment. (A Hermance.) Lis tout haut!...

HERMANCE, passant.

Moi?...

MARJAVEL.

Oui... et ne te presse pas...

HERMANCE, lisant.

« Votre mari est un... »

MARJAVEL.

Passe... c'est brûlé...

HERMANCE, lisant.

« Quelle crainte peut-il vous inspirer, cet homme excellent?... » (A part.) Ah! mon Dieu!

ERNEST, à part.

Mon brouillon!

MARJAVEL, joyeux.

Continue...

HERMANCE, à part.

Quel supplice! (Haut, lisant.) « Il est heureux, naïf... fat et crédule... »

ERNEST, s'excusant.

Oh! vous savez... j'ai écrit ça...

MARJAVEL.

Il n'y a pas de mal... C'est égal, je voudrais bien le connaître. (A Hermance.) Continue.

ACTE TROISIÈME.

HERMANCE.

Mon ami, est-ce bien nécessaire?

MARJAVEL.

Comment donc! La fin est déchirante... Écoute, Jobelin.

HERMANCE, lisant froidement.

« Ne pensons qu'à notre amour... lui seul existe... le reste n'est rien. »

MARJAVEL, à Hermance.

Plus de feu! plus de feu! Tu lis ça comme un chapitre de *la Cuisinière bourgeoise.* (Avec lyrisme.) « Ne pensons qu'à notre amour... lui seul existe... le reste n'est rien. » — (A Ernest.) Le reste, c'est le mari... l'imbécile!... Continue.

HERMANCE, continuant et se laissant insensiblement gagner par l'émotion.

« Aucun obstacle ne peut nous séparer, aucune force ne peut nous désunir... »

MARJAVEL, radieux.

Hein! voilà de la passion!

HERMANCE, continuant.

« Tu es ma pensée, tu es mon âme, tu es ma vie. » (S'arrêtant et à part, avec attendrissement.) Comme il m'aimait!

ERNEST, à part.

Est-il bête de lui faire lire ça!

MARJAVEL.

Eh bien, la suite?

HERMANCE, avec une émotion graduée.

« Je t'aime pour ta beauté, pour ta grâce, pour ce charme inconnu qui m'enivre... »

JOBELIN, à part, très-ému et tirant son mouchoir.

Tout ce que j'écrivais à Mélanie...

HERMANCE, lisant en sanglotant.

« Me marier!... Ce doute horrible t'est venu! tu as cru que je ne saurais pas résister... Ah! que je t'en veux des larmes que tu as versées!... »

Ernest, tire son mouchoir, Marjavel le sien, puis Hermance, dont la voix s'arrête coupée par les sanglots; l'émotion a gagné Ernest, Jobelin et Marjavel, qui finissent par pleurer tous les trois. Ils se mouchent bruyamment.

MARJAVEL.

Que c'est bête! je pleure comme un enfant!

JOBELIN.

Moi aussi!

ERNEST.

Moi aussi! (Marjavel console Ernest et remonte, Hermance va près de lui et pleure dans son sein. — Bas, à Hermance.) Prenez garde, madame, prenez garde!

HERMANCE, bas et vivement à Ernest.

Rompez le mariage! ce sacrifice est au-dessus de nos forces!

Elle sort vivement à gauche pour cacher son émotion.

ERNEST, avec désespoir.

Bon! ça va recommencer!

MARJAVEL, à Jobelin.

Eh bien, es-tu convaincu?...

JOBELIN.

Tout à fait!... ce mariage est impossible!

MARJAVEL, à Ernest.

Je vous disais bien que je vous tirerais de là.

ERNEST.

Merci... c'est que les publications sont faites...

MARJAVEL.

Et vous voulez que j'aille à la mairie? J'y vais!

ERNEST.

Non!

MARJAVEL

Si!

ERNEST.

Non!

MARJAVEL.

Si!... seizième arrondissement... Attendez-moi... je reviens. (Bas.) Sans moi, ce crétin de Jobelin vous sacrifiait!

Il sort par la gauche.

SCÈNE IX.

ERNEST, JOBELIN, puis LISBETH.

ERNEST.

Comment, vous le laissez partir? vous ne le retenez pas?

JOBELIN, avec reproche.

Une femme mariée! Oh! monsieur! je vous défends de me parler.

ERNEST.

Dame, mon oncle! un jeune homme est bien embarrassé... on ne ne peut pas prendre une demoiselle.

JOBELIN.

Non... mais une veuve agréable... bien conservée..

ERNEST.

Des veuves!... Il n'y en a pas pour tout le monde, des veuves! La société manque de veuves! voilà sa plaie!

JOBELIN.

Et vous le connaissez, sans doute, ce mari?

ERNEST.

Si je le connais!... Oh! oui... je le connais!...

JOBELIN.

Vous êtes son ami?

ERNEST.

A l'année et sans gages!... Mais j'ai rompu... tout est rompu... Vous pouvez, sans crainte, me donner ma cousine.

JOBELIN.

Jamais, monsieur! jamais!

On entend une dispute dans la coulisse et le bruit d'un soufflet.

VOIX DE KRAMPACH, dans la coulisse.

Aïe!

LISBETH, entrant et parlant à la cantonade,

Attrape!... C'est bien fait!

JOBELIN.

Qu'est-ce?

LISBETH.

Je viens de gifler Krampach. (Remettant des billets à Ernest.) Tenez! v'là l'argent!

ERNEST.

Quel argent?

LISBETH.

Celui que Krampach devait remettre au cocher et qu'il a gardé!

ACTE TROISIÈME.

ERNEST et JOBELIN, ensemble avec terreur.

Il a gardé l'argent?

LISBETH.

Parce que Kuissermann est son débiteur... mais, moi, je n'entends pas ça! je suis une femme honnête...

ERNEST.

Oui, une honnête femme!

JOBELIN.

Mais alors ce cocher?...

LISBETH.

Il est à la porte... furieux.

ERNEST et JOBELIN, ensemble.

Parbleu!

LISBETH.

Il m'a demandé le nom du mari.

ERNEST et JOBELIN, ensemble.

Marjavel! Et pour quoi faire?

LISBETH.

Pour lui écrire.

ERNEST et JOBELIN, ensemble.

Sapristi! il faut courir!

Ils remontent avec Lisbeth.

LISBETH.

Oh! c'est pas la peine... sa lettre est partie...

JOBELIN et ERNEST.

Partie!...

Lisbeth sort par la droite.

SCÈNE X.

ERNEST, JOBELIN, puis HERMANCE.

JOBELIN.

Ah! mon neveu!

ERNEST.

Ah! mon oncle!

JOBELIN.

Tu as compris?

ERNEST.

Vous avez deviné?

JOBELIN.

Ce fiacre a conduit...

ERNEST.

Madame Marjavel.

JOBELIN.

Oui.

ERNEST. ⎫
⎬ Ensemble.
JOBELIN. ⎭

Oh! Hermance!

Oh! Mélanie!

Ils se regardent tous les deux.

ERNEST et JOBELIN.

Hein!

JOBELIN, étonné.

Hermance!

ERNEST, même jeu.

Mélanie!

ACTE TROISIÈME.

JOBELIN, avec reproche.

Comment, mon neveu?

ERNEST, même jeu.

Comment, mon oncle?

ENSEMBLE.

Nous fûmes bien coupables.

Ils s'embrassent.

HERMANCE, entrant de gauche.

Ah! mon Dieu! quelle effusion de tendresse!

JOBELIN, vivement à Hermance.

Ah! madame, un grand malheur! Krampach a gardé l'argent... le cocher est furieux... il vient d'écrire à votre mari!

HERMANCE.

Monsieur, je ne comprends pas... je ne sais ce que vous voulez dire.

JOBELIN, à part.

Ah! c'est juste! Je croyais parler à Mélanie. (Bas, à Ernest.) Dis-lui, toi.

Il le fait passer.

ERNEST, à Hermance, vivement.

Krampach a gardé l'argent... le cocher vient d'écrire à votre mari.

HERMANCE.

Nous sommes perdus! (Très-exaltée.) Je ne peux plus revoir Marjavel... sa vue me tuerait... Partons! fuyons!

Elle remonte.

ERNEST.

Où ça?

HERMANCE.

N'importe où... en Suisse, en Amérique.

JOBELIN.

Peut-être que la Belgique...

HERMANCE.

C'est trop près.

ERNEST.

Permettez... un pareil voyage...

HERMANCE.

Vous hésitez!... après m'avoir entraînée dans l'abîme

ERNEST, à part.

Allons, bien! me voilà pris! Je suis dans l'engrenage. (Avec agitation et remontant.) Partons pour l'Amérique... Est-ce le Sud ou le Nord?

SCÈNE XI.

Les Mêmes, MARJAVEL, puis KRAMPACH, puis BERTHE et LISBETH.

MARJAVEL, entrant de gauche.

Me voilà! je suis en nage.

HERMANCE.

Lui!

ERNEST et JOBELIN, à part.

Trop tard!

MARJAVEL, joyeux.

J'arrive de la mairie... il y a là un bonhomme bien désagréable...

HERMANCE, bas, à Ernest.

Il n'a pas reçu la lettre!

ACTE TROISIÈME.

ERNEST, bas, à Jobelin.

Il n'a pas reçu la lettre!

JOBELIN, bas, à la cantonade.

Il n'a pas reçu la lettre!

MARJAVEL.

Je lui dis : « Monsieur, je viens pour le mariage de M. Ernest Jobelin... » Il me répond : « Êtes-vous le père ou la mère du jeune homme? »

ERNEST, s'efforçant de rire.

Ah! très-drôle! La mère du jeune homme!

HERMANCE.

C'est charmant!

JOBELIN.

C'est à mettre dans une pièce!

KRAMPACH, entrant une lettre à la main.

Monsieur, une lettre pour vous.

HERMANCE, ERNEST et JOBELIN, à part et terrifiés.

La lettre!

KRAMPACH.

On attend la réponse.

HERMANCE, bas.

Nous sommes perdus!

JOBELIN, à part

Je vais me trouver mal!

MARJAVEL, après avoir décacheté la lettre.

Quelle drôle d'écriture! Je ne trouve pas mon lorgnon.

ERNEST, vivement.

Voulez-vous que je lise?

MARJAVEL.

Non... Krampach!...

Il lui donne la lettre.

HERMANCE.

Mais, mon ami...

MARJAVEL.

Je n'ai pas de secrets, moi! et puis... il faut bien qu'il s'habitue... quand j'oublie mon lorgnon... va!

KRAMPACH, lisant.

« Cancre!... si tu ne m'envoies pas tout de suite trois mille francs... »

MARJAVEL.

Il me tutoie!

KRAMPACH, lisant.

« Je dirai à ta femme que tu t'es promené dans mon fiacre avec une cocotte. »

Marjavel repousse Krampach et passe.

HERMANCE.

Hein?

JOBELIN.

Ah bah!

MARJAVEL, à part.

Sapristi! ma promenade avec Ginginette!... et ma femme qui a entendu... Je suis pincé.

ERNEST, bas.

Il paraît que nous avons tous pris le même fiacre!

HERMANCE, à Marjavel.

Me tromper! à votre âge! Adieu... monsieur...

Elle remonte.

MARJAVEL.

Non, Hermance!... (Elle revient à sa place.) Je vais t'expliquer... (Bas, à Krampach.) Mange l'enveloppe! (Krampach se retourne, mange la lettre et garde l'enveloppe. Haut.) Cette lettre n'est pas pour moi... Voyons... est-ce que je suis un homme à me promener dans un fiacre avec une... co cotte?

HERMANCE.

Pour qui donc, alors?

MARJAVEL.

Ah! voilà! pour qui?... (A part.) Je vais tout flanquer sur le dos d'Ernest. (Haut, à Ernest.) Malheureux jeune homme!

Il lui prend le bras et l'attire à lui.

ERNEST.

Quoi?

MARJAVEL.

Voilà donc où peuvent entraîner l'inconduite et le désordre...

ERNEST.

Mais ce n'est pas moi... je proteste!

MARJAVEL.

Inutile! j'ai une preuve! (A Krampach.) Donne-moi l'enveloppe.

KRAMPACH.

Je l'ai mangée.

MARJAVEL.

Imbécile! animal! Il y avait dessus: « A monsieur Ernest Jobelin. »

HERMANCE.

Comment?

ERNEST.

Vous êtes sûr?

MARJAVEL, arrachant la lettre des mains de Krampach et la donna à Ernest.

Maintenant, monsieur, reprenez cette lettre qui n'aurait jamais dû entrer dans cette maison.

ERNEST, l'examinant.

Tiens! c'est l'enveloppe.

MARJAVEL.

Comment! il a mangé la lettre?

Il secoue vivement Krampach, qui ne comprend rien.

ERNEST, lisant la suscription.

« A monsieur Marjavel. »

TOUS.

Hein?

MARJAVEL.

C'était pour moi?... alors, je vois ce que c'est... je conduisais la tante Isaure au Jardin d'acclimatation... on l'a prise pour une... Oh!

HERMANCE.

Ah! monsieur... je me vengerai.

Elle va à lui.

JOBELIN, à part.

Encore!

Lisbeth entre avec Berthe; elles portent des bouquets.

BERTHE.

La conférence est-elle finie?

JOBELIN.

Oui, tout est arrangé!

ERNEST.

Quand vous êtes entrée, nous causions de la corbeille.

MARJAVEL, avec regret.

Ernest se marie. (A Hermance.) Nous perdons un ami.

KRAMPACH.

Ah! monsieur, vous ne serez pas long à en retrouver un autre.

MARJAVEL.

Que le ciel t'entende!

FIN DU PLUS HEUREUX DES TROIS.

LA COMMODE DE VICTORINE

COMÉDIE-VAUDEVILLE

EN UN ACTE

Représentée pour la première fois, à Paris, sur le théâtre du Palais-Royal, le 23 décembre 1863.

COLLABORATEUR : M. E. MARTIN

PERSONNAGES

	ACTEURS qui ont créé les rôles
POPAREL.	MM. Geoffroy.
BARDAS DE LASTRINGUY.	Pellerin.
HECTOR BELINAY	Priston
MARITON.	Lassouche.
CLARA.	Mmes Delille.
ANGÈLE.	Deribeaucourt.
CÉSARINE.	Protat.
JULIE.	Antonie.

La scène se passe à Paris, chez Clara.

LA
COMMODE DE VICTORINE

Le théâtre représente un salon de modiste. — Un guéridon, à droite; chapeaux exposés aux deux fenêtres de fond. Porte au fond, portes latérales. Cheminée à gauche, premier plan. Au deuxième plan, petite table où sont des chapeaux sur des champignons. Sur le guéridon où travaillent les ouvrières, un chapeau sur son champignon. Chaises, fauteuils, etc., etc.

SCÈNE PREMIÈRE.

ANGÈLE, JULIE, CÉSARINE, MARITON.

Au lever du rideau, les modistes travaillent assises derrière le guéridon; Mariton est sur une chaise devant la cheminée et se chauffe les pieds.

CÉSARINE.

Vous direz tout ce que vous voudrez, mais, moi, j'aime les jeunes gens de Bordeaux.

ANGÈLE.

Ils sont gentils, je ne dis pas le contraire.

JULIE.

D'abord ils sont bruns.

ANGÈLE.

C'est possible... mais les blonds épousent davantage... c'est une chose connue !

JULIE.

La voilà encore avec ses idées de mariage !

ANGÈLE.

Je n'en rougis pas... si je rencontrais un blond... cendré, avec un beau nom, de l'éducation, une famille honorable...

CÉSARINE.

Cinquante mille livres de rente.

ANGÈLE.

Je n'hésiterais pas à lui faire le sacrifice de ma liberté.

MARITON, à part.

Elle me fait suer, ma parole d'honneur !

ANGÈLE.

Qu'est-ce que vous dites, monsieur Mariton ?

MARITON.

Moi, je ne m'occupe pas de vous... je me chauffe les pieds.

ANGÈLE.

Quel joli butor !

CÉSARINE.

Un bouquet de chardons !

JULIE.

Et d'une conversation !...

MARITON.

J'en ai peut-être plus que vous, de la conversation...

seulement je n'aime pas à causer avec les femmes... ça n'est pas instructif... c'est du babillage...

ANGÈLE.

Alors pourquoi êtes-vous entré dans un magasin de modes?...

MARITON.

J'y suis entré... pour des raisons de santé.

TOUTES.

Ah bah!

MARITON.

Avant, j'étais dans la droguerie... une belle partie, pour un jeune homme! mais on me faisait piler à l'air, dans la cour, ça me donnait des engelures et des crevasses aux mains...

ANGÈLE, ironiquement.

Ah! quel dommage!

MARITON.

Chacun son goût... moi, je suis friand de mes mains. Alors j'ai lâché le mortier pour un état plus moelleux... je suis venu chez mademoiselle Clara, la patronne, en qualité de...

CÉSARINE.

De trottin.

MARITON.

De premier commis! je porte les chapeaux et je reçois les factures... je fais l'extérieur.

ANGÈLE.

Heureusement!

JULIE.

Et vous êtes content, monsieur Mariton?

MARITON.

Je gagne soixante francs par mois et je mets des gants quand il fait froid... je ne sais pas ce qu'un homme peut désirer de plus!

ANGÈLE, se levant.

Mais le cœur, malheureux! le cœur!

MARITON.

Mesdemoiselles, je ne vous dis pas de gaudrioles, moi... et je vous prie de me laisser tranquille!

CÉSARINE.

Il cache son jeu... je parie qu'il est amoureux!

TOUTES.

Oui! oui! il est amoureux!

MARITON.

Eh bien, il fera chaud quand vous verrez ça!

ANGÈLE.

Une femme, ça ne vous dit donc rien?

MARITON.

Je ne sais pas... je n'en ai jamais rencontré...

JULIE.

Il est poli!

CÉSARINE.

Eh bien, et nous

MARITON.

J'appelle femme l'être sublime qui raccommode son mari... qui a un domicile et beaucoup d'enfants.

ANGÈLE.

La mère Gigogne!

SCÈNE DEUXIÈME.

MARITON.

Quant à vous... vous n'êtes que des voyageuses! train d'Asnières.

CÉSARINE et JULIE, se levant et allant à lui.

Des voyageuses?

ANGÈLE.

Insolent!

Elles quittent leur ouvrage et marchent furieuses sur Mariton qui recule.

CHŒUR.

AIR de *Discotin*.

Il faut, d'un pareil insolent,
Nous venger à l'instant;
Corrigeons vivement
Cet affreux, ce vilain
Trottin.
Quel crétin!
Mon Dieu! quel crétin!

MARITON, criant.

Madame! madame!

SCÈNE II.

LES MÊMES, CLARA.

CLARA, entrant.

Qu'y a-t-il? quel est ce bruit?

CÉSARINE, hypocritement.

Madame, c'est M. Mariton qui nous dit de vilaines choses...

ANGÈLE, de même.

Il nous propose de nous conduire dimanche à Asnières...

MARITON.

Moi?

TOUTES.

Oui! oui! oui!

CLARA, sévèrement à Mariton.

Monsieur Mariton... depuis longtemps je m'aperçois de vos allures...

MARITON.

Mais, madame...

CLARA.

Laissez-moi parler... J'ai la prétention de n'admettre dans mes ateliers que des demoiselles irréprochables... je les choisis...

MARITON, à part.

Quelle chance!

CLARA.

C'est assez vous dire, monsieur Mariton, que les débauchés n'ont pas d'avenir dans cette maison!

MARITON.

Mais, madame...

CLARA.

Laissez-moi parler!... que si une inclination... que je ne saurais blâmer, puisqu'elle est dans la nature, vous a fait distinguer une de ces demoiselles...

MARITON.

Moi?

CLARA.

Que si vos vues sont honorables et légitimes... Parlez, monsieur Mariton... je ne suis point l'ennemie du mariage... je connais trop les luttes du célibat...

SCÈNE DEUXIÈME.

MARITON.

Mais, madame...

CLARA, s'attendrissant.

Orpheline à seize ans... belle comme l'Aurore... logée dans les environs de la caserne de la Nouvelle-France... avec des yeux et des cheveux... à faire rêver messieurs les militaires...

MARITON et LES MODISTES.

Qu'arriva-t-il?

CLARA, se réveillant tout à coup.

Rien! absolument rien! (Aux ouvrières.) Mais vous ne travaillez pas, mesdemoiselles! vous êtes là à bavarder... vous savez combien nous sommes pressées... Voyons, à l'ouvrage! à l'ouvrage!

Césarine et Julie se remettent à l'ouvrage.

ANGÈLE, à part, aux autres modistes.

Quel dommage! la patronne allait nous raconter ses farces!

CLARA.

Eh bien, et vous, mademoiselle Angèle, qu'est-ce que vous faites là?

ANGÈLE.

Madame, je demande un jour de congé.

CLARA.

Pour aujourd'hui? c'est impossible!

ANGÈLE.

Madame, je déménage.

CÉSARINE et JULIE.

Ah bah!

CLARA.

Comment, encore? Ah çà! vous promenez donc vos meubles tous les trois mois?

ANGÈLE.

Cette fois-ci, j'ai un bail... je prends un appartement de mille francs.

CÉSARINE et JULIE.

Mille francs!

ANGÈLE.

Avec des glaces et une terrasse... pour fumer...

CLARA.

Vous fumez donc?

ANGÈLE.

Non, madame... mais c'est pour M. Hector Belinay... un premier clerc d'avoué... qui va m'épouser...

CÉSARINE et JULIE.

Comment?

MARITON, riant.

Ah! elle est bonne!

CLARA.

Monsieur Mariton, pas de rires indécents! (A Angèle.) Mon enfant, prenez garde, les clercs d'avoués, c'est bien fragile...

ANGÈLE.

Oh! M. Hector est un honnête homme... Il a donné dix francs de denier adieu au concierge...

CLARA.

Je ne l'accuse pas...

ANGÈLE.

Mais, pour laisser entrer les meubles, le propriétaire exige six mois d'avance...

SCÈNE DEUXIÈME.

MARITON, à part.

Lui, pas bête!

ANGÈLE.

Et M. Hector doit se trouver à l'appartement à dix heures avec les cinq cents francs.

CLARA.

Allons! puisqu'il s'agit de votre avenir!...

ANGÈLE.

Je vais faire charger mes meubles sur une voiture à bras...

Elle met son châle et son chapeau.

CLARA, remontant.

A demain... je compte sur vous... (Aux autres ouvrières.) Allons! mesdemoiselles, au travail... (Appelant.) Monsieur Mariton!

MARITON.

Madame...

CLARA, prenant les cartons à droite.

Ce carton, rue du Cherche-Midi... celui-ci, rue Saint-Georges; celui-là, avenue Montaigne.

MARITON.

Tout de suite, madame... je mets mes gants.

CHOEUR.

AIR des *Fileuses.*

Lorsque madame commande,
   Chacun doit obéir;
Il faut donc que l'on se rende,
Même à son moindre désir.

CLARA, poussant Mariton.

Mais allez donc, monsieur Mariton.

Angèle et Mariton sortent par le fond, Césarine et Julie sont à la table à ouvrage.

SCÈNE III.

CLARA, JULIE, CÉSARINE, puis POPAREL.

CLARA.

Une ouvrière de moins... quel contretemps!... un jour où nous sommes si pressées... (Aux ouvrières.) Ce chapeau avance-t-il?

CÉSARINE.

On le pousse.

CLARA.

Je l'ai promis ce matin pour une messe de mariage...

On sonne.

JULIE.

On sonne...

CLARA.

Ah! mon Dieu! je parie qu'on vient le chercher!

POPAREL, entrant par la porte du fond.

Mesdames... je vous demande un million de pardons...
Il va poser son parapluie dans le coin, à droite.

CLARA, à part.

Quel est ce monsieur?

POPAREL.

J'ai vu un écriteau... et je viens pour visiter l'appartement. (Tirant un mètre de sa poche.) Ne vous dérangez pas.

CLARA, aux ouvrières qui regardent Poparel.

Quand vous resterez là, le nez en l'air!

POPAREL, qui a mesuré la partie gauche du salon.

Ceci est le salon... voulez-vous permettre? (Il remonte la scène en comptant ses pas.) Un, deux, trois, quatre, cinq, six.

SCENE TROISIÈME.

CLARA, le regardant.

Qu'est-ce qu'il fait?

POPAREL.

Six mètres de long... sur... voulez-vous permettre? (Il arpente la scène dans l'autre sens.) Un, deux, trois, quatre, cinq... et six... (A Clara.) Il est carré... c'est un salon carré. Maintenant, voyons la chambre à coucher...

CLARA, brièvement.

Elle n'est pas faite! ma chambre n'est pas faite!

POPAREL.

Oh! ça m'est égal... je sais ce que c'est...

CLARA.

Non, monsieur, j'ai prévenu le concierge que je ne voulais pas laisser visiter l'appartement avant onze heures... il n'en est que dix.

POPAREL.

Puisqu'on m'a laissé monter.

CLARA.

On a eu tort! pas avant onze heures! je suis dans mon droit.

POPAREL.

Très-bien, madame... je n'insiste pas... (A part.) Elle est désagréable, cette dame! (Tirant sa montre.) Allons, j'ai encore une heure à attendre.

Il va s'asseoir machinalement devant la cheminée.

CLARA, à part.

Comment! il s'installe?

POPAREL, à Clara.

Ceci est la cheminée?

CLARA.

Probablement.

VI.

POPAREL.

Tire-t-elle bien?... c'est très-important.

Il se baisse et cherche à regarder dans la cheminée.

CLARA.

Ah çà! monsieur, est-ce que vous allez rester là?

POPAREL, baissé.

Le tuyau est bien étroit... Vous êtes obligée de faire ramoner à la corde?

CLARA.

Il ne s'agit pas de ça... je vous demande si vous comptez rester là?

POPAREL, se relevant.

Mais vous m'avez prié d'attendre jusqu'à onze heures...

CLARA.

Je vous ai prié de revenir à onze heures... ce n'est pas la même chose.

POPAREL.

Alors, vous me renvoyez, madame... vous me chassez?

CLARA.

Je ne vous chasse pas, mais...

POPAREL, allant pour prendre son parapluie.

Très-bien, madame, je me retire, je me retire... mais vous me permettrez de vous dire... sans acrimonie, parce que vous êtes une femme... sur le retour...

CLARA, vexée.

Monsieur!

POPAREL.

Vous me permettrez de vous dire que vous ne montrez pas toute la bienveillance qu'on se doit... entre gens qui cherchent des appartements!

SCÈNE TROISIÈME.

CLARA.

Mon Dieu, monsieur, j'ai une commande très-pressée... et, depuis que vous êtes entré, ces demoiselles n'ont pas fait un point!

POPAREL.

Ah! ce sont vos ouvrières... (Les saluant.) Elles sont charmantes... l'air très-décent.

CLARA.

Je les choisis, monsieur.

POPAREL, regardant le chapeau sur le guéridon.

Tiens, vous confectionnez des chapeaux... Depuis quinze jours, je me tâte pour en acheter un...

CLARA.

Vous?

Césarine et Julie se lèvent et s'approchent de Poparel.

POPAREL.

Ce n'est pas pour moi... c'est une surprise que je voudrais faire à Victorine... ma bonne... ou plutôt ma dame de compagnie, ma lectrice... car c'est elle qui me lit *la Patrie* tous les soirs... seulement, comme elle est Alsacienne, elle prononce *Batrie, chournal di soir!* Eh bien, on s'y fait!

LES FEMMES, riant.

Ah! ah! ah!

POPAREL.

Ne riez pas... elle fait très-bien la cuisine.

CLARA.

Alors c'est votre cuisinière...

POPAREL.

C'est-à-dire... c'est ma cuisinière... oui... en ce sens

qu'elle fait ma cuisine... mais nous mangeons ensemble... je l'admets à ma table... en tout bien tout honneur... (Les ouvrières font un geste d'incrédulité.) Car je vous prie de croire, mesdemoiselles, que jamais rien... quoiqu'elle soit très-gentille... une petite boulotte... Voulez-vous voir sa photographie? je l'ai fait faire...

CÉSARINE et JULIE.

Oui! voyons!

CLARA.

C'est inutile, mesdemoiselles... travaillons!

Elles se remettent à l'ouvrage.

POPAREL, à Clara.

Le photographe l'a fait revenir cinq jours de suite... sans moi... il prétendait que je la faisais bouger...

CLARA, à part.

Quel insupportable bavard! (Haut.) Voyons, monsieur, dépêchons-nous.

POPAREL.

Oui... vous êtes pressée... donc je voudrais un chapeau... Victorine ne m'en a jamais parlé... mais je vois bien qu'elle en a envie... Et puis, quand nous nous promenons... c'est gênant... elle est en bonnet... je ne peux pas lui donner le bras... alors nous marchons à côté l'un de l'autre, les bras ballants...

CÉSARINE, bas, à Julie.

Il doit être bon avec son Alsacienne!

POPAREL.

Ce n'est pas par fierté, c'est à cause de mes relations... de ma clientèle...

CLARA, impatientée.

Mais, monsieur...

SCÈNE TROISIÈME.

POPAREL.

Oui, vous êtes pressée... (Montrant un chapeau sur la table le gauche.) Combien celui-là?

CLARA, prenant le chapeau sur le champignon.

Cent vingt francs...

POPAREL.

Oh! c'est trop cher! je voudrais quelque chose de bon marché... qui fasse de l'effet... (Montrant un autre chapeau.) Tenez, ce petit-là!

CLARA, même jeu.

Il est de soixante-dix francs.

POPAREL.

Oh! c'est trop cher!... Et en ôtant les fleurs?

CLARA.

Soixante-cinq.

POPAREL.

Et en ôtant les rubans?

CLARA, à part.

Il ne restera plus rien. (Haut.) Cinquante-huit.

POPAREL.

Non... ce n'est pas encore dans mon prix... Après ça, vous en auriez un qui ne serait pas tout à fait neuf... ça me serait égal... et même je le préférerais...

CLARA.

Comment?

JULIE, bas, à Césarine.

Tiens! j'ai envie de lui vendre mon vieux!

POPAREL.

Parce qu'un chapeau... en train... prouve qu'on a l'habitude d'en porter... tandis qu'un neuf... on peut croire que c'est le premier. — Combien ce petit vilain là-bas?

<small>Il désigne celui qui est placé sur le guéridon à droite.</small>

CLARA.

Quarante-cinq francs!

POPAREL.

Trop cher!... Tenez, je vais vous dire tout de suite mon prix... Il me faudrait quelque chose dans les vingt à vingt-cinq francs.

CLARA, révoltée.

Vingt-cinq francs? nous ne tenons pas ça ici... Voyez dans les environs du Temple.

<small>Elle remonte.</small>

POPAREL.

Tiens! c'est une idée!

CLARA, le congédiant.

Monsieur...

POPAREL.

Oui, vous êtes pressée... Je reviendrai à onze heures pour prendre des mesures, parce que j'ai un gros meuble à placer... Figurez-vous que Victorine...

CLARA.

Mais, monsieur, à onze heures...

POPAREL, remontant.

Oui, madame... (Saluant.) Madame... mesdemoiselles...

CLARA, impatientée.

Mais, monsieur...

POPAREL.

Oui, vous êtes pressée... Ne vous impatientez pas, je reviendrai...

<small>Il sort par le fond, en mesurant l'entrée de la porte avec son parapluie.</small>

SCÈNE IV.

CLARA, JULIE, CÉSARINE,
puis BARDAS DE LASTRINGUY.

CLARA, redescendant.

Ah! j'ai les nerfs agacés!

JULIE.

Il est drôle, ce gros papa.

CÉSARINE.

Je voudrais bien le voir promener Bobonne avec son chapeau neuf.

BARDAS, paraissant au fond.

Ah!... madame Clara...

CLARA.

M. Bardas de Lastringuy... mon propriétaire...

BARDAS.

Êtes-vous seule?

CLARA, montrant ses ouvrières.

Non... Vous le voyez...

BARDAS, bas.

Ce n'est pas le propriétaire, c'est l'homme privé qui désire avoir avec vous cinq minutes d'entretien.

CLARA.

De quoi s'agit-il?

BARDAS, bas.

L'affaire réclame le secret... Veuillez faire le vide.

CLARA, passe.

C'est bien. (Aux ouvrières.) Mesdemoiselles, rentrez.

CÉSARINE, se levant, ainsi que Julie.

Le chapeau est terminé... Il n'y a plus qu'un coup de fer à donner aux rubans...

CLARA.

Dès que cela sera fini, l'une de vous ira le porter.

Julie et Césarine sortent par la droite.

SCÈNE V.

CLARA, BARDAS.

CLARA, qui a reconduit ses ouvrières.

Parlez, monsieur.

BARDAS.

Madame, je viens vous demander un service.

CLARA.

A moi?

BARDAS.

Pouvez-vous me prêter ce salon pour une demi-heure seulement?

CLARA.

Comment! mon salon?

BARDAS.

Chut! c'est pour une affaire d'honneur.

CLARA.

Un duel! à votre âge?

SCÈNE CINQUIÈME.

BARDAS.

Je suis un ancien garde du corps... et, devant la pointe d'une épée, les gardes du corps n'ont pas d'âge.

CLARA, avec enthousiasme.

Messieurs les militaires! que c'est beau!... Comme ça, vous voulez vous battre dans ce salon?... (Faisant des armes.) Une! deux! feinte... seconde... tirez dessus!

BARDAS, étonné.

Comment! vous connaissez l'escrime? vous, une modiste!

CLARA, embarrassée.

C'est-à-dire... mon frère était prévôt dans la garde... Mais quelle est la cause de ce duel?

BARDAS.

J'ai été insulté hier, dans un restaurant du boulevard, de la façon la plus grave.

CLARA.

Comment cela?...

BARDAS.

Je dinais avec madame Bardas de Lastringuy... Nous touchions au dessert, lorsque trois jeunes gens, excités sans doute par les fumées d'un vin généreux, passèrent bruyamment près de la table que j'occupais avec madame Bardas de Lastringuy. L'un d'eux eut l'inconvenance de vouloir allumer son cigare à la lampe posée sur notre table... J'allais lui faire d'énergiques représentations... lorsque, par un mouvement involontaire, je l'accorde, mais triste conséquence de ses libations... il renversa ladite lampe, et toute l'huile se répandit sur la robe de madame Bardas de Lastringuy...

CLARA.

De l'huile à quinquet!...

BARDAS.

Je l'avoue... je ne fus pas maitre d'un premier mouvement...

CLARA.

Un soufflet?

BARDAS

« Je lui criai : Prenez donc garde, imbécile!... »

CLARA.

Ça valait bien ça!

BARDAS.

Ce petit monsieur se fâche... je lui fais remarquer la robe de ma femme... toute ruisselante d'un liquide oléagineux... Il m'appelle « Vieil empaillé!... » et jette vingt-cinq louis sur la table en criant : « Voilà pour le dégraisseur!... »

CLARA, avec conviction.

Ah! c'est bien, ça!... cinq cents francs!

BARDAS.

Comment! c'est bien? Une pareille impertinence? C'était à lui couper la figure à coups de cravache... mais je n'en avais pas... Je le traitai de malotru... Nous échangeâmes nos cartes au milieu du scandale général... Et j'attends ses témoins et les miens.

CLARA.

A votre place, j'en resterais là... Vous avez les cinq cents francs? J'enverrais la robe chez le teinturier.

BARDAS.

Et mon honneur, puis-je aussi l'envoyer chez le teinturier?

SCÈNE SIXIÈME.

CLARA.

Après ça!... ça vous regarde. (A part.) Il est très-solide, le vieux!

On sonne.

BARDAS.

On sonne... ce sont sans doute mes témoins...

CLARA, remontant.

Je vous laisse... Personne ne viendra vous déranger.

Elle entre à droite.

SCÈNE VI.

BARDAS, POPAREL, puis CLARA.

POPAREL, paraissant au fond.

Il est onze heures deux... je suis exact...

BARDAS, à part.

Un étranger!

POPAREL.

Je vous demanderai la permission de déposer mon parapluie.

Il le place dans le coin où il l'a déjà posé.

BARDAS, à part.

Un des témoins de mon adversaire, sans doute... (Haut.) Je crois savoir pourquoi vous venez... je suis M. Bardas de Lastringuy...

POPAREL, à part.

Le propriétaire! (Haut, saluant.) Monsieur, je ne prévois qu'une difficulté sérieuse.

BARDAS.

Laquelle?...

POPAREL.

C'est le gros meuble... tiendra-t-il? ne tiendra-t-il pas? tout est là!

BARDAS.

Quel meuble?

POPAREL.

La commode... la commode de Victorine.

BARDAS, à part.

Victorine!

POPAREL.

Une grosse machine qu'elle a fait venir d'Alsace... et dont elle ne veut pas se séparer... figurez-vous l'arche de Noé... trois mètres vingt-sept en tout sens... mais j'ai apporté mon mètre...

BARDAS.

Ah çà! monsieur, de quoi parlons-nous?

POPAREL.

Eh bien, de la commode de Victorine!

BARDAS.

Pourquoi?

POPAREL.

Pour louer l'appartement, il faut bien que je sache si elle tiendra.

BARDAS.

Comment!... vous voulez louer l'appartement?

POPAREL.

Parbleu! je ne suis pas venu pour planter des petits pois!...

BARDAS.

Ah! c'est bien différent!... (Apercevant Clara qui entre par le fond.) Tenez... voilà madame qui va vous conduire...

<small>CLARA, à Bardas.</small>

Voici deux lettres qu'on vient d'apporter pour vous... très-pressées.

<small>BARDAS, regardant l'adresse.</small>

De mes témoins!... qu'est-ce que cela signifie?

<small>POPAREL, qui est remonté et a mesuré les panneaux du salon à droite.</small>

Jamais ça ne tiendra dans ce salon! que le diable l'emporte avec son chalet!

<small>Il sort, suivi de Clara, par la droite.</small>

SCÈNE VII.

<small>BARDAS, puis CLARA.</small>

<small>BARDAS, seul, ouvrant une lettre.</small>

C'est de Gondoin, un ami intime... (Lisant.) « Soumis aux lois de mon pays, atteint d'un violent mal de gorge... jamais je n'autoriserai par ma présence les horreurs d'une lutte fratricide... » Il refuse, un homme qui dîne chez moi tous les lundis!... je ne l'inviterai plus. Voyons l'autre. (Il ouvre la seconde lettre et lit.) « Impossible, cher ami, je mets du vin en bouteilles... » (Par réflexion.) Ah!... Allons! il faut que je cherche d'autres témoins.

<small>CLARA, sortant de la droite et parlant à la cantonade.</small>

Mais finissez donc! c'est insupportable!...

<small>BARDAS.</small>

Quoi donc?..

<small>CLARA.</small>

C'est ce monsieur qui grimpe sur tous les meubles avec son mètre... Dans ce moment, il est perché sur le piano!

BARDAS.

C'est un maniaque... je suis obligé de m'absenter pour une demi-heure... si ces messieurs se présentent...

Il remonte.

CLARA.

Les témoins de l'autre?...

BARDAS.

Oui... vous les prierez d'attendre. (A part en sortant.) Qui diable prendre? Tiens! mon notaire!

Il sort par le fond.

SCÈNE VIII.

CLARA, POPAREL, entrant par la droite, suivi de Césarine et de Julie.

POPAREL.

Allons! c'est une affaire manquée!... la commode a sept centimètres de trop... ça ne peut pas tenir...

CÉSARINE.

Faites-la scier; votre commode!

POPAREL.

Ah! par exemple!... comme vous y allez!

JULIE.

Bobonne ne serait pas contente?

POPAREL.

Elle serait capable de retourner en Alsace... pour en acheter une autre plus grande!

CÉSARINE.

Tenez! je vous parie cinq heures de coupé... que vous l'épouserez, votre Victorine.

SCÈNE HUITIÈME.

POPAREL.

Ça... jamais!...

CÉSARINE.

Parions!

POPAREL.

Il y a une excellente raison... c'est que je suis marié...

CLARA.

Vous?

CÉSARINE et JULIE.

Marié?

CLARA.

Et madame votre épouse?

POPAREL.

Nous sommes séparés... pour des raisons... de haute inconvenance!

CÉSARINE.

Un malheur!

POPAREL.

Mon Dieu! je ne sais pas si on peut appeler ça un malheur... c'est un vide... mais pas un malheur... (Voulant s'en aller.) Où est mon parapluie?

CÉSARINE, le suivant.

Oh! contez-nous votre déveine!

JULIE, de même.

Oh! oui, vous serez bien gentil!

CLARA.

Mesdemoiselles... vous êtes indiscrètes... on ne retourne pas comme ça le poignard...

POPAREL, redescendant.

Quoi? le poignard? parce que ma femme... oh! ça m'est égal... et, si je n'étais pas pressé... Voyons, quelle heure est-il?

JULIE.

Midi.

CÉSARINE.

Ça avance.

POPAREL.

Allons! je vais vous en raconter pendant cinq minutes... mais pas plus!...

CÉSARINE, vivement.

Allez! allez!

POPAREL.

Ah! petite curieuse! Je tenais donc un restaurant rue Mandar... *Au pied de Mouton incomparable.* J'avais la renommée... (Sourire des ouvrières.) Il ne faut pas croire que tout le monde sache faire un pied de mouton... parce que, si la sauce n'est pas bien liée... va te promener! Vous prenez vos pieds... vous les lavez...

CÉSARINE.

Oui, passez!...

CLARA.

Arrivez au fait!

POPAREL.

J'avais pour demoiselle de comptoir une petite fille de dix-huit ans appelée Uranie... et jolie!... oh! bien mieux que vous!

JULIE et CÉSARINE.

Merci!

POPAREL.

Entre le déjeuner et le dîner, comme je n'avais rien à faire... je la regardais... et elle... baissait les yeux... c'est ce qui m'a fourré dedans... Si j'ai un conseil à vous donner, mesdemoiselles, c'est de baisser les yeux...

CÉSARINE.

On connaît ça, marchez!

POPAREL.

Bref, je lui offris ma main... avec mon établissement... j'avais quarante et un ans... je me portais comme le pont Neuf... elle accepta... Au bout d'un mois... je m'aperçus qu'elle avait un défaut... elle aimait les sucreries, elle était chatte.

CLARA.

Oh! il n'y a pas grand mal à cela!

POPAREL.

Pour une modiste, c'est possible... mais pour la femme d'un restaurateur, c'est désastreux!... Elle mangeait tous les petits fours; les garçons étaient toujours à me dire : « Monsieur, on demande des petits fours, il n'y a plus de petits fours! — Mais sacrebleu! j'en ai acheté ce matin. — C'est madame!... » Enfin, c'était une petite grignoteuse! je lui fis des représentations... convenables, je lui dis : « C'est ignoble pour une femme d'être sur sa bouche comme ça!... » Elle me battit froid et respecta ma marchandise. Seulement je m'aperçus que, de temps à autre, un nègre venait lui apporter des sacs de marrons glacés... je n'en pris pas d'inquiétude... un nègre!

CLARA.

Ça ne me dirait rien.

JULIE.

Ni à moi...

POPAREL.

Un matin... je descendis un peu tard... je trouvai le comptoir vide... avec une lettre dessus : « Gustave... »

JULIE.

Gustave!

POPAREL.

Gustave Poparel, c'est mon petit nom... « Je vois bien que vous ne pouvez pas me comprendre, il vaut mieux nous quitter... Adieu, soyez heureux! *Post-scriptum*. Ne cherchez pas ma broche... je l'emporte. »

CÉSARINE.

Elle était partie avec le nègre?

POPAREL.

Mais non! le nègre, c'était le domestique du monsieur... un monsieur que je n'ai jamais vu... mais ce doit être un Américain... un fabricant de cannes à sucre... sans cela, Uranie ne l'aurait pas suivi.

CLARA.

Eh bien, qu'avez-vous fait?

POPAREL.

Je suis allé chez le commissaire de police.... un homme d'excellent conseil.... il m'a dit : « Voyons, est-ce que vous y tenez beaucoup, à votre femme? — Peuh!... ma foi, non. — Eh bien, alors, laissez ça là... faites vos affaires!... » C'est ce que j'ai fait... je me suis retiré avec dix-huit mille francs de rente.

CLARA.

Et vous n'avez jamais reçu de nouvelles de votre femme?

POPAREL.

Jamais!... Il y a quinze ans de cela... Elle doit être aux colonies; qu'elle y reste!... moi, je suis très-content, très-

SCÈNE NEUVIÈME.

gai... j'ai pris Victorine pour la conversation... et la cuisine.

JULIE.

Elle vous fait des petits plats sucrés.

POPAREL.

Ah! non! non! elle, c'est un autre genre... elle n'aime pas les sucreries... Choucroute, saucisses et lard fumé, nous ne sortons pas de là... j'ai des jambons qui pendent dans toutes mes cheminées... c'est ennuyeux à cause des ramoneurs.

CÉSARINE.

Oh! ils ont de si belles dents!

POPAREL.

C'est précisément pour ça!... (Regardant à sa montre.) Midi un quart! saprelotte! vous me faites causer!... Où est mon parapluie? (Il va le prendre.) Madame, mesdemoiselles, je vais continuer ma chasse aux écriteaux... C'est dommage... l'appartement me plaisait... en remettant du papier... Satanée commode!

CÉSARINE.

Adieu, Gustave.

JULIE.

Adieu, Gustave.

Poparel sort par le fond.

SCÈNE IX.

CLARA, JULIE, CÉSARINE, puis ANGÈLE.

CLARA.

Ah! quel bavard!

CÉSARINE.

Il est bon homme... Il vous raconte en souriant ses malheurs.

<small>Angèle entre vivement par le fond.</small>

ANGÈLE.

Hector n'est pas ici?

CLARA.

Quelle figure bouleversée!

CÉSARINE et JULIE.

Qu'y a-t-il?...

ANGÈLE.

Si vous croyez que c'est gai, ce qui m'arrive?

CLARA.

Quoi?

ANGÈLE.

Je viens de mon nouveau logement... mes meubles sont à la porte sur une voiture à bras...

CÉSARINE.

Eh bien?

ANGÈLE.

Le concierge ne veut pas les laisser entrer sans avoir ses six mois d'avance.

CLARA.

Et M. Hector?

ANGÈLE.

Disparu! introuvable! il plonge le jour du terme!...

CÉSARINE et JULIE, avec horreur.

Ah!

SCÈNE DIXIÈME.

ANGÈLE.

Est-ce que ce gamin-là voudrait me faire poser?

CLARA.

Allons! en voilà assez avec toutes ces histoires! Rentrez à l'atelier, mesdemoiselles... Vous aussi, Angèle.

ANGÈLE.

Non; je suis furieuse... et j'ai un congé!

CLARA.

Oh! quelle tête!... Venez, mesdemoiselles.

CHOEUR.

AIR : *Amoureux et Docteur.*

Calme ce grand courroux,
Bientôt à tes genoux
L'inconstant tombera,
Et puis y restera.

Clara, Césarine et Julie entrent à droite.

SCÈNE X.

ANGÈLE, HECTOR BELINAY.

ANGÈLE, seule.

Ah! je ne tiens pas en place! Je vais retourner là-bas... (Elle remonte et se trouve en face d'Hector, qui entre par le fond.) Hector!...

HECTOR.

Oui, c'est moi, je viens vous calmer!...

ANGÈLE, vivement.

D'où venez-vous? qu'avez-vous fait depuis ce matin?..

HECTOR.

Je viens de la Banque...

ANGÈLE.

Comment?

HECTOR.

Le garçon de caisse a une fluxion...

ANGÈLE.

Vous savez que le concierge a refusé mes meubles...

HECTOR.

Ah! voilà un manque de confiance!

ANGÈLE.

Ils sont dans la rue, et le logement que j'ai quitté est loué! Apportez-vous les cinq cents francs?...

HECTOR.

Franchement, non!

ANGÈLE.

Ah! monsieur!

HECTOR.

Mais je vais les toucher à l'instant même; on me les doit dans cette maison...

ANGÈLE.

Qui ça?

HECTOR.

Attendez! (Tirant une carte de sa poche.) M. Bardas de Lastringuy... Connaissez-vous ça?

ANGÈLE.

Le propriétaire de la maison!

HECTOR.

Ah! il est propriétaire de la maison? tant mieux!... Quel étage?

ANGÈLE.

Au-dessus.

HECTOR, remontant.

J'y monte.

ANGÈLE, même jeu.

Je vous attends ici.

HECTOR.

Non, prenez un fiacre... dans cinq minutes, je vous apporte les cinq cents francs.

ANGÈLE.

Soit... mais je vous attendrai dans la voiture, à la porte!

HECTOR.

Angèle!... est-ce que vous vous méfiez de moi?

ANGÈLE.

Je ne me méfie pas... mais je n'ai pas confiance... c'est clair.

HECTOR.

Ah! voilà un mot...

ANGÈLE.

Ta ta ta ta! je barricade la porte avec mon fiacre... Dépêchez-vous!

Elle sort par le fond.

SCÈNE XI.

HECTOR, puis BARDAS, puis MARITON.

HECTOR, seul.

Mon Dieu! que j'ai été bête, hier, dans ce restaurant!... J'étais gris... j'ai voulu faire le gentilhomme... et j'ai jeté mes vingt-cinq louis sur la table, en disant : « Voilà pour le dégraisseur! » Le mot a fait beaucoup d'effet... Le patron de l'établissement m'a reconduit jusqu'à la porte en me saluant... mais, aujourd'hui, je suis à sec! complétement... Ah dame! un clerc d'avoué n'a pas les moyens de jouer aux petits palets avec des rouleaux de vingt-cinq louis... d'un autre côté, cette pauvre Angèle qui se trouve sur le pavé, avec ses meubles!... Je vais voir ce M. Lastringuy, et si, comme je le crois, c'est un galant homme... il rendra l'argent... (Le voyant entrer du fond.) Tiens!... c'est lui!

BARDAS, entrant par le fond, à part.

Je suis allé chez cinq de mes amis intimes, ils étaient tous sortis... Je leur ai laissé un petit mot.

HECTOR, le reconnaissant.

Monsieur...

BARDAS, saluant.

Monsieur!... (Le reconnaissant, à part.) Mon jeune homme du restaurant!

HECTOR.

Je me disposais à monter chez vous.

BARDAS.

J'attends mes témoins, monsieur.

HECTOR, à part.

Il paraît qu'il tient à se battre, le vieux.

BARDAS.

Monsieur, jusqu'à l'arrivée de ces messieurs, notre situation respective nous fait un devoir de rester chacun dans sa tente... excusez-moi si je me prive de votre conversation.

HECTOR, à part.

Diable! ça ne fait pas mon compte. (Haut.) Ne pourrions-nous pas toujours causer un peu de l'affaire?

SCÈNE ONZIÈME.

BARDAS.

Impossible! j'ai délégué mes pouvoirs.

HECTOR.

Mon Dieu, monsieur, je ne demande pas mieux que de croiser le fer avec vous, si cela peut vous être agréable... mais, entre nous, l'offense n'est pas tellement grave...

BARDAS.

Comment, monsieur! renverser une lampe sur la robe de madame Bardas de Lastringuy...

HECTOR.

Oui, c'est une maladresse.

BARDAS.

Et ces cinq cents francs jetés sur la table?

HECTOR.

Ah! voilà!... voilà où est l'injure... la véritable injure!... Eh bien, ces cinq cents francs... je les retire, rendez-les moi!

Il avance sa main.

BARDAS.

Comment?

HECTOR.

Nous nous battrons après si vous le voulez...

BARDAS.

Non, monsieur! les choses demeureront en l'état.

HECTOR.

Vous voulez les garder?

BARDAS.

N'allez pas croire que je veuille en bénéficier.

HECTOR, avançant la main.

A la bonne heure!... je disais aussi!...

BARDAS.

Je compte les donner aux pauvres de l'arrondissement où le délit a été commis.

HECTOR.

Aux pauvres ? permettez !...

BARDAS.

Telle est ma volonté immuable !

HECTOR.

Ah ! c'est comme ça ?... Savez-vous, monsieur, que c'est de l'indélicatesse !

BARDAS.

Comment ?

HECTOR.

Cinq cents francs pour une vieille robe fanée !...

BARDAS.

Une robe fanée ! Apprenez que madame Bardas de Lastringuy...

HECTOR.

On peut la faire reteindre pour dix-huit francs ! Ça coûte dix-huit francs ! je m'en suis informé !... Je demande ma monnaie.

Il avance sa main.

BARDAS.

Jamais, monsieur !

HECTOR.

Alors, dites tout de suite que c'est un commerce !

BARDAS.

Un commerce !

HECTOR.

Oui, vous promenez votre Bardas de Lastringuy avec

SCÈNE ONZIÈME.

des robes avariées, vous tâchez de lui procurer des taches... et vous exploitez les jeunes gens de famille!...

BARDAS, exaspéré.

Monsieur! monsieur! avant peu, vous sentirez le froid de ma lame.

HECTOR.

Eh! je me moque pas mal de votre lame!

BARDAS.

Oh! mes témoins! où sont mes témoins?

HECTOR.

Oh! je la connais, celle-là! Vos témoins!. vous en parlez toujours et on ne les voit jamais!

BARDAS.

Ils viendront, monsieur, ils viendront.

HECTOR.

A Pâques ou à la Trinité?

BARDAS.

Ah çà! mais vous-même, qui criez si fort... où sont donc les vôtres?

HECTOR.

Oh! les miens!... Vous allez voir... Ils sont en route!

MARITON, entrant par le fond, avec sa boîte sur le dos, à lui-même.

Je suis éreinté, moi.

HECTOR, bas, à Mariton.

Mon ami, j'ai besoin d'un témoin... Je compte sur toi... (Il le fait passer.) Tenez, en voilà un! M. Mariton... inspecteur des mines. (Montrant la boîte qu'il a sur le dos.) Ça, c'est sa boîte d'échantillons... (Bas.) Tu peux l'ôter.

Mariton dépose sa boîte à gauche.

BARDAS, saluant Mariton.

Monsieur!...

HECTOR, à Bardas.

A votre tour maintenant... Où sont les vôtres?

BARDAS.

Une minute, monsieur, une minute. (A part.) Et ces animaux-là qui ne viennent pas... Je vais passer pour un vantard!

SCÈNE XII.

Les Mêmes, POPAREL.

POPAREL, paraissant au fond.

C'est encore moi! (Il pose son parapluie. — A Bardas.) Monsieur... je crois que j'ai trouvé le joint... La commode pourra tenir en reculant la cloison... Si vous voulez, nous ferons les travaux de compte à demi... J'ai préparé une petite note. (Il la sort de sa poche.) Note de ce que nous demandons pour l'ap...

BARDAS.

Eh! monsieur!... je n'ai pas le temps! j'attends mes témoins qui n'arrivent pas...

POPAREL.

Monsieur va se marier?

BARDAS.

Eh! non, monsieur... Je vais me battre!

POPAREL, vivement.

Oh! sapristi!

BARDAS.

Et il me manque!... (A part, regardant Poparel.) Tiens,

SCÈNE DOUZIÈME.

quelle idée!... Au fait... pourquoi pas?... (Haut, à Poparel.) Monsieur, vous pouvez me rendre un de ces services... qu'on ne refuse pas à un galant homme.

POPAREL.

Quoi?

BARDAS.

Voulez-vous être mon témoin?

POPAREL.

Moi?... Dame!... c'est que...

BARDAS.

Vous me refusez?...

POPAREL.

Pardon... Serai-je libre à cinq heures?

BARDAS.

Certainement!

POPAREL.

Parce qu'à cinq heures, Victorine met la soupe sur la table... A cinq heures, je vous lâche, mort ou vif!

BARDAS.

C'est convenu! Merci! (A Hector.) Voici mon témoin, monsieur! (Bas, à Poparel.) Votre nom?

POPAREL.

Gustave Poparel.

BARDAS, étonné, bas.

Est-ce que vous avez tenu un restaurant?

POPAREL, de même.

Le Pied de Mouton incomparable... c'est moi.

BARDAS, à part.

Ah! diable! j'en aurais mieux aimé un autre... mais je

n'ai pas le choix! (Haut.) Messieurs, je vous présente mon témoin. (Le présentant à Hector.) M. Gustave Poparel, capitaine d'artillerie en retraite.

POPAREL.

Moi? mais...

BARDAS, bas.

Ne dites rien... Un militaire, ça fait bien. (Haut.) Ces messieurs s'adjoindront chacun un ami.

MARITON, bas, à Hector.

Soyez tranquille, je prendrai le père Baptiste.

HECTOR.

Qui est-ce?

MARITON.

Le portier, il a servi.

BARDAS.

Laissons maintenant ces messieurs régler les conditions du combat.

HECTOR, à part.

C'est Angèle qui doit grogner dans son fiacre!

BARDAS, bas à Poparel.

Tâchez d'obtenir l'épée!

HECTOR, bas, à Mariton.

Tâchez d'obtenir les cinq cents francs.

MARITON.

Quels cinq cents francs?

BARDAS.

Un dernier mot, messieurs... Je vous recommande la

SCÈNE TREIZIÈME.

plus grande discrétion... Je suis marié... Ma femme demeure au-dessus... et si elle venait à se douter....

POPAREL.

Oui, oui... pas de femme là-dedans!... Nous lui dirons tout quand on vous rapportera... (Gaiement.) si on vous rapporte!

MARITON, se frottant les mains, et très-gaiement.

Oui... si on vous rapporte..

HECTOR, à part.

Ils sont drôles, nos témoins!

CHOEUR.

ENSEMBLE.

AIR des *Mousquetaires*.

Et d'estoc et de taille,
Nous livrerons bataille.
Vous livrerez
Bannissant la frayeur,
Allons! allons, montrons du cœur
Oui, sans pitié ni grâce
Chacun se frappera,
L'un de nous / vous sur la place,
Oui, morbleu! restera.

Bardas entre à droite et Hector à gauche.

SCÈNE XIII.

POPAREL, MARITON.

POPAREL, à part.

Il y a une chose qui me gêne un peu... c'est que je n'ai jamais été témoin de ma vie.

MARITON, à part.

Je ne connais rien à tout cela... je vais laisser faire le capitaine.

POPAREL, à Mariton.

Voyons, nous voilà seuls... qu'est-ce que nous disons?

MARITON.

Après vous, capitaine...

POPAREL, se retourne comme pour chercher quelqu'un, puis se rappelle et dit à part.

Ah! oui! c'est moi! (Haut.) Je crois que nous devons d'abord bien nous pénétrer de notre mission. Quelle est notre mission?

MARITON.

Parbleu! c'est de les faire battre.

POPAREL.

Oui. (A part.) Il est carré, ce garçon-là. (Haut.) Il serait peut-être bon de connaître un peu la cause de ce duel... la savez-vous?

MARITON.

Moi? non, capitaine...

POPAREL.

Diable!... moi non plus!

MARITON.

Après ça, ça ne nous regarde pas... ces messieurs désirent s'aligner...

POPAREL.

C'est juste... ils doivent avoir leurs raisons pour ça... écartons ce premier point... Il s'agit de savoir maintenant quel est l'offensé.

MARITON.

Oh! ça, ça m'est égal.. Voulez-vous que ça soit le vôtre?

SCÈNE TREIZIÈME.

POPAREL.

Pardon... c'est très-important pour le choix des armes!

MARITON.

Les armes?... puisque c'est nous qui les choisissons!

POPAREL.

C'est juste! puisque c'est nous... (A part.) Il connaît son affaire.

MARITON.

Voyez-vous... le principal... ce sont les cinq cents francs.

POPAREL.

Oui!... Hein?... quels cinq cents francs?

MARITON.

Je ne sais pas... Il m'a dit : « Tâche d'obtenir les cinq cents francs. »

POPAREL.

Mon Dieu! mon cher monsieur, je ne me crois pas suffisamment autorisé à traiter la question des cinq cents francs... réservons-la...

MARITON.

Je veux bien, réservons-la.

POPAREL.

Reste maintenant un deuxième point à traiter... Y a-t-il lieu oui ou non à arranger l'affaire?

MARITON, faisant la moue.

Oh...

POPAREL.

Enfin, nous sommes là dans notre rôle de témoins... car autrement je n'y tiens pas plus que vous... je vous dirai même que je n'ai jamais assisté à un combat singulier... et je serais bien aise de voir ça.

MARITON.

C'est comme moi... je n'ai accepté que pour ça.

POPAREL.

Ah! ce doit être un spectacle bien émouvant... Voir deux hommes nus jusqu'à la ceinture.

MARITON, se frottant les mains.

Oh! oui... oh! oui...

POPAREL.

Cependant l'intérêt de nos plaisirs doit céder le pas aux devoirs de l'humanité... Voulez-vous que nous essayions une petite tentative de conciliation?...

MARITON, très-froid.

Oh!

POPAREL.

Au moins, comme ça notre conscience sera à couvert.

MARITON.

Essayons! mais pas longtemps...

POPAREL.

L'injure est grave... elle doit être grave!

MARITON.

Oh! très-grave!

POPAREL.

Il ne m'appartient pas de vous demander des excuses... mon partenaire n'en fera pas... ce serait une lâcheté... cependant, si le cœur vous en dit...

MARITON.

Ah! capitaine, que me proposez-vous?...

SCÈNE TREIZIÈME.

POPAREL.

Peut-être qu'une note... rédigée avec ménagement...

MARITON.

Jamais! ce serait le déshonneur!...

POPAREL.

Très-bien! alors, vous comprenez, monsieur, qu'une injure aussi grave... ne peut rester sans réparation... nous avons fait tout ce qu'il était humainement possible de faire... les choses suivront leur cours...

MARITON, remontant.

Et Dieu pour tous!

POPAREL.

Il me semble que ça va bien! il ne nous reste plus qu'à déterminer l'heure du combat et le choix des armes.

MARITON, se frottant les mains.

C'est ça... déterminons.

POPAREL.

Quant à moi, je désire que ce spectacle... (Se reprenant.) que ce duel ait lieu le plus tôt possible... et que tout soit fini à cinq heures moins un quart, à cause de Victorine.

MARITON.

Ça m'arrange... j'ai de l'ouvrage à reporter.

POPAREL.

On se battra à Vincennes... C'est dans mon quartier.

MARITON.

Moi, j'ai affaire barrière du Trône.

POPAREL.

Quant aux armes...

MARITON.

Ah! il y a un combat que j'aimerais bien à voir... les deux adversaires prennent chacun le bout d'un mouchoir dans leurs dents... et ils se flanquent des coups de couteau.

POPAREL, naïvement.

Tiens! ça doit être gentil! Oh! non, c'est trop cruel!... Qu'est-ce que nous voulons? nous distraire un petit moment... sans que cela fasse de mal à personne!...

MARITON.

Alors l'épée...

POPAREL.

Ah! non, ça fait de mauvais trous... et puis souvent les témoins sont obligés de sucer la blessure... c'est pénible.

MARITON.

Prenons le pistolet.

POPAREL.

Ah! non! le pistolet... on ne voit rien... fust!... la balle passe, l'homme tombe et c'est fini! non! il faut trouver quelque chose qui dure un peu.

MARITON.

Au fait, quand on se déplace...

POPAREL.

Qu'est-ce que vous penseriez du sabre? Voilà une arme! Ça ne fait que des coupures...

MARITON.

Et la pointe?

POPAREL.

On ne se servira pas de la pointe... nous défendrons la pointe.

SCÈNE TREIZIÈME.

MARITON.

C'est qu'un coup de sabre... ça peut vous abattre le nez.

POPAREL.

Nous défendrons le nez! nous sommes les maîtres! ainsi on ne se touchera ni dans la tête, ni dans les bras, ni dans la poitrine, ni dans le ventre, ni dans le dos.

MARITON.

Eh bien, où se touchera-t-on?

POPAREL.

Dame! il reste les jambes.

MARITON.

Très-bien! ça devient un jeu d'adresse... comme les quilles...

POPAREL.

De cette façon, nous nous amuserons honnêtement.. en sauvegardant les intérêts sacrés de l'humanité... Sommes-nous d'accord?

MARITON.

Oui, capitaine... (Se frottant les mains.) Ah! je suis très-content!

Il remonte.

POPAREL, remontant.

Maintenant, rappelons les combattants, et faisons-leur part du programme... et pas de concessions... dites comme moi.

MARITON.

Soyez tranquille! (Il va à la porte de gauche et il appelle. Monsieur Hector! monsieur Hector!

POPAREL, à la porte de droite, appelant.

Monsieur de Lastringuy! vous pouvez venir!

SCÈNE XIV.

Les Mêmes, BARDAS, HECTOR

Bardas et Hector entrent chacun par une porte.

POPAREL, solennellement.

Approchez, messieurs...

BARDAS, entrant de droite.

Nous sommes à vos ordres. (Bas, à Poparel.) Avez-vous obtenu l'épée?

POPAREL.

Chut! vous le saurez!

HECTOR, bas, à Mariton.

Et les cinq cents francs?

MARITON, bas.

J'en ai parlé... la question a été réservée.

POPAREL.

Veuillez vous asseoir, messieurs... (Tous s'asseyent.) Je vais vous donner connaissance des conditions du combat... telles qu'elles ont été arrêtées par monsieur et moi... après avoir été mûrement débattues... Nous avons dû nous placer tout d'abord sur le terrain de la conciliation...

BARDAS et HECTOR.

Hein?

POPAREL.

Conciliation impossible! nous n'avons pas tardé à le reconnaitre... car il est des injures...

BARDAS.

Il a insulté madame Bardas de Lastringuy! Il a renversé une lampe sur sa robe...

SCÈNE QUATORZIÈME.

HECTOR.

Une vieille robe!

BARDAS, se levant.

Une robe neuve, monsieur!

HECTOR, même jeu.

Vieille!

BARDAS, même jeu.

Neuve!

POPAREL, même jeu.

Du calme, messieurs, du calme! l'heure des réparations approche... (Ils se rasseyent.) Vous vous battrez aujourd'hui... à moins qu'il ne pleuve.... auquel cas, le duel serait remis à demain.

MARITON, à part.

Très-bien!

POPAREL.

L'arme que nous avons choisie est le sabre...

BARDAS.

Ah!

HECTOR, à part.

Connais pas.

POPAREL.

Vous serez placés à dix pas l'un de l'autre..

BARDAS et HECTOR.

Comment?

POPAREL.

Vous marcherez à un signal donné, trois coups dans la main..

Il frappe les trois coups dans sa main.

MARITON, à part.

C'est empoignant!

POPAREL.

Les adversaires ne pourront se frapper ni dans la tête, ni dans les bras, ni dans la poitrine, ni dans le ventre, ni dans le dos...

HECTOR, étonné.

Tiens!

BARDAS.

Mais alors?...

MARITON.

Il vous reste les jambes...

BARDAS, regardant les jambes d'Hector.

C'est bien sec!...

HECTOR, à Bardas.

Parlez pour vous!

POPAREL.

Si l'un des combattants s'écarte de la ligne que nous venons de tracer... nous serons là... avec nos parapluies.

MARITON, à part.

Je prendrai celui de la patronne.

POPAREL.

Acceptez-vous, messieurs, les bases que nous venons de poser?...

BARDAS, se levant.

Votre programme est maigre... mais je l'accepte!

HECTOR, se levant.

Et moi aussi... Seulement je voudrais dire un mot des cinq cents francs.

SCÈNE QUATORZIÈME.

POPAREL.

La question a été réservée.

MARITON, à Hector.

C'est réservé, n'en parlons plus.

BARDAS.

Ah! j'oubliais... Je mets une condition.

POPAREL.

Laquelle?

BARDAS.

C'est que le combat aura lieu en Belgique.

TOUS.

En Belgique?

BARDAS.

C'est ma condition... *sine qua non!*

POPAREL, vivement, à Bardas.

Pas d'injures!

BARDAS.

C'est du latin.

POPAREL.

Ah! c'est du latin?... Messieurs... un incident... latin... et qu'on ne pouvait prévoir... vient de se produire... Retirez-vous... Monsieur et moi, nous allons en conférer...

BARDAS.

Soit! mais j'en suis pour ce que j'ai dit!

HECTOR, à part

En Belgique! Et Angèle qui m'attend dans son fiacre!

Bardas et Hector rentrent chacun d'un côté : Bardas à droite Hector à gauche.

SCÈNE XV.

MARITON, POPAREL.

POPAREL.

Qu'est-ce que vous dites?

MARITON.

En Belgique! Mais ça doit coûter cher d'aller par là?

POPAREL.

Je ne pourrais pas vous dire... Je ne serai pas rendu à cinq heures.

MARITON, passant.

Attendez... Nous avons *l'Indicateur des chemins de fer*. (Il le prend sur le guéridon à droite et le donne à Poparel.) Nous allons faire le compte.

POPAREL, lisant.

« Chemin du Nord... Départ, neuf heures vingt minutes. »

MARITON.

Nous prendrons des troisièmes.

POPAREL, cherchant.

Naturellement. « Troisièmes... » Ah! bon! elles ne vont que jusqu'à Amiens.... Ici, il faut prendre des secondes...

MARITON.

Pristi!

POPAREL.

Ah! bon! elles ne vont que jusqu'à Valenciennes... Ici, il faut prendre des premières...

MARITON.

Le prix? le prix?

SCÈNE QUINZIÈME.

POPAREL.

Attendez... Prix... (Il feuillette.) « Trente-cinq centimes! » Ah! non, c'est Asnières. (Cherchant.) Voyons... Ah! « Trente-quatre francs cinquante-cinq centimes. »

MARITON.

En prenant des aller et retour?

POPAREL.

Il n'y en a pas... Trente-quatre francs cinquante-cinq centimes et trente-quatre francs cinquante-cinq centimes, ça fait soixante-neuf francs dix centimes.

MARITON.

Et puis il faut descendre à l'auberge... Il y a la chambre... le déjeuner... le dîner... le vin blanc le matin, etc...

POPAREL.

Il faut compter cent francs.

MARITON.

Chacun?

POPAREL.

Parbleu!...

MARITON.

Et qu'est-ce qui paye tout ça?...

POPAREL.

C'est nous!...

MARITON.

Comment! nous?

POPAREL.

On ne peut pas aller présenter sa note au blessé

MARITON.

Ah ben! ça ne me va plus! Je gagne soixante francs par mois.

POPAREL.

Le fait est que c'est cher... d'autant mieux que, pour cinquante sous, on peut voir un drame bien plus intéressant à l'Ambigu.

MARITON.

Et on est chauffé.

POPAREL.

Oui, l'été surtout! Et puis je ne serai jamais revenu pour cinq heures. Si nous arrangions l'affaire?

MARITON.

Avec plaisir.

POPAREL.

Qu'est-ce que le duel, le duel à l'étranger surtout?... un fléau... le dernier vestige de la barbarie... Est-ce que les hommes ont été créés pour se détruire entre eux?

Il secoue violemment Mariton.

MARITON, avec énergie, et même jeu.

Non, capitaine!

POPAREL, même jeu.

Eh bien! alors il faut arranger l'affaire, nom d'un petit bonhomme.

MARITON, même jeu.

Mais comment faire? ils sont enragés tous les deux.

POPAREL.

Attendez... j'ai une idée!... Sa femme demeure au-dessus... je vais la prévenir!...

Il remonte

MARITON.

Comment?

SCÈNE SEIZIÈME.

POPAREL.

C'est le devoir des témoins de prévenir les femmes!... Un bon témoin prévient toujours les femmes! Où est mon parapluie? (Il le prend.) Je reviens... attendez-moi.

Il sort vivement par le fond.

SCÈNE XVI.

MARITON, HECTOR, puis ANGÈLE, puis BARDAS.

MARITON, seul.

C'est égal...voilà un rude témoin... Quelle énergie!... Si jamais je me bats...

HECTOR, entrant de gauche.

Eh bien, Mariton, où en est l'affaire?

MARITON.

Ça marche... on s'en occupe.

ANGÈLE, paraissant au fond, à Hector.

Ah çà! monsieur, est-ce une mystification, oui ou non?... Voilà une heure que je ronge mon fiacre!

HECTOR.

Du calme! dans un instant.

ANGÈLE

Où sont vos cinq cents francs?

HECTOR.

On s'en occupe... on est allé chercher la monnaie de mille... Rentrez dans votre fiacre... je vous rejoins...

Elle remonte

BARDAS, entrant.

Eh bien, messieurs, êtes-vous d'accord? Mais je ne vois pas M. Poparel.

ANGÈLE.

M. Poparel? n'est-ce pas un gros avec un parapluie?..

BARDAS.

En effet!

ANGÈLE.

Quand je suis entrée, il montait chez votre femme... Je retourne dans mon fiacre.

Elle sort par le fond.

BARDAS.

Chez ma femme, lui!... mais il va la reconnaître.

HECTOR, MARITON et CLARA, qui entrent de droite.

Qu'avez-vous donc?

BARDAS.

Rien... si vous saviez!... mais il faut d'abord soustraire madame Bardas de Lastringuy à ses poursuites. (A Hector.) Mon ami, courez... prenez une chaise de poste et conduisez-la à Genève... au sein des montagnes...

HECTOR.

Une chaise de poste... il n'y en a plus, ça coûte cinq cents francs.

BARDAS, fouillant à sa poche et lui remettant un rouleau.

Dépêchez-vous, les voilà!...

HECTOR, à part.

Juste! mon rouleau... le même!

BARDAS, apercevant Poparel qui paraît au fond.

HECTOR, à part.

Je vais faire mon petit déménagement.

Il sort.

SCÈNE XVII.

Les Mêmes, POPAREL.

POPAREL, à Bardas.

Ah! vous voilà! je suis bien aise de vous voir.

Il pose son parapluie.

BARDAS, à part.

Il sait tout!

POPAREL, à Bardas.

Dites donc... je viens de voir madame.

BARDAS, bas.

Monsieur... je vous en supplie...

POPAREL, gaiement.

Farceur! (Aux autres.) Sa femme... c'est la mienne!

CLARA et MARITON.

Ah bah!

POPAREL, gaiement.

J'ai reconnu le nègre... il a blanchi par exemple!

BARDAS, très-bouleversé.

Monsieur, croyez que j'ignorais...?

POPAREL.

Il n'y a pas d'excuses, monsieur! on n'enlève pas comme ça la femme des autres, sans crier gare!

BARDAS.

Pas d'éclat, monsieur, je vous la rendrai!

POPAREL.

Au bout de quinze ans, comme un bouquet fané...

BARDAS, se boutonnant.

Je comprends, monsieur... je suis à vos ordres!

POPAREL, avec dignité.

Monsieur, je puis consentir à être témoin... mais jamais plus!

MARITON.

Quelle énergie!...

BARDAS.

Alors, monsieur, que voulez-vous?

POPAREL, tirant un papier.

Attendez, j'ai rédigé moi-même une note... ce sont mes petites conditions.

MARITON, aux femmes.

Ça doit être salé.

BARDAS, à part.

Il va me demander ma fortune.

POPAREL, lisant.

« Note de ce que nous demandons pour lhap... » (Parlé.) L'hap? quel hap? (A part.) C'est Victorine qui a écrit ça... (Lisant.) « Ah! pour l'appartement. » (A part.) Elle a mis appartement à la ligne... avec un H... c'est égal, c'est une bonne fille! (Lisant.) « Nous demandons : primo du papier à deux francs cinquante le rouleau. »

BARDAS.

Comment du papier...

POPAREL.

Mettons à deux francs... moi, je voulais à deux francs... c'est Victorine... vous savez... les femmes.. (Lisant.) « Secundo, faire reculer la cloison de compte à demi... » (Parlé.) A cause de la commode...

BARDAS, ahuri.

Oui...

POPAREL, lisant.

« Tertio. » (A part.) Elle en a trop mis. (Lisant.) « Avoir le droit d'avoir un petit chien... » (Parlé.) Ça, nous n'en faisons pas une condition absolue... on pourra mettre dans le bail que, si, par impossible, il incommodait les escaliers... on pourrait le supprimer.

BARDAS.

Oui... après?...

POPAREL.

C'est tout.

CLARA.

Ah bah!

MARITON, à part.

Ah bien, pour un mari, il n'est pas cher!

BARDAS.

Et vous consentiriez à ne pas poursuivre une femme... plus malheureuse que coupable?...

POPAREL.

Oh! soyez tranquille! maintenant j'ai changé d'habitudes! elle aime les sucreries... et à la maison nous mangeons très-salé... ça me dérangerait l'estomac.

BARDAS.

Tant de générosité!

POPAREL.

Ne parlons plus de ça! tout ça m'est égal, je n'ai qu'une

inquiétude, c'est de ne pas pouvoir placer la commode de Victorine.

Au public.

AIR de *la Colonne.*

Cette maison, messieurs, n'est pas bien grande ;
Mon meuble est lourd, gros comme un monument.
Avec effroi, tout bas, je me demande
Où je mettrai ce meuble de géant.
Comment placer ce meuble de géant?
J'ai beau chercher, vainement je combine ;
D'un coup de main vous le feriez passer.

ENSEMBLE.

Oui, tout irait si vous vouliez pousser *Bis.*
La commode de Victorine.

CHOEUR.

Pas de soupçons fâcheux
Dans cette vie
Où tout s'oublie.
Il faut, pour être heureux,
Ne pas se montrer ombrageux.

FIN DE LA COMMODE DE VICTORINE.

L'AVARE EN GANTS JAUNES

COMÉDIE-VAUDEVILLE

EN TROIS ACTES

Représentée pour la première fois sur le théâtre du Palais-Royal,
le 1er mai 1858.

COLLABORATEUR : ANICET-BOURGEOIS

PERSONNAGES

	ACTEURS qui ont créé les rôles
ARTHUR POTFLEURY.	MM. Delannoy.
OCTAVE, son fils.	Ravel.
CHAMPEIN, officier d'artillerie.	Darmy.
DUTILLET, homme d'affaires.	Leriche.
CADET, domestique d'Octave.	Lassouche.
FRUCTUEUX, propriétaire.	Amant.
GREFFÉ, rentier.	Kalekaire.
MADAME VEUVE DE BOISROSÉ.	Mmes A. Legros.
MIRANDA, sa fille,	Élisa Fournier.
ROSINE, fille de Fructueux.	Lillia.
ROSA, fleuriste.	Antonia.
PAPHOS, garçon de restaurant.	MM. Michel.
UN JOUEUR.	Félicien.
UN AUTRE GARÇON.	Lacroix.
UN TROISIÈME GARÇON.	Bachelard.

La scène se passe, au premier acte, au restaurant de la Maison d'or, en 1857; au deuxième acte, chez madame de Boisrosé; au troisième acte, chez Octave.

L'AVARE EN GANTS JAUNES

ACTE PREMIER.

UN SALON D'ATTENTE DU RESTAURANT DE LA MAISON D'OR.

A droite, l'entrée du restaurant; à gauche et au fond, entrée des cabinets particuliers; un buffet garni de comestibles, au premier plan à droite; au premier plan à gauche, deux petites tables à deux couverts.

SCÈNE PREMIÈRE.

PAPHOS, UN GARÇON, puis CADET.

PAPHOS.

Trois heures!... Le bal de l'Opéra va finir.

LE GARÇON, assis, lisant un journal.

Et les soupers vont commencer. A-t-on retenu beaucoup de cabinets?

PAPHOS.

Je crois bien!... un mardi gras!... Il ne m'en reste plus qu'un!... As-tu allumé le salon de M. Arthur?

LE GARÇON.

Oui... Il y a même un arlequin et trois pierrettes qui sont dedans...

PAPHOS.

Qu'est-ce qu'ils font?

LE GARÇON.

Ils grignotent des crevettes en l'attendant... Ah çà! qu'est-ce que c'est donc que ce M. Arthur?

PAPHOS.

Lui?... c'est la crème des farceurs!... Figure-toi un jeune homme de trente-cinq à soixante ans...

LE GARÇON.

Un vieux!

PAPHOS.

Oui... un vieux qui est plus gai que les jeunes!... Et comme il sait boire!... Si je te disais que je l'ai vu, moi, siffler une bouteille de champagne avant qu'on ait pu compter jusqu'à neuf... Une! deux! trois!... hup! c'était fait.

LE GARÇON.

Crédié!

PAPHOS.

Et je lui ai entendu chanter sa fameuse romance de *la Foire de Beaucaire*... cent vingt-deux couplets! Au dernier, on casse tout! même que les marchands de porcelaine lui ont offert un dîner pour le remercier!

LE GARÇON.

Il est riche?

PAPHOS.

Je ne sais pas s'il est riche... mais, un jour, il a donné vingt francs à Joseph pour une allumette... qui n'a pas pris!

LE GARÇON, se levant vivement.

Mâtin!... je lui en offrirai!... Ça me fait penser qu'on vient d'apporter une lettre pour lui...

PAPHOS.

Une lettre de femme, sans doute; donne, je la lui remettrai...

LE GARÇON.

Il a une femme?

PAPHOS.

Lui?... il en a mille... et une!

LE GARÇON.

Sapristi!... voilà un homme!

CADET, entrant; il est en costume de groom très-étriqué.

Le restaurant, c'est-y ici?

PAPHOS.

Oui... qu'est-ce que vous demandez?...

CADET.

Mon maître m'a dit de venir lui retenir une chambre pour deux...

PAPHOS.

Une chambre?... Un cabinet!

LE GARÇON, à Cadet.

Ah çà! vous arrivez donc du Congo?

CADET.

Non... j'arrive pas d'où vous dites... Je suis Champenois, natif de Soudron, près Châlons. (Faisant claquer sa langue.) C'est là qu'y a de beaux bestiaux!

PAPHOS.

Ça se voit tout de suite... Eh bien, après?...

CADET.

Vous avez-t-y une chambre, oui ou non?

PAPHOS.

Le 17 est libre... mais il faut que votre maître se dépêche... Comment s'appelle-t-il?

CADET.

Il s'appelle M. Octave Potfleury...

PAPHOS, à part.

Aïe!... mauvaise affaire!

CADET.

Vous le connaissez bien... il m'a dit qu'il déjeunait ici tous les jours...

PAPHOS.

Oui... il se met là, bien en vue... et il consomme quoi?... un œuf à la coque et une tasse de thé... sans beurre!... puis il demande trois cure-dents... Je crois qu'il les revend... Et il donne dix centimes au garçon!

LE GARÇON.

Pouah!

CADET.

Dix centimes? tous les jours?... Après ça, il a les moyens!... Je vais aller le chercher, avec sa petite dame... Entre nous, je crois que c'est sa bonne amie... Faut pas dire!...

PAPHOS, à part.

Eh bien, elle a de la chance, celle-là. (Haut.) Allez! allez! (On entend des cris au dehors.) C'est M. Arthur et sa bande.

CADET.

Ah! le beau polichinelle!

Il disparaît.

SCÈNE II.

PAPHOS, LE GARÇON, ARTHUR POTFLEURY, MASQUES.

POTFLEURY, en costume de polichinelle, entre porté en triomphe par une troupe de masques.

CHOEUR.

AIR :

Ah! que la vie est belle,
Quand le gaz étincelle,
Et que le champ... ruisselle
Dans la coupe à flots d'or!

POTFLEURY.

Aimons, buvons sans trêve!
Si le souper s'achève,
Sous la table l'on rêve
Qu'on boit, qu'on aime encor!

ENSEMBLE.

Sous la table,
Etc.

POTFLEURY.

Jeunes élèves, je pourrais vous faire un discours... mais vous me cahotez trop! vos épaules chiffonnent ma bosse.. Polichinelle aspire à descendre!

LES MASQUES.

Une! deux trois!

On met Potfleury sur ses pieds.

POTFLEURY.

Arrive ici, Paphos! (Aux masques.) Il s'appelle Duhamel...

mais, comme il est préposé au service des cabinets particuliers, je l'ai surnommé Paphos!

TOUS.

Bravo! bravo!

POTFLEURY.

La vie est courte, Paphos... ne réponds qu'un mot à toutes mes questions. Le salon numéro 9?

PAPHOS.

Gardé!

POTFLEURY

Le couvert?

PAPHOS.

Mis!

POTFLEURY.

Les huîtres?

PAPHOS.

Ouvertes!

POTFLEURY.

Le potage?

PAPHOS.

Chaud!

POTFLEURY.

Le champagne?

PAPHOS.

Frappé!

POTFLEURY, aux masques.

Très-bien! je te couvre de mon estime!

Il lui jette de la farine au nez.

PAPHOS, s'essuyant.

Satané farceur!

POTFLEURY,

Jeunes élèves!... avant d'entrer, que chacun dépose sa sobriété dans ce salon... Le dernier fermera la porte!... Au dessert, les messieurs seront priés de raconter d'une voix tendre l'histoire de leurs premières amours... *Nota bene!*... Les dames pourront faire semblant de lire *la Patrie*, journal du soir!... En route! et formons la guirlande de Bacchus!

<small>Tous les masques forment une ligne de droite à gauche, en se prenant par-dessus l'épaule, et entrent au numéro 9 en dansant de côté.</small>

REPRISE DU CHŒUR.

Ah! que la nuit est belle!
Etc.

SCÈNE III.

PAPHOS, LE GARÇON, POTFLEURY,
puis DUTILLET.

PAPHOS, <small>arrêtant par la jambe Potfleury qui est le dernier de la chaîne, et qui va entrer avec les autres.</small>

Ah! monsieur Arthur!... une lettre pour vous.

<small>Il entre au numéro 9.</small>

POTFLEURY, revenant.

Une lettre? est-ce que j'ai le temps!... (L'ouvrant.) Tiens!... c'est de cet imbécile de Collinet. Allons, bon! il viendra souper!... il avait d'abord dit non, et voilà qu'il dit oui!... Il n'est pas drôle, Collinet; mais je l'invite à cause de sa femme... qui aime beaucoup à le savoir dehors!... Il faut avoir des égards pour les dames!... Nous étions douze, nous voilà treize!... c'est un mauvais compte, je n'aime pas ça!... (Appelant.) Garçon!... garçon!...

LE GARÇON, vivement.

Une allumette, monsieur?...

POTFLEURY.

Quoi, une allumette?... Tu mettras quatorze couverts, entends-tu!

LE GARÇON.

Tout de suite.

Il entre au numéro 9.

POTFLEURY.

Je trouverai bien un quatorzième. (Dutillet entre par le fond, costumé en pierrot; il porte des lunettes.) Un pierrot! voilà mon affaire! (Haut.) Avance ici... pierrot!

DUTILLET, sérieusement.

Plait-il, monsieur?...

POTFLEURY.

Tiens!... c'est Dutillet! mon homme d'affaires!

DUTILLET.

Monsieur Potfleury en polichinelle!

POTFLEURY.

Enchanté de vous rencontrer, j'ai besoin d'argent... il me faut six mille francs pour la fin du mois... Pouvez-vous me les faire?...

DUTILLET.

Six mille francs?... c'est selon... Offrez-vous des garanties solides, palpables et sérieuses?...

POTFLEURY.

J'offre ma maison... Je ne l'ai pas sur moi, mais...

ACTE PREMIER.

DUTILLET.

Mais nous avons déjà pris hypothèque sur icelle pour quatre-vingt mille francs...

POTFLEURY.

Mais elle vaut plus que ça... icelle! Elle a trois étages... icelle!...

DUTILLET.

Vous n'avez jamais été tuteur, curateur, ou exercé des fonctions publiques, engageant votre responsabilité pécuniaire?

POTFLEURY, à part.

Quelle drôle de conversation, entre un pierrot et un polichinelle! (Haut.) Jamais, pierrot! jamais!...

DUTILLET.

Très-bien! J'en parlerai demain à mon client...

POTFLEURY.

Ah! oui, mon usurier: M. Grinchard...

DUTILLET.

M. Grinchard n'est pas un usurier... il fait valoir ses fonds...

POTFLEURY.

A quinze pour cent!... Je voudrais bien le voir, ce coco-là! Priez-le donc un jour de venir manger une côtelette avec moi?

DUTILLET.

Il désire ne pas se faire connaître.

POTFLEURY.

Oh! je n'y tiens pas autrement!

DUTILLET.

Monsieur Potfleury, voulez-vous me permettre de vous donner un conseil?...

POTFLEURY.

Parlez, pierrot!... parlez!

DUTILLET.

Vous allez trop vite!... Resterez-vous donc toujours plongé dans l'ornière de la dissipation?

POTFLEURY.

Mais oui!

DUTILLET.

Songez que vous avez un fils, un héritier...

POTFLEURY.

Oh! celui-là ne m'inquiète pas!... Octave a vingt-sept ans, cent mille francs du bien de sa mère... on dit qu'il les a triplés... Voilà un gaillard qui mène une folle jeunesse!... Il est de l'école réaliste, celui-là!... Croiriez-vous, monsieur, (Se reprenant.) non! pierrot!... croiriez-vous qu'il écrit sa dépense!... un omnibus, six sous!... et que son domestique lui met le pot au feu deux fois par semaine!...

DUTILLET.

Eh bien?...

POTFLEURY.

Eh bien, ça me rend triste! parlons d'autre chose. Voulez-vous être gentil, Dutillet?

DUTILLET

Quoi?

POTFLEURY.

Soupez avec nous?... Vous ne mangez pas, vous buvez mal, vous n'êtes pas frétillant; mais il me faut un quatorzième!

DUTILLET.

Plaît-il?

POTFLEURY.

Otez vos lunettes, soyez gracieux et emboitez-moi !

DUTILLET.

Impossible, j'ai à parler à un de mes clients.

POTFLEURY.

Vrai?... Eh bien, franchement, je ne vous regrette pas!

DUTILLET.

Adieu!

POTFLEURY, l'accompagnant.

Pensez à mes six mille francs!... et ne soyez pas si gai que ça... on vous mettrait au violon.

ENSEMBLE.

AIR : *La Bourse me réclame!*

Allez à votre affaire!
J'étais un bien grand sot,
Et n'aurais su que faire
D'un si triste pierrot.

DUTILLET.

Après-demain j'espère
Avoir ce qu'il vous faut...
Je pars... c'est pour affaire
Que je suis en pierrot.

SCÈNE IV.

POTFLEURY, puis LE GARÇON, puis CHAMPEIN.

POTFLEURY, seul.

Avec tout ça, nous voilà encore treize ! (Appelant.) Garçon

Le garçon sort du numéro 9.

LE GARÇON.

Une allumette, monsieur? Voilà! voilà!

POTFLEURY.

Mais non!... est-il embêtant avec ses allumettes!... Écoute-moi bien : tu vas aller te planter devant la porte de l'Opéra...

CHAMPEIN, entrant.

Garçon! une douzaine d'ostende, une bouteille de chablis vieux et la carte!...

Il s'assied à gauche.

POTFLEURY, bas, au garçon.

Ne bouge pas! (Regardant Champein.) Un jeune homme qui paraît savoir manger... et qui est seul!... voilà mon homme!...

CHAMPEIN, au garçon.

Vous n'avez pas entendu?

LE GARÇON.

Voilà, monsieur!...

POTFLEURY, bas, au garçon.

Va-t'en!... et sur ta tête ne lui apporte pas un radis! (Le garçon sort. — Saluant Champein.) Monsieur...

CHAMPEIN, étonné et saluant.

Monsieur... (Riant.) Parbleu! voilà un bon polichinelle.

POTFLEURY.

Vous riez?... alors ça va marcher.

CHAMPEIN.

Quoi?... qui est-ce qui va marcher?

POTFLEURY.

Monsieur, mettez-vous votre bonheur suprême à souper seul?... hein!... hein!...

CHAMPEIN.

Ma, foi non!... mais, comme il y a deux ans que j'ai quitté Paris...

POTFLEURY.

Pour cause de créanciers peut-être?...

CHAMPEIN, riant.

Un peu.

POTFLEURY.

Touchez là!... moi, je n'en ai qu'un, mais il en vaut mille : figurez-vous un étang plein de sangsues... voilà Grinchard.

CHAMPEIN.

Grinchard! c'était mon prêteur!

POTFLEURY.

A quinze pour cent, c'est son taux?

CHAMPEIN.

Juste!

POTFLEURY.

Nous avions le même... Touchez là! et c'est à cause de lui que vous avez quitté Paris?

CHAMPEIN.

Oui... Et puis...

POTFLEURY.

Par désespoir d'amour, n'est-ce pas?

CHAMPEIN.

Précisément!

POTFLEURY.

J'ai eu les miens!... Touchez là!

CHAMPEIN, à part.

Il est original, ce monsieur!

POTFLEURY.

Arrivons au fait... je serai bref... les huîtres sont ouvertes! Jeune homme, vous allez souper seul!... c'est triste.. De notre côté, nous sommes treize, c'est extrêmement dangereux...

CHAMPEIN.

Eh bien?

POTFLEURY.

Ajoutez votre unité à notre nombre... nous serons quatorze; chiffre folichon... Donc, je vous propose de souper avec nous!

CHAMPEIN, riant.

Ah! par exemple! si je m'attendais...

POTFLEURY.

Mangez-vous bien?

CHAMPEIN.

Oui.

POTFLEURY.

Buvez-vous sec?

CHAMPEIN.

Oui.

POTFLEURY.

Avez-vous l'oreille à l'épreuve... du canon?

CHAMPEIN.

Je suis officier d'artillerie.

POTFLEURY.

Allons-y!

CHAMPEIN.

Comment? sans nous connaître?...

ACTE PREMIER.

POTFLEURY.

A quoi bon... en carnaval?... Moi, d'abord, je vous préviens d'une chose... si je ne vous trouve pas drôle... car, enfin, vous pouvez être ennuyeux... demain, je ne vous connais plus!... je ne vous salue pas!... Bonsoir!...

CHAMPEIN.

Au fait!... ça n'engage à rien...

POTFLEURY.

A table.

CHAMPEIN.

A table!... Ah diable! c'est que j'ai commandé mon souper!...

POTFLEURY.

Ça ne fait rien.

CHAMPEIN.

Comment?

POTFLEURY.

Je l'ai décommandé.

CHAMPEIN, à part.

Quel drôle de polichinelle!

Bruit au numéro 9.

PAPHOS, sortant du numéro 9.

Monsieur, on s'impatiente par là!...

POTFLEURY.

On y va!... (A Champein.) Un dernier mot... Je dois vous prévenir que je ne suis point un intrigant... je m'appelle Arthur!...

CHAMPEIN.

Et moi, Jules.

POTFLEURY.

Nous nous connaissons suffisamment!... en route!

CHAMPEIN.

En route!

ENSEMBLE.

AIR : *Qu'un repas s'apprête!*

POTFLEURY.

De Polichinelle,
Suivez le destin!
Que l'aube nouvelle
Nous trouve au festin!

CHAMPEIN.

De Polichinelle,
Je suis le destin,
Que l'aube nouvelle
Nous trouve au festin!

SCÈNE V.

PAPHOS, puis OCTAVE et ROSA.

PAPHOS.

Vont-ils faire la noce là dedans!

Octave paraît donnant le bras à Rosa. Il est en habit noir, cravate blanche, gants paille; il porte un faux nez en carton, ses cheveux sont très-blonds et ses favoris rouges taillés à l'anglaise. Rosa est en débardeuse, à moitié cachée par un domino.

OCTAVE, à la cantonade.

Fichu imbécile! animal! butor!

PAPHOS.

Quoi?

ROSA.

Qu'avez-vous donc?

ACTE PREMIER.

OCTAVE.

C'est ce pataud de garçon qui vient de me renverser un bateau plein d'huile sur mon habit.

ROSA.

Ah!

OCTAVE.

C'est fait pour moi!... un jour où j'étais disposé à m'amuser... à faire de la dépense! car je voulais faire de la dépense!

ROSA.

Voyons! c'est un petit malheur!

OCTAVE, à Paphos.

Quand vous serez là à me regarder!... Voyons! une serviette... de l'eau!... essuyez-moi!

PAPHOS.

Voilà, monsieur! (Il prend de l'eau et une serviette et essuie la manche d'Octave.) Quand c'est frais... ça s'en va très-bien!

OCTAVE, à Paphos.

Doucement... ne frottez donc pas si fort!... au lieu d'une tache, vous allez me faire un trou!... Dieu! que j'ai chaud! Rosa, ôtez-moi mon nez.

Rosa le lui ôte et le pose sur la table

PAPHOS.

Tiens! c'est M. Octave! (A part.) L'œuf à la coque!

OCTAVE.

Oui, Paphos, c'est moi... mon domestique a dû venir retenir un cabinet?...

PAPHOS, indiquant la droite.

Le 17... il vous attend.

OCTAVE.

Aujourd'hui, je suis disposé à faire de la dépense... nous allons mettre les petits plats dans les grands; n'est-ce pas, Rosa?

ROSA.

Ce n'est pas moi qui vous retiendrai!

OCTAVE.

Ah! elle est gourmande! elle est chatte! (A Paphos.) Tu nous feras des œufs à la neige! tant pis! c'est le mardi gras!

ROSA.

Oh! des œufs à la neige, c'est un plat très-commun!

OCTAVE.

Avec beaucoup de sucre!...

PAPHOS.

Ça ne se sert plus que dans les noces de campagne.

OCTAVE.

Ah!... Eh bien, alors, donne-nous ce que tu as de mieux...

PAPHOS, lui présentant un crayon et la carte.

Si monsieur veut écrire sa carte...

ROSA.

Non! moi! moi!

Elle va s'asseoir à droite.

OCTAVE, vivement.

Permettez, permettez!... j'ai l'habitude! (A part.) C'est que ces gaillardes-là vous en ont bien vite fourré pour trente francs!

PAPHOS.

Pour commencer, je puis vous offrir un beau melon...

ROSA.

Oh oui! j'adore le melon au mois de février!

OCTAVE, à part, consultant la carte.

« Melon... quatre francs la tranche!»

PAPHOS, qui a été prendre le melon sur le buffet.

Le voilà! flairez-moi ça!

OCTAVE, prenant le melon, à part.

Neuf tranches, trente-six francs! merci!

PAPHOS.

Eh bien?

OCTAVE, flairant.

Oh! oh!

ROSA.

Voyons! (Elle le flaire.) Oh! il embaume!

OCTAVE, le prend et le flaire de nouveau.

Oh! oh! moi, je ne le crois pas assez avancé!

Il le rend au garçon.

PAPHOS.

Pas assez avancé? Vous voulez donc qu'il dise papa et maman?

Il remonte.

OCTAVE.

Soignez-nous un radis... sans beurre!

ROSA, à part, désappointée.

Ah!

PAPHOS, ironiquement.

Est-ce tout ce que monsieur prendra?

ROSA.

Par exemple!

OCTAVE.

Voyons! si nous prenions un bon bifteck pommes.. pour un!

ROSA, faisant la moue.

Oh! du bœuf!

Elle s'assied à droite.

OCTAVE, qui a regardé la carte.

Comment! vous comptez quatre francs vos biftecks?

PAPHOS.

Oui, monsieur; la nuit, les prix sont doublés.

OCTAVE, à part.

Sapristi!... Une autre fois, je viendrai souper dans la journée!

ROSA, qui s'est emparée de la carte, se levant.

Moi, j'ai trouvé mon plat!... Crocodile au madère!

PAPHOS.

Hein?

OCTAVE.

Comment! crocodile au madère?

ROSA, montrant sur la carte.

Tenez... là!

OCTAVE, lisant.

« Coquilles au madère. » (A part.) Elle ne sait pas lire!

PAPHOS, criant à la cantonade.

Coquilles au madère pour deux!

OCTAVE, l'arrêtant.

Mais non! voulez-vous vous taire!... Est-ce que je soupe avec des coquilles?... Tenez! allez-vous-en!... vous nous gênez! Nous allons faire notre carte nous deux, Rosa!

ACTE PREMIER.

PAPHOS.

Je vais mettre le couvert... Monsieur aura l'obligeance de sonner!

Il sort à droite.

SCÈNE VI.

OCTAVE, ROSA.

OCTAVE.

Oui... nous sonnerons! C'est ennuyeux d'avoir comme ça un garçon dans le dos... qui vous pousse à la dépense!... (A Rosa.) Nous allons arranger ça nous deux... gentiment... Nous ne sommes pas venus ici pour manger...

ROSA.

Hein?...

OCTAVE.

A nous rendre malades?... C'est le plaisir d'être ensemble... et nous sommes ensemble!... (Écrivant.) Nous disons : un radis.

ROSA.

Sans beurre...

OCTAVE.

Oui, sans beurre... un bifteck pommes...

ROSA.

Pourquoi pas un haricot de mouton?

OCTAVE.

Vous voulez un haricot de mouton?

ROSA.

Ah! tenez, Octave, vous pouvez vous vanter de m'avoir joliment mise dedans, vous!

OCTAVE.

Comment?

ROSA.

C'est vrai... je rencontre un petit jeune homme... gants paille, bottes vernies, lorgnon à l'œil, l'air un peu anglais... je me dis : « Ça peut être une bonne connaissance... Voyons! »

OCTAVE

Il me semble que je ne vous ai jamais donné que de bons conseils.

ROSA.

Oui, mais vous ne m'avez jamais donné que ça!

OCTAVE.

Rosa, je ne vous comprends pas...

ROSA.

Jamais un plaisir... une surprise... Vous ne me promenez pas... il faudrait prendre une voiture!

OCTAVE.

Oh!... avec les changements de tarif, on ne s'y reconnaît plus!... J'aime mieux aller à pied!

ROSA.

Vous ne m'avez jamais offert le moindre souvenir... une bague... un bout de bracelet... pas même un bouquet!

OCTAVE, vivement.

Pour le bouquet, j'ai eu tort!

ROSA.

Et aujourd'hui... la première fois que vous me condui-

sez dans un restaurant... vous marchandez, vous liardez!
et vous m'offrez... quoi? un radis!... sans beurre!

OCTAVE.

Permettez...

ROSA.

Ah! je vous connais, maintenant! quand vous tirez de
l'or d'une poche... c'est pour le remettre dans l'autre!
Entre nous, je vous crois parfaitement rat!

OCTAVE.

Ah! Rosa! un pareil mot!... On pourrait croire que je
suis intéressé... J'ai de l'ordre, c'est vrai... mais de là à
être un... ce que vous avez dit!... (S'attendrissant.) Rosa...
vous me faites de la peine... beaucoup de peine!... et certainement... je ne me serais pas attendu... (Pleurant tout à
fait.) Voyons, voulez-vous un merlan frit?...

ROSA.

Tenez... vous m'ennuyez!... Ce que vous voudrez!

OCTAVE.

Rosa!

ROSA.

Mais dépêchez-vous, car j'ai faim!

ENSEMBLE.

AIR :

A faire de la dépense
Il se croyait disposé,
Et, par la carte, d'avance,
Il se sent indisposé!

OCTAVE.

A faire de la dépense,
Rosa, j'étais disposé,
Pourtant, par trop de bombance,
Je serais indisposé!

Rosa entre au numéro **17.**

SCÈNE VII.

OCTAVE, puis LE GARÇON, puis POTFLEURY.

OCTAVE, seul.

Décidément, je ne la garderai pas... Des bagues! des bracelets!... Ces petites femmes-là, c'est comme des lapins de chou... ça ne vit que de carottes!... Moi, je veux être aimé pour moi-même.

Le garçon entre.

LE GARÇON, à la cantonade, traversant de droite à gauche.

Oui... une lettre pour le numéro 9.

Il entre au numéro 9.

OCTAVE, seul, se mettant à la table.

Voyons! il faut pourtant que je fasse ma carte, puisque j'ai eu la malheureuse idée de l'amener souper... c'est bien la dernière fois. Que le diable l'emporte! (Voix de Potfleury dans la coulisse.) Du monde! (Il prend son faux nez sur la table et le met.) Je n'ai pas envie d'être reconnu...

POTFLEURY, entrant.

Nom d'un petit Savoyard! voilà mon crétin de Collinet qui me récrit pour me dire qu'il ne viendra pas!... et nous revoilà treize!... Je ne peux pas renvoyer mon quatorzième... Jules!... un garçon charmant! qui vient de me raconter ses amours avec mademoiselle Miranda... Il faut que je retourne à la pêche!

OCTAVE, écrit.

Un bifteck pommes...

ACTE PREMIER.

POTFLEURY.

Tiens! un nez de carton! je l'enlève! (Il va à Octave et lui frappe sur le nez.) Jeune homme!

OCTAVE, dont le nez est tombé

Hein?...

POTFLEURY

Mon fils!...

OCTAVE.

Papa!

POTFLEURY, à part.

Sapristi! je suis fâché qu'il me voie en polichinelle!

OCTAVE.

Comment! c'est vous? sous cet accoutrement?

POTFLEURY, un peu honteux.

Que veux-tu!... c'est le mardi gras! j'ai été entraîné!

OCTAVE.

A votre âge! à cinquante-sept ans!... vous devriez pourtant comprendre que votre jeunesse est finie...

POTFLEURY.

Oui... mais je t'ai emprunté la tienne! comme tu ne t'en sers pas!

AIR : *Dans un grenier...*

L'âge que j'ai?... mais comment le saurais-je?
Je ne veux pas compter avec le temps!
Mon front est blanc?... Ne voit-on pas la neige
Couvrir aussi le sommet des volcans?
Je puis encore brusquer une conquête,
Je bois, je chante et j'aime avec bonheur!
Mes cinquante ans, tu les as sur la tête,
Tes vingt-cinq ans, je les ai dans le cœur!
Tes vingt-cinq ans me réchauffent le cœur!

OCTAVE.

Au lieu de dîner tranquillement à cinq heures... de vous coucher à neuf... de placer une partie de vos revenus... comme font tous les pères!

POTFLEURY, à part.

Je te vois venir!

OCTAVE.

Vous entamez votre capital... pour courir les soupers, les bals masqués... Tenez! vous finirez sans un sou dans la poche, malade, ruiné, perclus!... et, quand on demandera : « M. Potfleury père, qu'est-ce qu'il faisait?... — Lui? rien! il soupait! »

POTFLEURY.

Ah! tu me tires mon horoscope! A mon tour!... Toi, tu seras riche, énormément riche! à force d'empiler les liards sur les sous et les sous sur les liards; tu auras voiture... parce que ça se voit!... mais tes chevaux seront poussifs, tu mesureras leur foin, tu pèseras leur paille et tu leur souhaiteras de l'avoine! (Octave nettoie ses gants avec un morceau d'élastique.) Tes domestiques auront de belles livrées... parce que ça se voit!... mais, en rentrant, ils l'ôteront pour mettre tes vieux habits de rebut, frotter tes vieux meubles et manger tes vieilles pommes de terre!

OCTAVE.

Ah! je ris!... je ris beaucoup!...

POTFLEURY.

Tu porteras des gants paille... parce que ça se voit!... mais, quand on ne te regardera pas, tu les nettoieras dans un coin... comme dans ce moment!

OCTAVE.

Papa!...

POTFLEURY.

Enfin, quand on se demandera : « M. Potfleury fils, qu'est-ce qu'il faisait?...— Lui?... rien... il économisait!!!...» Maintenant nous sommes quittes !... J'ai besoin d'un quatorzième, veux-tu souper avec moi?

OCTAVE.

Merci !... je suis avec des amis... je fais de la dépense aussi, moi !... si vous connaissiez ma carte !...

POTFLEURY.

Voyons!

OCTAVE, la retirant vivement.

Non!

SCÈNE VIII.

OCTAVE, POTFLEURY, CADET.

CADET, entrant un paletot sous le bras.

Monsieur, faut-il mettre votre paletot au vestiaire?

OCTAVE.

C'est inutile... tiens-le sur ton bras et prends garde aux taches.

POTFLEURY.

C'est à toi, cet objet-là?

OCTAVE.

C'est mon domestique.

POTFLEURY.

Alors il doit avoir faim !... je te l'emprunte !

OCTAVE.

Pour quoi faire?

POTFLEURY.

Mon quatorzième. (A Cadet, lui donnant le nez en carton d'Octave.) Fourre ton nez là dedans. (A Octave.) Je le ferai passer pour un noble étranger qui a trouvé drôle de se déguiser en domestique!

OCTAVE.

Non, je ne permettrai pas!...

POTFLEURY.

Que tu es bête! tu y gagnes!

OCTAVE.

Comment?

POTFLEURY.

Il ne déjeunera pas demain!

OCTAVE.

Tiens! c'est vrai!

POTFLEURY, poussant Cadet.

En route, noble étranger!... et n'ouvre la bouche que pour manger!

ENSEMBLE.

AIR : *Nos amours ont duré...*

Je prétends le truffer pour une semaine!
Qu'il mange avec moi,
Demain il jeûnera chez toi!
Bravement, mon garçon, remplis ta bedaine!
Va, prends tes ébats,
Goûte une fois du mardi gras!

CADET.

N' laissons pas échapper un' pareille aubaine!
Chez nous j' n'aurais pas
Fêté comm' ça le mardi gras!

OCTAVE.

Cadet va revenir avec la migraine !
Et la diète, hélas !
Guérit seule du mardi gras !

Potfleury et Cadet entrent au numéro 9.

SCÈNE IX.

OCTAVE, puis DUTILLET, puis PAPHOS.

OCTAVE, seul.

Il a de la chance, Cadet... et sans que ça lui coûte... Il faut pourtant que je fasse ma carte.

Il s'assied à gauche.

DUTILLET, entrant.

Tiens ! vous voilà ?

OCTAVE.

Dutillet !... en pierrot...

DUTILLET.

Oui ! je suis ici pour surveiller un petit jeune homme qu'un de mes clients doit faire conduire à Clichy au lever du soleil...

OCTAVE.

A la bonne heure !... vous vous déguisez pour affaires... vous !... je comprends ça ! Quoi de nouveau ?

DUTILLET.

J'ai vu ce matin M. Fructueux... votre futur beau-père...

OCTAVE, se levant.

Chut ! pas si haut ! (Montrant le cabinet numéro 17.) J'ai là quelqu'un !

DUTILLET.

Une femme?...

OCTAVE.

C'est une première danseuse de l'Opéra... de Berlin!

DUTILLET.

Ah! gaillard!

OCTAVE.

Une Allemande magnifique, mon cher! qui me ruine! enfin!... Voyons notre affaire?...

DUTILLET.

M. Fructueux a pris ses renseignements. Vous lui convenez... Quant à la jeune personne...

OCTAVE.

Vous avez été aux hypothèques?

DUTILLET.

Les propriétés sont entièrement vierges.

OCTAVE.

Très-bien.

DUTILLET.

Il a été convenu qu'on se rencontrerait demain soir dans une maison tierce... chez une de mes clientes, madame de Boisrosé, qui donne un bal...

OCTAVE.

J'y serai.

DUTILLET.

Il est important que votre père s'y trouve aussi pour faire la demande...

PAPHOS, sortant du numéro 17.

Monsieur... cette dame s'impatiente, elle a des crampes d'estomac...

OCTAVE.

Tout de suite!... Portez-lui *l'Illustration.*

Paphos rentre avec *l'Illustration.*

DUTILLET.

Adieu! n'oubliez pas d'apporter votre père!

Il sort à droite.

SCÈNE X.

OCTAVE, puis ROSA

OCTAVE, s'asseyant à droite.

Il faut pourtant que je fasse ma carte... je n'en finirai pas... Pauvre Rosa!... Il va falloir rompre, puisque je me marie... (Se levant.) Que je suis bête! puisque je dois rompre... autant le faire avant souper!

AIR : *De sommeiller.*

Ma pauvre Rosa, quand je pense
A ce souper, tout mon être frémit!
En mon amour, ta confiance
Aurait, ce soir, doublé ton appétit!
Et quand je vais, d'un mot : « Je me marie! »
Briser ton cœur qui pour moi fait tic tac!
Je n'aurai pas la barbarie
De te charger encore l'estomac!

(Il déchire sa carte. — Apercevant Rosa.) La voici!

ROSA.

Ah çà! soupons-nous oui ou non?

OCTAVE.

Rosa!... je suis anéanti... je viens de recevoir un coup terrible!

ROSA.

Quoi donc?

OCTAVE.

Tout est perdu!... mon père connaît notre liaison.

ROSA.

Eh bien, après?

OCTAVE.

Ah! vous ne connaissez pas mon père!... c'est un grand polichi... une grand vieillard, vêtu de noir, austère et implacable! il vient de me signifier... c'est horrible! Rosa, rassemblez toutes vos forces... il vient de me signifier qu'il m'avait trouvé une femme... et que j'eusse à l'épouser dans les quinze jours!

Il feint de sangloter.

ROSA.

Eh bien, qu'est-ce que vous voulez que ça me fasse?... mariez-vous!...

OCTAVE, étonné.

Comment?

ROSA.

Puisque papa le veut!

OCTAVE, à part.

Elle prend bien la chose...

ROSA.

Moi, je rentre au bal... Mes respects à madame... Bonsoir!

OCTAVE, l'arrêtant.

Un instant!... Rosa...

ROSA.

Quoi?

OCTAVE.

Tout à l'heure, vous m'avez accusé d'être intéressé... et, avant de nous séparer, je tiens à vous offrir un souvenir...

ROSA.

Vous?

OCTAVE.

Oui!... (Tirant un papier de sa poche.) Prenez, Rosa... pensez quelquefois à moi...

ROSA.

Qu'est-ce que c'est que ça?

OCTAVE.

C'est un titre.

ROSA, le prenant vivement.

De rentes!

OCTAVE.

C'est une action au porteur de *la Chaudronnerie française!*

ROSA.

La Chaudronnerie!... Tenez! vous deviez finir par un trait d'Auvergnat.

Elle froisse le papier et le lui jette au nez.

OCTAVE.

Vous refusez?

ROSA.

Tout!... En vous attendant, j'ai commis l'indiscrétion de me faire servir un potage... (Appelant.) Garçon!... (A Paphos qui entre.) Voilà cent sous!

Elle les jette sur la table.

OCTAVE.

C'est trop!

ROSA, de la porte, au garçon.

Vous garderez le reste!

ENSEMBLE.

OCTAVE.

AIR : *C'est à qui se reverra...*

Pour moi, c'est humiliant!
Non, reprenez votre argent!
Cent sous! c'est un capital!
Rosa, vous finirez mal!

ROSA.

Pour lui, c'est humiliant!
Mais il gardera l'argent!
Pour grossir son capital,
Tout est bon, et rien n'est mal!

Elle sort

SCÈNE XI.

OCTAVE, PAPHOS, POTFLEURY, CADET,
MASQUES.

OCTAVE, seul.

Cent sous pour un potage!...

PAPHOS.

Monsieur a-t-il fait sa carte?

OCTAVE.

Non... pas encore!

POTFLEURY, paraissant à la porte du numéro 9.

Garçon! purée d'ananas au rhum!

CADET, de même et gris

Avec beaucoup de truffes!

OCTAVE, qui s'est assis devant une petite table à droite
et dépliant sa serviette

Garçon!

PAPHOS.

Monsieur?

OCTAVE.

Un bouillon... bien chaud!

PAPHOS.

Ah bah!

Une foule de masques envahit le salon. Cadet monte sur une table à gauche, une bouteille et un verre dans les mains. Les masques dansent autour de la table, pendant le chœur suivant.

CHŒUR.

AIR des *Quatre âges du Louvre.*

Fêtons tous le carnaval!
Après le bal
Vient la bombance!
Amis, en vrais gargantuas,
Et, par un joyeux repas,
Faisons, avec reconnaissance,
Nos adieux au mardi gras!

Hourra général au baisser du rideau.

ACTE DEUXIÈME.

A PARIS, CHEZ MADAME DE BOISROSÉ.

Le théâtre représente un salon éclairé pour un bal; portes au fond; portes latérales; tables de jeu, au troisième plan à droite.

SCÈNE PREMIÈRE.

MADAME DE BOISROSÉ, MIRANDA, DUTILLET, Danseurs et Danseuses, puis FRUCTUEUX et ROSINE.

Le rideau se lève sur une valse qui finit. — Les danseurs saluent leurs danseuses et les reconduisent dans le second salon. — Dutillet, madame de Boisrosé et Miranda restent en scène.

DUTILLET, saluant madame de Boisrosé.

Mon compliment, madame de Boisrosé; votre bal est charmant, on y étouffe.

MADAME DE BOISROSÉ.

J'attends encore deux cents personnes.

DUTILLET.

Alors on n'y survivra pas.

Il remonte causer au fond avec un danseur.

MADAME DE BOISROSÉ, bas, à sa fille, que le danseur vient de ramener.

Miranda! que vous a dit ce monsieur pendant la valse?

ACTE DEUXIÈME.

MIRANDA.

Il m'a dit : « Il fait bien chaud! »

MADAME DE BOISROSÉ.

A la bonne heure! c'est un homme bien élevé!

MIRANDA.

Et qui craint la chaleur! En vérité, maman, vous me surveillez... on dirait que vous êtes jalouse de moi!...

MADAME DE BOISROSÉ, lui prenant la main avec une émotion comique.

Ah! ma fille!... sais-tu ce que c'est qu'une mère?

MIRANDA, naïvement.

Non, maman, pas encore!

MADAME DE BOISROSÉ.

C'est juste! nous en recauserons plus tard!

DUTILLET, apercevant Fructueux qui entre avec sa fille.

Ah! voilà M. Fructueux et sa fille!...

FRUCTUEUX, saluant madame de Boisrosé.

Madame... mademoiselle...

MIRANDA, à Rosine.

Comme tu arrives tard!...

ROSINE.

C'est demain le 15... et, comme papa est propriétaire... il a voulu signer toutes ses quittances avant de partir... cent soixante-deux signatures!

FRUCTUEUX, avec bonhomie.

J'avoue ma faiblesse... j'aime à signer mes quittances!... C'est même le seul instant de bonheur que j'aie pendant le trimestre... tout le reste m'ennuie...

MADAME DE BOISROSÉ.

Voilà qui est aimable... merci!

DUTILLET.

Merci!

FRUCTUEUX.

Oh! pardon!... j'aime aussi le monde, les soirées... quand elles finissent de bonne heure! (A Dutillet.) Notre jeune homme est-il arrivé?

DUTILLET.

Pas encore... nous l'attendons.

MADAME DE BOISROSÉ.

A votre prière, je lui ai fait tenir une lettre d'invitation par M. Dutillet.

DUTILLET.

Et il m'a promis de venir avec son père, qui fera la demande.

MIRANDA.

Quelle demande?

FRUCTUEUX.

La demande de la main de ma fille.

MIRANDA, à Rosine.

Comment! tu te maries?...

ROSINE, avec indifférence.

Il paraît!

FRUCTUEUX, à Miranda.

Voilà, mademoiselle, un bel exemple à suivre?

MIRANDA.

Oh! moi!

ACTE DEUXIÈME.

MADAME DE BOISROSÉ, vivement.

Nous avons le temps!

DUTILLET.

Cela ne peut manquer d'arriver bientôt.

FRUCTUEUX.

Je crois bien! avec cinq cent mille francs de dot!

MADAME DE BOISROSÉ.

Mais taisez-vous donc! il n'est pas nécessaire de crier ça!

FRUCTUEUX.

Tiens! ça attire!... c'est comme pour les appartements, si on ne mettait pas l'écriteau!...

ROSINE.

Oh! papa!

MADAME DE BOISROSÉ.

Ce ne sont pas les demandes qui manquent à ma fille... il s'est déjà présenté sept prétendants.

Elle remonte avec Dutillet.

MIRANDA.

Le septième, M. Jules Champein, était même un jeune homme... très-bien!... un officier d'artillerie.

FRUCTUEUX.

Et pourquoi ce mariage a-t-il manqué?

MIRANDA, à demi-voix.

Oh! parce que ma mère a deux mouvements, un bon et un mauvais... le bon, c'est de dire oui... le mauvais, c'est d'ajouter : « Monsieur, nous causerons... » Elle cause le lendemain; je ne sais pas ce qu'elle dit, mais le prétendu ne reparait plus!

TOUS.

Oh!

DUTILLET, continuant une causerie avec madame de Boisrosé.

Si vous le permettez, madame, je vous présenterai ce soir un de mes amis, qui serait un parti fort convenable pour mademoiselle votre fille...

MADAME DE BOISROSÉ.

Comment donc! avec plaisir!

MIRANDA, à part.

Voilà le bon mouvement!

MADAME DE BOISROSÉ.

Nous causerons.

MIRANDA, à part.

Bien!... encore un de manqué.

On entend l'orchestre. — Deux jeunes gens viennent inviter Miranda et Rosine.

MADAME DE BOISROSÉ.

Voilà l'orchestre... c'est un quadrille... et je danse encore le quadrille...

DUTILLET, offrant sa main.

Eh bien, madame...

ENSEMBLE.

AIR : *Oui, puisqu'il nous en prie!*

MADAME DE BOISROSÉ.

Tout projet d'alliance
Me ferait trouver mal!
J'en suis triste d'avance...
Rentrons, rentrons au bal!

MIRANDA.

Tout projet d'alliance
Arrive toujours mal!
Il est rompu d'avance...
Allons, rentrons au bal!

ACTE DEUXIÈME.

LES AUTRES.

Tout projet d'alliance
La ferait trouver mal!
Ça l'attriste d'avance...
Vite rentrons au bal!

Tous rentrent dans les salons.

SCÈNE II.

POTFLEURY, OCTAVE, CADET.

Octave entre le premier, suivi de son père et de Cadet, qui porte son paletot.

OCTAVE.

Par ici!

POTFLEURY.

Où sommes-nous?... où me conduis-tu?

OCTAVE.

Au bal, papa!

POTFLEURY.

Tiens! j'ai des gants! je vais pincer un rigodon.

Il fait un entrechat.

OCTAVE, l'arrêtant.

Vous n'êtes pas ici en polichinelle!

CADET, riant.

Hi! hi! hi! qu'il est gai, mon Dieu!

OCTAVE.

Monsieur Cadet, je vous prie de ne pas vous mêler à la conversation. (A son père.) Je ne vous ai pas conduit ici précisément pour danser... mais vous jouirez du coup d'œil.

POTFLEURY.

Il est joli, le coup d'œil!... Trois cents messieurs en habit noir, qui cuisent les uns à côté des autres, comme des pruneaux dans une marmite!

CADET, riant.

Dans une marmite! Qu'il est gai, mon Dieu!

OCTAVE, à Cadet.

Veux-tu te taire, toi! (A Potfleury.) Vous me l'avez grisé hier, il est insupportable!... Entre nous, je vous ai amené pour une affaire... une affaire importante!

POTFLEURY.

Allons donc! je disais aussi: « Il paye le fiacre!... il y a quelque chose là-dessous! » car tu as payé le fiacre. (A part.) La terre en a tremblé!

OCTAVE.

Ne parlons pas de ça!... vous le payerez en revenant...

POTFLEURY.

C'est ça... une course de nuit!... deux francs cinquante centimes.

OCTAVE.

Oh! vous pouvez croire!...

POTFLEURY

Va toujours!... je t'étudie et tu m'amuses! Voyons ton affaire?...

OCTAVE.

Attendez! (A Cadet.) Retourne dans l'antichambre, et ne quitte pas mon paletot de la soirée... ne va pas le mettre au vestiaire!

ACTE DEUXIÈME.

POTFLEURY, à part.

Ça coûte dix sous!...

CADET.

Oui... je sais... Monsieur m'a donné une leçon ce matin pour le tenir sans l'abimer... comme ça!...

OCTAVE.

C'est bien! on ne te demande pas cela!... Donne-moi mes paires de gants?

CADET, tirant deux paires de gants de la poche du paletot.

Une... et deux!... et celle que vous avez... ça fait trois!

Il remonte.

POTFLEURY.

Pourquoi trois paires de gants?

OCTAVE.

Celle que j'ai dans les mains est très-fraiche... elle est toute neuve!

POTFLEURY.

Parbleu! la mienne aussi est neuve!

OCTAVE.

Dans dix minutes, quand j'aurai salué la maitresse de la maison... et fait le tour du salon, (Montrant une autre paire de gants.) je mettrai celle-ci.

POTFLEURY.

Tiens! elle est fanée!

OCTAVE.

Oui!... et, dans une heure, quand on passera les rafraichissements, les fruits glacés... les choses qui poissent... (Montrant une autre paire de gants.) je mettrai celle-là!

POTFLEURY.

Elle est sale!

OCTAVE.

C'est pour cela... elle ne craint rien! c'est de l'ordre, voilà tout!

POTFLEURY, à part.

Bigre! il est fort, mon fils!

Cadet sort.

SCÈNE III.

POTFLEURY, OCTAVE.

POTFLEURY.

Nous voilà seuls... de quoi s'agit-il?

OCTAVE.

Chut!... il s'agit d'un mariage!...

POTFLEURY.

Pour qui?

OCTAVE.

Pour moi!

POTFLEURY.

Veux-tu finir!

OCTAVE.

Pourquoi pas?

POTFLEURY.

Tu te déciderais à faire la dépense d'une famille, toi?...

OCTAVE.

Certainement.

POTFLEURY.

Une femme, des enfants, qui boivent! qui mangent!

qui déchirent! allons donc! je parie vingt francs que tu ne te maries pas!

OCTAVE.

Je les tiens!

POTFLEURY, à part.

Ah! bigre! c'est sérieux!... je suis mordu!

OCTAVE.

D'abord, le mariage ne coûte pas autant que vous croyez... Quant aux enfants... j'espère que le ciel ne m'en accordera qu'un... Et puis, voyez-vous, il vient un moment où le cœur... le cœur...

POTFLEURY.

Va donc toujours!

OCTAVE.

Éprouve le besoin de se reposer sur des affections plus sérieuses...

POTFLEURY.

Ah çà! elle est donc bien riche?

OCTAVE.

Pas mal... deux cent mille francs!

POTFLEURY.

Tu as plus que ça!

OCTAVE.

Oui, mais elle a un père!

POTFLEURY.

Qui tousse?

OCTAVE.

Non, presque pas... mais il a de vastes terrains parfaitement situés dans une rue qu'on va percer... Il ne le sait pas encore... peut-être se décidera-t-il à donner ces terrains en échange de la dot, ce qui la doublerait... dans ce moment, nous le travaillons pour ça.

POTFLEURY.

Comment?

OCTAVE.

Son terrain vaudra deux cents francs le mètre au moins... je lui en ai fait offrir trente par un notaire... puis vingt-cinq par un autre... et, demain, on ne lui en proposera plus que vingt.

POTFLEURY.

Je ne saisis pas.

OCTAVE.

Ça finira par l'écœurer, ce brave homme!... Il se dira : « Ça baisse!... » et, le jour du contrat, quand j'offrirai cinquante francs, on me prendra le cou dans la porte, et on me regardera comme un imbécile!... Règle générale : pour faire une bonne affaire, il faut toujours avoir l'air d'un imbécile!...

POTFLEURY, à part.

Il est très-fort, mon fils!... (Haut.) Ah çà!... quand tu auras beaucoup d'argent... trop d'argent... voyons!... qu'est-ce que tu en feras?

OCTAVE.

Oh! cette question!... je le ferai valoir!

POTFLEURY.

Et après, quand tu l'auras bien fait valoir?...

OCTAVE.

Dame!... après... je continuerai!...

POTFLEURY.

Comme ça, tu ne jouiras pas... tu n'achèteras jamais rien?...

ACTE DEUXIÈME.

OCTAVE.

Oh! si!... j'ai ma petite idée : j'achèterai des chemins de fer, bon marché... et je les revendrai très-cher.

POTFLEURY.

Ça sera plein de gaieté.

OCTAVE.

Mais il ne s'agit pas de ça... je vous ai amené pour faire la demande! c'est très-pressé!

POTFLEURY.

Ça me va d'autant mieux, que, moi aussi, j'ai une affaire... à onze heures et demie.

OCTAVE.

Une affaire de terrains?

POTFLEURY.

Allons donc!... un souper!

OCTAVE.

Encore! Ah çà! quel plaisir trouvez-vous donc à aller engloutir votre fortune dans les casseroles d'un restaurant?...

POTFLEURY.

Quel plaisir? mais tu ne sais pas ce que c'est qu'un bon souper! avec de joyeux amis, des truffes à point... un chambertin choisi, ni trop chaud, ni trop frais... parce que le chambertin... Mais tu ne comprends pas le vin, toi!... tu es Arabe, ta religion te le défend!...

OCTAVE.

Oh! quand on m'invite:.. Et ça va vous coûter, cette plaisanterie-là?

POTFLEURY.

Oh! pas cher... quarante francs par tête.

OCTAVE.

Quarante francs!... huit pièces de cinq francs!... quand on peut dîner pour trente-deux sous... en se cachant! (Confidentiellement.) Dites donc, restez ici... il y a un buffet!..

POTFLEURY.

Un buffet! je connais ça! très-peu de galantine avec beaucoup de gelée!... Merci! j'ai mieux que ça!... c'est le souper mensuel des membres du Caveau...

OCTAVE.

Le Caveau? ça existe donc toujours, cette vieille machine-là?

POTFLEURY.

Oui, nous ne sommes plus que six... mais nous tenons bon!...

OCTAVE.

Ils se cramponnent!

POTFLEURY.

Ainsi, c'est convenu, à onze heures et demie... je te lâche!

SCÈNE IV.

OCTAVE, POTFLEURY, DUTILLET.

DUTILLET, entrant et à Octave.

Ah! vous voilà! nous vous attendions...

OCTAVE.

C'est Dutillet!... un ami! c'est lui qui fait le mariage... (Lui serrant la main.) Cher ami! soyez tranquille!... je ne

ACTE DEUXIÈME.

vous oublierai pas!... (A part.) Je l'inviterai à ma noce! il sera mon témoin!

DUTILLET.

Vous êtes annoncé... l'affaire est en bon chemin!

POTFLEURY.

Quelle affaire?...

OCTAVE.

Le mariage, parbleu!

POTFLEURY.

Ah! oui!... l'opération!

DUTILLET.

La future est dans le grand salon... invitez-la à danser.

OCTAVE.

Et son père?

DUTILLET.

M. Fructueux vient d'entrer dans la salle de jeu.

OCTAVE.

Il est joueur?

DUTILLET.

Non, il regarde. Dès que la partie sera finie, M. Potfleury lui fera sa demande... Il est prévenu...

POTFLEURY.

Mais je ne le connais pas.

DUTILLET, montrant une salle à gauche.

Tenez, il est là, près de cette table!

POTFLEURY.

Ils sont plusieurs qui regardent.

OCTAVE.

Un vieux, avec un gilet blanc et des breloques...

POTFLEURY.

Un gilet blanc et des breloques... très-bien!...

DUTILLET, à Octave.

Voici l'orchestre... venez!

OCTAVE.

Tout de suite. (A son père.) Dites donc... il est inutile de lui dire qu'on doit percer une rue...

POTFLEURY.

Parbleu! sois donc tranquille.

Octave et Dutillet sortent.

SCÈNE V.

POTFLEURY, puis CADET, puis GREFFÉ.

POTFLEURY, seul.

Il est canaille, mon fils!

Cadet entre avec un plateau de rafraîchissements ; il tient toujours le paletot de son maître.

CADET.

Sapristi! ce paletot me gêne bien!

POTFLEURY, regardant à droite.

La partie n'est pas encore finie... il regarde toujours.

CADET, offrant des rafraîchissements.

Monsieur boit-il?

POTFLEURY, le reconnaissant.

Tiens!

CADET, de même.

Tiens!

ACTE DEUXIÈME.

POTFLEURY.

Qu'est-ce que tu fais là?

CADET.

Il manquait un domestique... alors on m'a prié de passer les rafraîchissements... mais le paletot me gêne bien! (offrant.) Monsieur boit-il?

POTFLEURY.

Des sirops? des bavaroises? merci!

CADET, familièrement.

Dites donc, monsieur... quand est-ce que nous resouperons ensemble?

POTFLEURY.

Tiens, tu y prends goût?

CADET.

Je ne vous cacherai pas que j'en avais besoin... ça m'a refait!

POTFLEURY.

Est-ce que mon fils ne te nourrit pas?

CADET.

Oh! si!... le pain, ça va encore, le fromage aussi! mais c'est le vin!

POTFLEURY.

Vraiment? (A part.) Qu'est-ce qu'il peut lui faire boire?

CADET.

Il paraît qu'il est malade, le vin!... alors on met du soufre dedans, et, comme c'est un poison... le gouvernement le fait jeter dans le ruisseau... C'est pour cela qu'on ne boit plus que de l'eau filtrée!

POTFLEURY.

Qui est-ce qui t'a dit ça?

CADET.

Monsieur... qui a eu la bonté de me le lire lui-même dans le journal!

POTFLEURY, à part.

Très-fort! très-fort! (Regardant dans la salle à gauche.) Ah! sapristi! les joueurs ont quitté la table!... Il faut que je retrouve mon homme aux breloques!

Il sort vivement par la gauche en heurtant le plateau de Cadet.

CADET.

Oye! oye! sur le paletot de monsieur! (Il y porte la main et goûte.) Tiens, c'est sucré!

Il essuie la tache avec sa manche.

GREFFÉ, entrant par le fond en s'essuyant le front.

Quelle chaleur, mon Dieu! quelle chaleur! Je ne sais pas comment ma fille Nini peut danser, et elle s'en donne! elle s'en donne!

CADET.

Monsieur boit-il?

GREFFÉ, prenant un verre.

Ah! volontiers!

POTFLEURY, entrant par le fond, à droite.

Impossible de retrouver mon homme...

CADET, à Potfleury.

Monsieur, le sirop, croyez-vous que ça tache?

POTFLEURY.

Non, ça sucre!

CADET, sortant.

C'est égal... ce paletot me gêne bien!

SCÈNE VI.

GREFFÉ, POTFLEURY.

GREFFÉ, à lui-même.

Quelle chaleur, mon Dieu! quelle chaleur!

POTFLEURY.

Tiens! un gilet blanc... avec des breloques!... ça doit être ça! (Haut.) Pardon, monsieur...

GREFFÉ.

Monsieur?

POTFLEURY, à part.

Sapristi!... j'ai oublié son nom! (Haut.) N'étiez-vous pas tout à l'heure à cette table de whist?

GREFFÉ.

Oui, monsieur...

POTFLEURY.

Vous êtes père, monsieur... vous avez une fille?

GREFFÉ.

Oui, monsieur... Mais pourquoi?...

POTFLEURY, à part.

C'est parfaitement ça! (Haut.) Vous allez me comprendre... Je suis Potfleury...

GREFFÉ, saluant.

Monsieur... je m'appelle Greffé, moi, monsieur!

POTFLEURY.

Greffé?... allons donc!... Figurez-vous que j'avais oublié otre nom... mais je savais bien qu'il y avait de l'horti-lture dedans!

GREFFÉ.

De l'horticulture?

POTFLEURY.

Je vais droit au but... Monsieur, en ma qualité de père, j'ai l'honneur de vous demander la main de votre fille pour mon fils Octave.

GREFFÉ, étonné.

Hein?... comment?

POTFLEURY.

Octave a cent mille francs du bien de sa mère, et on prétend qu'il les a triplés... je ne vous dirai pas comment; mais ça vous est égal?...

GREFFÉ.

Trois fois cent!...

POTFLEURY.

Ça fait trois cents... oui, monsieur...

GREFFÉ, à part.

Trois cent mille francs... et je n'en donne que vingt-cinq! (Haut.) Pardon... vous êtes bien sûr que M. Octave aime ma fille?

POTFLEURY.

Il en est fou!

GREFFÉ.

Puisque c'est comme cela... je ne dis pas non... si monsieur votre fils est un homme d'ordre, d'économie...

POTFLEURY.

Lui?... il ramasserait une épingle dans le macadam!

GREFFÉ.

Moi, je suis de même... et ma fille aussi!

POTFLEURY, à part.

Eh bien, ça fera une jolie famille! et une belle collection d'épingles!

GREFFÉ.

Je vous demande la permission de m'informer, de prendre quelques renseignements... et je viendrai vous rendre réponse...

POTFLEURY.

A l'honneur de vous revoir!

Greffé disparaît.

SCÈNE VII.

POTFLEURY, puis OCTAVE.

POTFLEURY, seul.

Il a l'air d'un bon gros Auvergnat! (Tirant sa montre.) Onze heures! j'ai encore trente minutes à donner à la famille de mon fils! Je prendrais bien un verre de punch.

OCTAVE, entrant et ôtant ses gants.

Ah! papa! ma future est charmante... nous avons causé... elle m'a avoué qu'elle n'aimait pas les diamants!...

POTFLEURY.

Alors... c'est un ange! Moi, j'ai vu ton beau-père...

OCTAVE.

M. Fructueux?...

POTFLEURY.

Quoi, Fructueux?... Greffé!

OCTAVE.

Quoi, Greffé? Fructueux!...

POTFLEURY.

Après ça... c'est la même chose... il faut être greffé pour être fructueux... Enfin, je te parle de l'homme aux breloques... je lui ai fait la demande

OCTAVE.

La demande! où ça?

POTFLEURY.

Ici, à l'instant!

OCTAVE.

A l'instant... c'est impossible!... je ne l'ai pas quitté depuis un quart d'heure...

POTFLEURY.

Ah bah!...

OCTAVE.

Et je l'attends ici avec sa fille... Tenez, les voilà!

POTFLEURY, regardant.

Ah bigre! ce n'est pas celui-là... les breloques m'ont fourré dedans!

SCÈNE VIII.

POTFLEURY, OCTAVE, FRUCTUEUX, ROSINE.

Fructueux entre avec sa fille.

OCTAVE.

Monsieur, permettez-moi de vous présenter mon père...

FRUCTUEUX.

Je suis très-heureux, monsieur, de faire votre connaissance...

ACTE DEUXIÈME.

POTFLEURY.

Comment donc, monsieur!

FRUCTUEUX.

Monsieur est propriétaire?

OCTAVE.

Certainement! certainement!

FRUCTUEUX.

Moi aussi! (A Potfleury, en se frottant les mains.) C'est demain le 15!

POTFLEURY.

Eh bien! (A part.) Il a une bonne boule; mais la petite est gentille!

OCTAVE, bas, à son père.

Maintenant, la demande!

POTFLEURY.

Voilà... hum! (A Fructueux.) Monsieur, en ma qualité de père, je dois vous faire part des espérances que nous caressons... (A part.) C'est embêtant, ce métier-là!... (Haut.) Le plus vif désir d'Octave, mon fils...

OCTAVE.

Unique!

POTFLEURY.

Heureusement unique! serait d'entrer dans vos terrains...

OCTAVE, toussant.

Hum!

POTFLEURY, se reprenant.

Non! dans votre famille!... En voyant mademoiselle, je ne puis que ratifier son choix, et j'ai l'honneur de vous adresser ma demande!

OCTAVE, bas.

Très-bien!...

FRUCTUEUX.

Messieurs, ma fille et moi, nous sommes flattés de l'honneur que vous voulez bien nous faire...

POTFLEURY et OCTAVE, remerciant.

Ah! monsieur...

OCTAVE, à part.

Je suis marié, papa me doit vingt francs.

POTFLEURY, à part, tirant sa montre.

J'ai encore vingt-cinq minutes à donner à la famille de mon fils!

FRUCTUEUX, à Octave.

Je vous laisse avec ma fille! (A Potfleury.) Mon cher monsieur Potfleury, votre bras... nous avons à causer.

POTFLEURY.

Je prendrais bien un verre de punch, et vous?

FRUCTUEUX.

Moi? jamais rien entre mes repas.

POTFLEURY, à part.

Pauvre petit chou! (Haut.) C'est égal, si ça ne vous fait rien, causons du côté du punch!

SCÈNE IX.

OCTAVE, ROSINE.

ROSINE.

Papa me laisse seule avec ce jeune homme!... c'est bien embarrassant!

OCTAVE.

Enfin, mademoiselle... maintenant que je suis agréé, il m'est permis de vous dire combien je vous aime, combien ce mariage me comble de joie...

ROSINE, timidement

Monsieur...

OCTAVE, à part.

Tiens! elle est gentille! je ne l'avais pas encore regardée!...

ROSINE.

Je vous avoue, monsieur, que je ne songeais pas à me marier... mais, puisque mon père l'a décidé...

OCTAVE.

Oh! mademoiselle!... rien ne me coûtera pour vous rendre heureuse...

ROSINE.

Vous êtes bien bon, monsieur...

OCTAVE.

Vous verrez comme c'est gentil, l'existence à deux!... D'abord, nous aurons un joli petit appartement... Fiez-vous à moi... pas de luxe! pas de faste!... le bonheur n'est pas là!... Voyez le nid des tourterelles... quelques feuilles et un peu de duvet!... si vous voulez, nous imiterons ces charmants petits oiseaux?

ROSINE.

Oh! moi, pourvu que j'aie un piano!

OCTAVE, la faisant asseoir et s'asseyant près d'elle.

Vous en aurez un!... vous aurez le vôtre!...

ROSINE.

Comment?

OCTAVE.

A moins que monsieur votre père ne prétende le garder... ce qui me paraîtrait...

ROSINE.

Oh! non!... c'est que... il n'est pas d'Érard.

OCTAVE, avec passion.

Qu'importe, qu'il soit ou ne soit pas d'Érard!... Érard! ça m'est bien égal!...

ROSINE.

Monsieur...

OCTAVE.

Mademoiselle?...

ROSINE.

Avez-vous le goût des voyages?... L'été, qu'est-ce que nous ferons?

OCTAVE.

Comment, ce que nous ferons l'été?...

ROSINE.

Oh! je voudrais voir l'Italie... la Suisse.

OCTAVE, décontenancé.

Ah! oui!... la Suisse... l'Italie... (A part.) C'est là qu'on vous écorche! (Tout à coup.) Nous irons aux bains de mer!

ROSINE.

Ah! oui!... à Dieppe!

OCTAVE.

En Bretagne!... au fond de la Bretagne!... On y vit pour rien!... Nous louerons une cabane de pêcheur, pour deux cents francs, ou cent cinquante... en marchandant... Nous emmènerons Cadet... mon domestique... (A part.) dans les troisièmes, (Haut.) et cet honnête garçon nous préparera nos aliments : du lait... des fruits...

ACTE DEUXIÈME.

ROSINE.

Oh! oui! j'aime beaucoup les fruits!

Ils se lèvent.

OCTAVE.

Moi aussi... pas les primeurs... ça n'a pas de goût!... et le matin, le soir... et dans la journée nous nous promènerons sur la plage... à pied... sans toilette... au bord du grand Océan!... Quel magnifique spectacle! Ah! cela vaut mieux que l'Opéra, allez!

ROSINE.

Oh! certainement!... mais nous irons aussi à l'Opéra?

OCTAVE.

Sans doute!... sans doute!...

ROSINE.

Oh! quel bonheur!

OCTAVE, à part.

Eh! eh! je la crois un peu dépensière!

ROSINE, à part.

Quel dommage que Miranda ne soit pas mariée... (Haut.) Monsieur Octave... vous ne connaîtriez pas parmi vos amis un jeune homme riche, bien fait, distingué?

OCTAVE.

Pour quoi faire?

ROSINE.

C'est pour une de mes amies... qui a six mois de plus que moi et qui reste demoiselle... comprend-on ça avec cinq cent mille francs de dot?

OCTAVE.

Cinq cent mille francs?...

ROSINE.

Et des espérances!

OCTAVE.

Ah!... il y a ici une demoiselle de cinq cent mille francs?

ROSINE.

Miranda! mademoiselle de Boisrosé!

OCTAVE.

Et elle veut se marier?

ROSINE.

Sans doute!

OCTAVE.

Voyons!... qu'est-ce qui lui manque? un bras, une jambe, un œil?

ROSINE.

Mais non! il ne lui manque rien!

OCTAVE, à part.

Elle est complète!

ROSINE.

Comme ça serait gentil!... nous irions ensemble aux bains de mer!

OCTAVE, très-agité.

Oui... oui... oui... (A part.) Cinq cent mille francs!

On entend l'orchestre. — Les danseurs paraissent au fond, les joueurs entrent en scène et se placent à une table de jeu à droite.

UN DANSEUR, paraissant, à Rosine.

Mademoiselle?

ROSINE, à Octave.

Pardon... on vient me chercher pour un *lancier*... Vous permettez?...

OCTAVE.

Comment donc! faites! faites!

Rosine sort au bras de son cavalier.

SCÈNE X.

OCTAVE, puis DUTILLET.

OCTAVE, seul.

Cinq cent mille francs! Et Dutillet qui ne me prévient pas!... il me laisse m'enferrer avec une autre... qui est dépensière!

DUTILLET, entrant.

Ah! je vous cherchais!

OCTAVE.

Je suis enchanté de vous voir!

DUTILLET.

Une nouvelle que je viens d'apprendre... vous savez bien les terrains de M. Fructueux?

OCTAVE.

Qui doivent être traversés par une rue?

DUTILLET.

C'est changé! la rue passe à gauche, maintenant!

OCTAVE.

A gauche? elle ne les traverse plus? Alors qu'est-ce que c'est que ces gens-là! ce sont des intrigants!

DUTILLET.

Mais... mon ami...

OCTAVE.

Non! ne m'en parlez plus! j'aime la demoiselle de la maison !

DUTILLET.

Miranda?

OCTAVE.

J'en suis fou! fou!... une si belle brune!

DUTILLET.

Elle est blonde!

OCTAVE, se reprenant.

Une si belle blonde! La langue m'a tourné!... Présentez-moi!

DUTILLET.

J'ai annoncé un autre prétendu... qui va venir... M. Octave Beaudéduit...

OCTAVE.

Beaudéduit ou Potfleury... ça se ressemble! D'ailleurs, je m'appelle Octave !

DUTILLET.

Au fait... je ne l'ai pas nommé...

OCTAVE.

Vous voyez!... Présentez-moi !

DUTILLET.

Et votre père qui vient de faire la demande à M. Fructueux !

OCTAVE.

Ah! sapristi! c'est vrai !... il faudrait trouver un moyen de rompre... tout de suite!

DUTILLET.

C'est difficile... Que faire ? (Apercevant Fructueux qui entre.) Le voici!

SCÈNE XI.

OCTAVE, DUTILLET, FRUCTUEUX, Joueurs,
puis Un Domestique.

FRUCTUEUX, entrant, à Octave.

Vous ne dansez donc pas, mon gendre?

UN JOUEUR, à Fructueux.

Qu'est-ce que vous me conseillez?

FRUCTUEUX.

Oh! monsieur, je n'ai jamais touché à une carte... mais, je regarde...

OCTAVE.

Oh! une idée!

DUTILLET.

Quoi?

OCTAVE, bas.

Je veux qu'il me prenne pour un joueur... je veux lui faire dresser les cheveux sur la tête!

DUTILLET.

Comment?

OCTAVE, bas.

Nous allons parier, l'un contre l'autre, ça ne comptera pas! Je vous joue la Californie contre l'Australie! mais ça ne comptera pas!

DUTILLET.

Je comprends!

OCTAVE.

Allez!... et ne lésinez pas!

FRUCTUEUX, à Octave.

Ah! mon gendre!... il y a là un monsieur qui joue cinq francs à la fois!

DUTILLET, allant à la table.

Quatre à... Je parie cinquante louis!

FRUCTUEUX.

Hein?

OCTAVE.

Je les tiens, morbleu!

FRUCTUEUX, à part.

Hein! comment!... mon gendre! c'est vous qui risquez une pareille somme?

OCTAVE.

Que voulez-vous!... je n'aime pas à jouer petit jeu.

DUTILLET, à Octave.

Vous avez perdu!...

OCTAVE.

C'est un petit malheur! (Chantant.) C'est un... petit... mal... heur!

Il fait des roulades.

FRUCTUEUX, à part.

Et il chante encore!

UN DOMESTIQUE, entrant et parlant bas à Dutillet.

Monsieur... il y a dans l'antichambre un M. Octave Beaudéduit qui vous demande pour l'introduire...

DUTILLET, à part.

Le Beaudéduit!... Sapristi! il faut l'éloigner... je cours!

Il sort vivement.

UN JOUEUR, prenant place à la table.

Il y a cent louis.

OCTAVE, croyant parier avec Dutillet et regardant Fructueux.

Tenus!... (Chantant.) Ils sont tenus!

FRUCTUEUX, effrayé.

Encore!

OCTAVE, à part.

Il va rompre!

FRUCTUEUX.

Mon gendre... est-ce que vous jouez souvent?

OCTAVE.

Quand je suis seul, jamais!

FRUCTUEUX.

Ah! à la bonne heure... vous me tranquillisez! J'avais besoin de cette assurance...

OCTAVE.

Comment?

FRUCTUEUX, lui tendant la main.

Touchez là, mon gendre!

Il remonte.

OCTAVE, à part.

Bon! le coup est manqué!...

LE JOUEUR, venant à Octave.

Monsieur, vous avez perdu.

OCTAVE, gaiement.

J'ai encore perdu!

LE JOUEUR.

C'est cent louis que vous me devez!

OCTAVE.

Quoi?... qu'est-ce que vous demandez?

LE JOUEUR.

C'est cent louis que vous me devez!

OCTAVE.

Comment?... mais j'ai parié avec Dutillet!

LE JOUEUR.

Ce monsieur est sorti... et j'ai pris sa place.

OCTAVE.

Ah! sacrebleu! (Au joueur, d'une voix éteinte.) C'est bien, monsieur... laissez-moi votre adresse... je n'ai pas sur moi la somme... et demain... j'aurai l'honneur...

LE JOUEUR.

Voici ma carte, monsieur; mais ça ne presse pas!... ça ne presse pas!

Il sort suivi des autres joueurs.

OCTAVE.

Cent louis!...

FRUCTUEUX.

Ah! ma fille danse la polka!...

Il remonte à la porte du fond et regarde.

SCÈNE XII.

OCTAVE, FRUCTUEUX, au fond; puis POTFLEURY.

OCTAVE, à part.

Cent louis!... quatre cents pièces de cent sous!... que d'économies il me faudra faire!...

Il ôte vivement la seconde paire de gants et met la troisième.

POTFLEURY, entrant, un verre à la main.

Je suis parvenu à enlever un verre de punch!... il m'a fallu boxer.

ACTE DEUXIÈME.

OCTAVE, l'apercevant.

Ah! c'est vous!

POTFLEURY.

Quelle figure bouleversée!

OCTAVE.

Oui... un grand malheur!... J'ai perdu cent louis!

POTFLEURY.

Toi? allons donc! Je parie vingt francs que non!

OCTAVE, vivement.

Je les tiens!

POTFLEURY, à part.

Je suis remordu!

OCTAVE, à part.

Ça ne fera plus que quatre-vingt-dix-neuf... et heureusement j'ai le moyen de tout réparer. (Haut.) Papa, mon bon père, vous pouvez me rendre un grand service.

POTFLEURY.

Lequel?

OCTAVE.

Je suis fou de mademoiselle de Boisrosé.

POTFLEURY.

Tu veux dire Fructueux...

OCTAVE.

Non!... C'est changé, sa rue passe à gauche...

POTFLEURY.

A gauche?...

OCTAVE.

Oui; je vous parle de mademoiselle de Boisrosé, la fille de la maison... je veux l'épouser!

POTFLEURY.

Mais elle ne te connaît pas...

OCTAVE.

Ça ne fait rien!... rompez avec M. Fructueux.

POTFLEURY.

Ah! va-t'en au diable!... D'abord je n'ai plus que quinze minutes!

OCTAVE.

Il y va de ma vie!... Rompez!

POTFLEURY.

Mais qu'est-ce que tu veux que je lui dise, à ton Fructueux?

OCTAVE.

Il est là! allez! allez!... (A part, en sortant.) Je vais causer avec la mère et faire danser la fille!... Rompez!

SCÈNE XIII.

POTFLEURY, FRUCTUEUX, puis GREFFÉ.

POTFLEURY, seul.

Ah! mais il m'ennuie, mon fils!... (Regardant à sa montre.) Je n'ai plus que quatorze minutes!... allons-y rondement!

FRUCTUEUX, tourné vers le salon et applaudissant.

Bravo! bravo!...

POTFLEURY.

Monsieur... un mot.

FRUCTUEUX.

J'applaudissais ma fille... votre bru.

POTFLEURY.

Ma bru ! attendez...

FRUCTUEUX.

Monsieur, je ne vous cache pas que cette union me charme...

POTFLEURY.

Ça se trouve bien !... attendez...

FRUCTUEUX.

Ils ont causé ensemble... il doit la mener aux bains de mer...

POTFLEURY.

Mon cher monsieur Fructueux... vous savez, dans la vie... ça arrive tous les jours... on ne s'attend pas... on se couche le matin, on se lève le soir... ça arrive encore tous les jours... Enfin, vous êtes propriétaire...

FRUCTUEUX, se frottant les mains.

Oui... c'est demain le 15 !...

POTFLEURY.

Souvent on convient d'un bail... il n'y a plus qu'à le signer... et crac !... ça manque !

FRUCTUEUX.

Comment ! que voulez-vous dire ?

POTFLEURY.

Je vais m'expliquer... Octave est un bon jeune homme

FRUCTUEUX.

Un charmant jeune homme !...

POTFLEURY.

Mais il manque de jeunesse...

FRUCTUEUX.

Ça viendra avec l'âge...

POTFLEURY.

Peut-être... Enfin, je m'explique...

GREFFÉ, entrant et à Potfleury.

Monsieur, j'ai pris des renseignements, ça me va!

POTFLEURY, à part.

Allons! à l'autre maintenant! (Haut.) Quoi?

GREFFÉ.

J'accepte votre fils pour gendre!

POTFLEURY, à Greffé.

Vous, d'abord, laissez-moi tranquille! je ne vous connais pas! vous compliquez!...

GREFFÉ.

Mais vous m'avez demandé ma fille!

POTFLEURY.

Oui!...

FRUCTUEUX.

La mienne aussi!...

POTFLEURY.

Oui!...

GREFFÉ.

C'est affreux!

POTFLEURY.

Oui!

FRUCTUEUX.

C'est monstrueux!

POTFLEURY.

Ah! arrangez-vous! battez-vous!... coupez-vous gorge!... on épousera la fille du survivant!...

ACTE DEUXIÈME.

FRUCTUEUX, à Greffé.

Du survivant!...

ENSEMBLE.

AIR :

FRUCTUEUX, GREFFÉ.

Quel sanglant outrage!
Quel tour odieux!
J'étouffe! j'enrage!
Et je fuis ces lieux!

POTFLEURY.

Ah! c'est un outrage
Pour ces deux bons vieux :
Chacun d'eux enrage...
Mais quitte ces lieux!..

Ils sortent.

SCÈNE XIV.

POTFLEURY, puis OCTAVE,
puis MADAME DE BOISROSÉ, MIRANDA,
DUTILLET, puis CADET.

POTFLEURY.

Eh bien, ça ne s'est pas trop mal passé! j'ai fait coup double! (Tirant sa montre.) Onze heures et demie! je file!...
Il remonte. — Les danseurs rentrent dans le deuxième salon.

OCTAVE, courant et l'arrêtant.

Ah! vous voilà!... J'ai vu madame de Boisrosé... je l'ai étourdie!... elle consent presque... Vous allez faire la demande?

POTFLEURY.

Encore?... Ah! mais... je ne fais que ça! commande une

machine!... Et puis tu dis qu'elle s'appelle Boisrosé?... C'est bien ça!... Miranda Boisrosé...

OCTAVE.

Oui, Miranda... Quel joli nom!

POTFLEURY, à part.

L'ex-future de Jules, de mon quatorzième!... (Haut.) Non! je ne peux pas!... Adieu!

OCTAVE.

Oh! je m'attache à vous!... je ne vous laisse pas partir!

POTFLEURY.

Je n'ai pas le temps!

OCTAVE.

Deux minutes?

POTFLEURY.

Impossible! on ouvre les huîtres...

OCTAVE.

Voici ces dames!... Allez!

Entrée de Dutillet, de Miranda et de madame de Boisrosé.

POTFLEURY, allant à madame de Boisrosé, et très-vite.

Madame, en ma qualité de père, j'ai l'honneur de vous demander la main de votre fille pour mon fils Octave. (Tirant sa montre.) Onze heures trente-cinq! je vous salue!

Il sort à gauche et bouscule Cadet qui entre le paletot sur le bras.

MADAME DE BOISROSÉ.

Qu'est-ce que c'est que ça?...

CADET, offrant le paletot à son maître. Ce paletot est couvert de taches fabuleuses.

Voilà votre paletot, monsieur.

CHŒUR.

AIR:

Ah! le singulier père!
Quel langage étonnant!
C'est un coup de tonnerre,
Dans le bal éclatant!
Peut-on, je le demande,
Quand on a du bon sens,
Pour faire une demande,
Prendre aussi peu de temps?
Ah! le singulier père,
    Etc.

OCTAVE.

Quel étourdi de père!
    Etc.

ACTE TROISIÈME.

A PARIS, CHEZ OCTAVE.

Un salon richement décoré, que des tapissiers achèvent de garnir d'un élégant mobilier, porte au fond, portes latérales.

SCÈNE PREMIÈRE.

CADET, Tapissiers, puis POTFLEURY.

Au lever du rideau, les tapissiers posent des portières aux portes, et Cadet, revêtu d'une magnifique livrée dorée, s'admire dans une glace.

ENSEMBLE.

AIR : *Allons, partons sans tarder davantage.*

Salon doré, boudoir bleu, chambre rose,
Meubles de Boule et tableaux de Diaz;
On paîra bon cette métamorphose!
Mais un futur, ça ne marchande pas!

CADET.

C'est-à-dire que je ne me reconnais plus!... Ils m'ont mis de l'or jusque dans le dos... ça me gêne pour m'asseoir... vrai! il y en a trop! On voit bien que M. Octave est absent... c'est le père qui s'est chargé de faire dorer les domestiques et meubler l'appartement des futurs époux... Il va bien, le père! il a fourré du velours et de la soie par toute la maison! Et le vin!... nous buvons du vin maintenant : il parait qu'il n'est plus malade! (Riant.) C'est l'eau filtrée qui est indisposée!...

POTFLEURY, entrant et s'adressant aux tapissiers.

Eh bien, avançons-nous, mes enfants?

UN TAPISSIER.

Tout est terminé, et voici la note!...

POTFLEURY, la prenant.

C'est bien! on passera.

ENSEMBLE. — REPRISE.

Les tapissiers sortent, Cadet sort avec eux.

SCÈNE II.

POTFLEURY, CADET

POTFLEURY, mettant la note dans sa poche.

Je vais la serrer avec les autres... Je ne veux seulement pas la regarder... ça m'arrêterait dans mon essor!... D'ailleurs, c'est l'affaire d'Octave... Va-t-il être étonné à son retour!... Je m'attends à des cris de blaireau écorché!... L'ingrat! je l'ai pourtant fait mettre dans un cadre tout neuf! (Montrant le portrait.) Le voilà! il n'a pas l'air gai... on dirait qu'il paye la note de son cadre!... Franchement quand on épouse une demoiselle de Boisrosé... cinq cent mille francs de dot... et des espérances! on ne peut pas se meubler comme un marchand de friture! Heureusement que j'étais là... et j'ai pris sur moi... Ah! j'ai cru longtemps que le mariage ne se ferait pas; la maman a voulu causer!... ils ont causé pendant trois jours!... Mais Octave a fini par l'entortiller... il est entortilleur quand il veut! Ah çà! où diable est-il? que fait-il? Quelle singulière idée!

partir juste huit jours avant son mariage, et sans dire où il allait! (A Cadet qui rentre.) Il n'y a pas de lettre aujourd'hui?

Il s'assied à gauche.

CADET, indiquant la table de gauche.

Ah! si, monsieur, il y en a deux!

POTFLEURY, regardant les enveloppes.

Celle-ci est pour Octave.. timbrée de Romorantin... (Il la pose sur la table.) Et l'autre?... Elle n'est pas affranchie... c'est de mon fils!... (Se levant et l'ouvrant.) Juste! (Il lit.) « Mon cher pa... »

CADET.

Mon cher pa?...

POTFLEURY.

Il a voulu mettre « papa »...il a économisé une syllabe... Ce que c'est que l'habitude!... (Lisant.) « Je vous ai quitté un peu brusquement, mais je voulais visiter par moi-même les propriétés de ma future... les estimer, et vérifier l'état des bâtiments... » (Parlé.) En voilà un amoureux! (Lisant.) « La ferme de la Brossinière est bâtie en briques, les fondations sont en meulière, la charpente en cœur de châtaignier, et la couverture en tuiles de Bourgogne... » (Parlé.) Eh bien, qu'est-ce que ça me fait?... c'est une lettre de maître maçon, ça!... (Lisant.) « Les terres sont marnées, argileuses et très-propres au froment. » (Parlé.) Ah! il m'ennuie!... (Il tourne la page.) « Il y a cinq vaches malades, mais ça m'est égal, elles sont au fermier... En somme, je suis content de mon voyage; je serai de retour aujourd'hui pour dîner... dites à Cadet de me faire deux œufs à la coque et une omelette. »

CADET, remontant.

Très-bien!

ACTE TROISIEME.

POTFLEURY.

Attends! il y a un *post-scriptum*. (Lisant.) « Décidément, vous direz à Cadet de ne rien faire pour moi ; je mangerai ce qu'il y aura. »

CADET.

Il n'y a rien.

POTFLEURY.

Tu le lui garderas pour demain... aujourd'hui, je lui ménage une surprise... je veux qu'il nous donne un dîner splendide pour fêter son retour... je me charge du menu! J'ai invité madame et mademoiselle de Boisrosé... je vais inviter aussi Champein, notre quatorzième.

Il entre à gauche.

SCÈNE III.

CADET, seul.

Champein?... Ah! oui, ce monsieur qui a soupé avec nous... un aimable jeune homme! pas fier! il m'a tutoyé tout de suite.

On sonne, Cadet se dispose à aller ouvrir.

OCTAVE, à la cantonade.

Ouvrez donc!

CADET, effrayé.

Sapristi! c'est monsieur!... j'aime mieux que ce soit son père qui le reçoive.

Il se sauve à gauche.

SCÈNE IV.

OCTAVE, entre en costume de voyage, et très-préoccupé. Il écrit sur son carnet.

Réparations à faire à la bergerie... mettre ces réparations au compte du fermier... et l'augmenter! (Il s'asseoit et examine son fauteuil, qui est doré.) Qu'est-ce que c'est que ça? (Il regarde autour de lui. — Se levant vivement.) Oh! sapredié! je me suis trompé d'étage... je ne suis pas chez moi!... (Il sort.) Pardon, c'est une erreur!

SCÈNE V.

CADET, POTFLEURY.

CADET, reparaissant.

Comment! il s'en va?

POTFLEURY, entrant à la suite de Cadet.

Eh bien, où est-il? Tu me disais qu'Octave était revenu.

CADET.

Oui, mais il est reparti!

POTFLEURY.

Reparti?

On entend très-vigoureusement sonner à l'extérieur.

CADET.

Le revoici. Je me resauve!

Il disparaît par la droite.

ACTE TROISIÈME.

POTFLEURY, seul.

A en juger par son coup de sonnette, nous allons avoir de l'orage!

SCÈNE VI.

POTFLEURY, OCTAVE, puis CADET.

OCTAVE, entrant et hors de lui.

Non!... j'étais chez moi!... mais c'est impossible! je rêve!... (Apercevant Potfleury.) Ah! mon père!... parlez! qu'est-ce que cela signifie?

POTFLEURY, à part.

Il en fera une maladie. (Haut.) Ça va bien? Tu as fait un bon voyage?

OCTAVE.

Il ne s'agit pas de moi! mais ces meubles... ces bronzes... ces soieries...

POTFLEURY.

C'est une surprise?

OCTAVE.

Une surprise!

POTFLEURY.

Oui... madame de Boisrosé... ta belle-mère... a pensé que dans ta position...

OCTAVE.

Madame de Boisrosé? (A part.) Ah! c'est elle! Un cadeau de ma belle-mère! (S'épanouissant.) C'est bien différent! (Haut.) C'est très-gentil ici, très-gentil!

POTFLEURY, à part.

Tiens, il prend bien la chose! (Haut.) Ainsi, tu m'approuves? C'est moi qui ai ordonné tout ça.

OCTAVE.

C'est très-bien!... très-convenable!... vous n'avez pas fait de folies... mais c'est convenable!

POTFLEURY, à part.

Qu'est-ce qu'il dit donc? (Haut, lui montrant le portrait.) Tu vois... j'ai pensé à toi... je t'ai fait encadrer.

OCTAVE.

Tiens! c'est vrai!

POTFLEURY.

C'est bien mieux, n'est-ce pas?

OCTAVE.

Oui, mais je trouve la bordure un peu simple.... ça manque d'or!

POTFLEURY, à part.

Ah çà! on me l'a changé en route!... Je crois que le moment est bon pour lui remettre les notes.

CADET, entrant.

Monsieur... madame et mademoiselle de Boisrosé viennent d'arriver.

OCTAVE.

Faites entrer cette chère belle-mère.

POTFLEURY.

Je vais les recevoir.

Il sort

OCTAVE, apercevant la livrée de Cadet.

Tiens! toi aussi? Tu es superbe! tu as l'air d'un lingot!

ACTE TROISIÈME.

CADET, tremblant.

Ce n'est pas ma faute, monsieur. (Montrant son habit.) On me l'a mis de force!

OCTAVE.

Ça fait très-bien! il y a là au moins pour quatre cents francs d'or!

CADET.

Ainsi... monsieur n'est pas fâché?

OCTAVE.

Du tout! (Examinant les galons de l'habit.) C'est de l'or fin!

CADET.

C'est joliment bien établi! et la doublure!... j'en ai pour la vie!

OCTAVE.

Comment! tu en as... Dis donc, tu sais qu'en quittant la maison... on laisse la livrée! (Cadet sort. — A part.) Dame! on aurait besoin d'argent... on ferait fondre Cadet! on le porterait à la Monnaie.

SCÈNE VII.

OCTAVE, POTFLEURY, MADAME DE BOISROSÉ, MIRANDA

Les deux dames entrent, introduites par Potfleury.

OCTAVE, allant au-devant d'elles.

Arrivez donc, chère belle-mère, que je vous remercie!

MADAME DE BOISROSÉ.

Mon gendre, nous venons de recevoir votre invitation.

OCTAVE.

Hein? (Bas, à Potfleury.) De quelle invitation parle-t-elle?

POTFLEURY.

Une invitation à dîner! Ne t'en mêle pas! c'est commandé!

OCTAVE, inquiet, à part.

C'est commandé!

MIRANDA, à Octave.

Enfin, monsieur, nous direz-vous d'où vous venez... après une absence de huit jours?

OCTAVE.

Je viens... je viens de Lyon.

MADAME DE BOISROSÉ.

De Lyon?

OCTAVE.

J'y étais allé tout exprès pour choisir des soieries pour la corbeille.

MADAME DE BOISROSÉ.

Ah! voilà un mari modèle!

POTFLEURY, à part.

Quel toupet!

OCTAVE.

Mais comme je n'ai rien trouvé de bien... alors je n'ai rien acheté.

POTFLEURY, à part.

Très-fort! très-fort!

MADAME DE BOISROSÉ, examinant le meuble.

En vérité, c'est charmant, ici; c'est d'une élégance, d'une richesse...

ACTE TROISIÈME.

OCTAVE.

Pas mal!... pas mal!...

Il remonte.

POTFLEURY, à part.

Mais qu'est-ce qu'il a?...

Il remonte.

MADAME DE BOISROSÉ, redescendant.

Le goût le plus pur a présidé au choix de cet ameublement.

OCTAVE, à part.

Elle ne se donne pas de coups de patte, la maman!

POTFLEURY.

Tel que cela est, cela coûtera bon!...

MADAME DE BOISROSÉ.

Ne parlons pas de ça.

OCTAVE.

Non, ne parlons pas de ça; pourquoi parlez-vous de ça?

POTFLEURY, à part.

Décidément je vais lui remettre les notes!

Il tire des liasses de toutes ses poches.

MIRANDA.

On sera très-bien ici pour faire de la musique : on n'entend pas les voitures...

MADAME DE BOISROSÉ.

Mais je ne vois pas le piano.

MIRANDA.

Est-ce qu'il n'y en a pas?

POTFLEURY.

Par exemple! un d'Érard...

OCTAVE.

A la bonne heure!

POTFLEURY.

Ça coûte trois mille francs!

MADAME DE BOISROSÉ.

Ne parlez donc pas de ça!

OCTAVE.

Ne parlez donc pas de ça! Est-il intéressé, papa!

POTFLEURY, à Miranda.

Il est là!... dans le petit salon... Si vous voulez me permettre de vous y conduire? (Remettant les mémoires à Octave.) Tiens, examine ça!

OCTAVE.

Qu'est-ce que c'est?

POTFLEURY.

Ce sont les notes!

Il entre à droite avec Miranda.

SCÈNE VIII.

OCTAVE, MADAME DE BOISROSÉ.

OCTAVE, à part.

Les notes! pour quoi faire? Ah! sans doute pour les vérifier? (Les parcourant.) Oh! oh! c'est un peu salé! Enfin! (Il les donne à madame de Boisrosé, qui est assise à gauche.) Chère belle-mère.. voilà.

MADAME DE BOISROSÉ.

Hein!... qu'est-ce que c'est que ça?

ACTE TROISIÈME.

OCTAVE.

Les notes!

MADAME DE BOISROSÉ.

Ah!... sans doute pour les vérifier... Voyons... (Additionnant.) Huit et quatre font douze et sept dix-neuf... et huit vingt-sept... et quatorze quarante et un... Quarante et un mille francs!... (Se levant.) C'est parfaitement juste!... le compte y est! (Les lui remettant.) Voilà!...

OCTAVE, à part, très-étonné.

Comment, voilà? Ah çà! est-ce qu'elle voudrait me les faire payer? (Haut.) Pardon, belle-mère...

MADAME DE BOISROSÉ, tirant tout à coup son mouchoir, et sanglotant.

Ah! mon gendre! nous sommes seuls... laissez-moi pleurer.

OCTAVE.

C'est que je voulais vous demander...

MADAME DE BOISROSÉ.

Dans huit jours, je n'aurai plus de fille! je n'aurai plus d'enfant!

OCTAVE.

Oui, mais les notes?...

MADAME DE BOISROSÉ.

Seule!... toujours seule!... Voyez-vous, Octave, je suis d'une nature expansive, moi!... il me faut une société.

OCTAVE.

Vous viendrez habiter avec nous... Quant à la dépense.. nous nous arrangerons... (A part.) Elle payera tout.

MADAME DE BOISROSÉ.

Non! je vous gênerais! (Baissant les yeux.) Tenez, Octave,

cette nuit, j'ai fait un rêve singulier... Vous allez me trouver bien enfant de vous raconter cela!

OCTAVE

Non... mais les...

MADAME DE BOISROSÉ.

J'étais au bal... j'avais une robe rose!... le rose me va très-bien, on me l'a dit souvent.

OCTAVE.

Oui, mais...

MADAME DE BOISROSÉ.

Près de moi se tenait un homme... jeune encore, très-grand... et membre de plusieurs sociétés savantes... qui ne me quittait pas des yeux... Je rougissais... j'étais toute confuse!...

OCTAVE, à part.

Hein!... Est-ce qu'elle aurait encore des idées?

MADAME DE BOISROSÉ.

Tout à coup, il me prend la taille...

OCTAVE.

Sapristi!

MADAME DE BOISROSÉ.

Nous valsions!

OCTAVE.

Ah!

MADAME DE BOISROSÉ.

Et, tout en valsant, il me serrait... il me disait que j'étais belle, que j'étais majestueuse... il me disait même des choses... que je n'ose pas répéter...

OCTAVE.

Oh! mais, belle-mère...

MADAME DE BOISROSÉ.

Et quand l'orchestre s'arrêta... (Très-émue.) quand l'orchestre s'arrêta...

OCTAVE.

Eh bien?

MADAME DE BOISROSÉ.

Nous montions en fiacre pour la mairie...

OCTAVE.

Fichtre!

MADAME DE BOISROSÉ.

Ce n'est qu'un rêve! Certainement, je ne songe pas à me remarier... mais enfin... si cela arrivait!..

OCTAVE.

Permettez! permettez!

MADAME DE BOISROSÉ, avec véhémence.

Ah! voyez-vous, Octave... je ne pourrai jamais vivre seule!... jamais! jamais!...

Elle rentre pour rejoindre sa fille.

SCÈNE IX.

OCTAVE, puis POTFLEURY.

OCTAVE.

Se remarier!... Et mes espérances?... C'est qu'elle a quatre fermes, cette femme... toutes marnées! Elle est capable d'épouser un jeune homme... membre de plusieurs sociétés savantes... qui lui croquera parfaitement ses immeubles. Et les enfants?... Dame! on ne sait pas; le rose lui va encore très-bien... elle l'a dit... Sapristi!... que faire?... Si j'avais là, sous la main, un homme mûr, un homme fini... insensible au rose...

POTFLEURY, paraissant à la porte.

Eh bien, tu ne viens pas?

OCTAVE, illuminé.

Oh! j'ai mon affaire!... Papa!... mon bon père... (Allant vivement à lui.) Écoutez... vous êtes vieux, vous êtes las, vous avez la goutte, il faut faire une fin... c'est très-pressé.

POTFLEURY, étourdi.

Quoi? il faut faire... quoi?

OCTAVE.

Il faut vous marier.

POTFLEURY.

Moi? jamais!

OCTAVE.

Une femme charmante, libre, grasse et riche, qui vous aime!

POTFLEURY.

Ah bah! qui ça?

OCTAVE.

Madame de Boisrosé!

POTFLEURY.

La maman!

OCTAVE.

Votre gaieté lui plaît... elle me parlait de vous à l'instant... elle a fait un rêve... brûlant!... dont vous êtes le héros!... Vous consentez? Je vais faire la demande.

POTFLEURY, courant après lui.

Ah! mais, un instant! tu parles!... tu m'étourdis!...

ACTE TROISIÈME.

OCTAVE.

Quatre fermes! quatre fermes... marnées!

POTFLEURY.

Oui, mais avec les fermes... il y a une femme, et je ne suis pas amoureux, sacrebleu!

OCTAVE.

Vous le deviendrez! il le faut! vous aurez là une compagne, douce, expansive... qui vous dorlotera... qui recopiera vos cahiers de chansons!

POTFLEURY.

Tu crois?

OCTAVE.

Et puis elle est encore très-bien, cette femme-là!... Il faut la voir en rose!

POTFLEURY.

Eh! eh! c'est vrai... qu'elle a de l'œil! en rose... Et puis...

OCTAVE.

Et des bras! quels bras!

POTFLEURY.

Oui, je les ai remarqués l'autre jour à son bal... Tu as raison, le rose lui va... elle est superbe en rose... Saperlotte! ce serait drôle de faire les deux noces ensemble.

OCTAVE.

Il n'y aurait qu'un repas!

POTFLEURY, riant.

Ah! gueusard! tu me maries par économie!...

OCTAVE, apercevant madame de Boisrosé.

Voilà votre fiancée, papa! soyez brûlant, songez aux quatre fermes...

SCÈNE X.

POTFLEURY, OCTAVE, MADAME DE BOISROSÉ.

MADAME DE BOISROSÉ.

Je vous dérange, messieurs?

OCTAVE.

Du tout, belle-maman : nous parlions de vous, mon père, mon pauvre père et moi.

MADAME DE BOISROSÉ, se retournant.

Vraiment?

POTFLEURY, à part.

Elle est encore très-appétissante.

OCTAVE, bas, à Potfleury.

Eh bien, soupirez!

POTFLEURY.

Avec plaisir! (Il soupire.) Heu!

MADAME DE BOISROSÉ, se retournant.

Et que disiez-vous?

OCTAVE.

Mon père, mon pauvre père me racontait un rêve qu'il a fait cette nuit...

MADAME DE BOISROSÉ.

Ah! vous aussi, monsieur?

OCTAVE.

On était au bal... Près d'une corbeille de fleurs... se trouvait une dame... en rose...

ACTE TROISIÈME.

MADAME DE BOISROSÉ, à part.

Ah! mon Dieu!

OCTAVE.

En rose... (Bas, à Potfleury.) Resoupirez!

POTFLEURY.

Avec plaisir! (Soupirant.) Heu!

OCTAVE.

Cette dame était veuve, mais resplendissante de beauté...

POTFLEURY.

Oh oui!

MADAME DE BOISROSÉ.

Monsieur!

OCTAVE.

Mon père, mon pauvre père, membre de plusieurs sociétés...

MADAME DE BOISROSÉ.

Savantes?

POTFLEURY.

Chantantes!

OCTAVE.

S'approcha d'elle en tremblant... (Prenant la main de madame de Boisrosé.) Il mit sa main dans sa main.

MADAME DE BOISROSÉ, à part, troublée.

Je ne sais ce que j'éprouve...

OCTAVE.

Il lui dit avec un enthousiasme presque lyrique : « Madame, que vous êtes belle! que vous êtes majestueuse! que vous êtes splendide! que vous êtes... »

POTFLEURY, bas, à Octave.

En voilà assez!... fais la demande!

OCTAVE, bas.

Moi?

POTFLEURY, de même.

Tiens, chacun son tour, j'en ai fait assez pour toi.

OCTAVE, à madame de Boisrosé.

Enfin il osa lui dire (Se jetant à ses genoux.) : « Émilie... je vous aime ! »

MADAME DE BOISROSÉ.

Mon gendre !

POTFLEURY, relevant Octave.

Mais relève-toi donc ! c'est à moi !

OCTAVE.

C'est juste !

POTFLEURY, prenant la place d'Octave aux genoux de madame de Boisrosé.

Émilie, je vous aime ! Vous êtes veuve, je suis veuf, unissons nos deux solitudes.

MADAME DE BOISROSÉ, très-troublée.

Relevez-vous, monsieur Potfleury. Si on vous surprenait !.. un pareil enfantillage !

POTFLEURY.

Non... c'est l'amour, l'amour le plus pur !

MADAME DE BOISROSÉ, se dégageant et remontant.

Laissez-moi ! je ne veux pas... je ne dois pas vous entendre.

POTFLEURY.

Un mot?

MADAME DE BOISROSÉ.

Plus tard ! demain ! (A part.) Dieu ! que je suis émue !

Elle entre à gauche.

OCTAVE, à son père.

Ne la quittez pas!

POTFLEURY

Sois tranquille. Je suis piqué au vif; elle me va, cette femme, elle me va tout à fait!... nom d'un petit bonhomme!

Il entre vivement à gauche.

SCÈNE XI.

OCTAVE, seul.

Ah! ah!... je suis content! j'ai marié papa! (Apercevant la lettre qui est sur la table à gauche.) Tiens, une lettre pour moi!... (Regardant la suscription avec satisfaction.) Ah!... affranchie... De Romorantin!... (Lisant la lettre.) « Monsieur, les terres sur lesquelles vous me demandez des renseignements valent en effet quatre cent mille francs. Elles ont été léguées à madame de Boisrosé par testament; mais ce testament, vicieux dans la forme, est attaqué par des héritiers collatéraux. L'affaire est douteuse... Elle se plaide demain. » (Parlé.) C'est aujourd'hui! (Lisant.) « Je vous enverrai une dépêche dès que le résultat du procès sera connu... » (Se promenant avec agitation.) Diable! diable! diable! mais si elle allait le perdre, son procès... elle serait ruinée!... Et moi qui ai lancé mon père!...

SCÈNE XII.

OCTAVE, POTFLEURY.

POTFLEURY, entrant radieux.

Victoire! j'ai enlevé ça à la baïonnette!

OCTAVE.

Quoi!

POTFLEURY.

La veuve! Elle a dit oui! Elle m'a donné sa main à baiser... et je l'ai embrassée jusqu'au coude!.. Tu avais raison! Elle a des bras olympiens!...

OCTAVE.

Heu! heu!

POTFLEURY.

Olympiens!... je maintiens le mot! Le diable m'emporte je crois que me voilà amoureux!

OCTAVE.

Allons, bien! calmez-vous! voyons, calmez-vous! c'est changé!

POTFLEURY.

Qu'est-ce qui est changé? — Sa rue passe à gauche?

OCTAVE.

Un procès... un testament vicieux... qui peut être cassé

POTFLEURY

Cassé!... Eh bien?

OCTAVE.

Il ne faut pas brusquer la chose... temporisez... temporisez!...

POTFLEURY.

Ah çà! est-ce que tu te moques de moi? tu m'allumes!... tu m'éteins... je ne suis pas un quinquet.

OCTAVE.

Mais si la veuve est ruinée!

POTFLEURY.

Eh bien, après? Je ne l'épouse pas pour son argent,

je l'épouse pour ses bras, pour ses yeux, pour tout ce qu'elle a de bien!

OCTAVE.

Dieu! que vous êtes romanesque! mais je vous empêcherai bien de faire une folie.

Il va au bureau et écrit.

POTFLEURY.

Qu'est-ce que tu griffonnes là?

OCTAVE.

Trois lignes... je vais envoyer Cadet au bureau du télégraphe.

SCÈNE XIII.

Les Mêmes, CHAMPEIN, introduit par CADET.

CADET, annonçant.

M. Champein!...

OCTAVE.

Champein!

POTFLEURY, allant au-devant de Champein.

Eh! bonjour, cher ami, vous avez reçu mon invitation?

CHAMPEIN.

A l'instant... et je l'accepte avec plaisir!...

OCTAVE.

C'est lui!...

CHAMPEIN, apercevant le portrait.

Ah! par exemple!...

OCTAVE, à part.

Oye! oye!

Il retourne vivement sa chaise de façon à tourner complétement le dos.

CHAMPEIN.

Voilà qui est bizarre!

POTFLEURY.

Qu'avez-vous donc, cher ami?

CHAMPEIN.

Par quel singulier hasard avez-vous chez vous cette atroce figure?

OCTAVE, à part.

Oye! oye! oye!...

POTFLEURY.

Ce portrait?... eh bien, mais c'est celui de...

CHAMPEIN.

De Grinchard, parbleu! mon usurier!

POTFLEURY.

De Grinchard, dites-vous?... Grinchard quinze pour cent?

CHAMPEIN, *montrant le portrait.*

Parfaitement!

OCTAVE.

Si je pouvais filer!

POTFLEURY, très-ému.

Ah! je comprends pourquoi Dutillet ne me l'a jamais fait voir!... Je ne connaissais que son papier... j'en ai encore dans ma poche!

OCTAVE, *se levant, et à part, avec la plus grande surprise.*

Hein! papa aussi!... Je travaillais avec papa!!!

CHAMPEIN, apercevant Octave.

Eh! c'est lui!...

POTFLEURY, à Octave.

Petit rogneur d'écus!... petit gratteur de liards!

OCTAVE.

Mon père, mon bon père, je vais vous conter la chose... J'ai pu quelquefois... pour obliger... prêter à six, six et demi...

POTFLEURY.

Va donc toujours!

OCTAVE.

A sept... huit au plus!... mais à quinze pour cent!... ah! fi!... C'est Dutillet!... c'est cette canaille de Dutillet!... Je lui confie mes fonds... naïvement... et voilà l'usage qu'il en fait! Ah! cet homme a bien abusé de ma confiance!

CHAMPEIN, à Octave.

J'en suis persuadé, monsieur... n'en parlons plus!

Il remonte.

OCTAVE.

N'en parlons jamais!...

POTFLEURY, à Champein.

Restez, mon ami, j'ai besoin de vous!... (Indigné, bas à Octave.) Gredin, scélérat, vampire!... je te donne cinq minutes pour rompre avec mademoiselle Boisrosé!... je la marie à un autre.

OCTAVE.

Jamais! Pourquoi?

POTFLEURY.

Tu es mon fils... ça me suffit... je n'ai pas envie que tu deviennes mon gendre!

OCTAVE.

Vous n'y songez pas... c'est impossible !

POTFLEURY, tirant sa montre.

Il est quatre heures cinq... à quatre heures dix... j'éclate !... je raconte l'histoire de Grinchard, avec les noms et prénoms !

OCTAVE.

Saperlotte !

POTFLEURY.

Voici ces dames... sois ingénieux !

SCÈNE XIV.

Les Mêmes, MADAME DE BOISROSÉ, MIRANDA.

MADAME DE BOISROSÉ, entrant, suivie de Miranda.

Grande nouvelle ! une dépêche de Romorantin m'annonce que mon procès est gagné !

OCTAVE.

Gagné ! bravo ! C'est quatre cent mille francs de... Ah ! voilà un bonheur !

POTFLEURY, froidement, regardant à sa montre.

Quatre heures sept !

MADAME DE BOISROSÉ.

Eh bien, qu'est-ce que ça nous fait ?

POTFLEURY.

Ah ! c'est que j'ai une affaire à quatre heures dix... Mon fils sait pourquoi...

ACTE TROISIÈME.

CHAMPEIN, descendant.

Son fils?

MIRANDA.

M. Jules?

OCTAVE, bas.

Oui... mais elle a gagné!

POTFLEURY, bas

Sois d'autant plus ingénieux!

OCTAVE.

Madame....

MADAME DE BOISROSÉ.

Mon ami?

OCTAVE.

Dieu! que j'ai chaud!

POTFLEURY.

Quatre heures huit!

MADAME DE BOISROSÉ.

Qu'est-ce qu'il a donc toujours à nous dire l'heure.

OCTAVE, bas.

Mon bon père!

POTFLEURY.

Quatre heures neuf!

OCTAVE.

Madame... dans ce moment solennel, j'ai un aveu dés agréable à vous faire... vous me croyez un jeune homme sobre, économe, rangé...

MADAME DE BOISROSÉ.

Sans doute...

OCTAVE, hésitant.

Eh bien... (A Potfleury, suppliant.) Mon bon père!..

POTFLEURY.

Quatre heures dix!

OCTAVE, vivement.

Eh bien, je vous ai trompée!

TOUS.

Hein?

OCTAVE.

Je suis un prodigue! un panier percé!

TOUS.

Ah bah!

OCTAVE.

Je fréquente les cabarets, je suis membre du Caveau, j'emprunte à quinze pour cent, et je me déguise en polichinelle.

TOUS, indignés.

Oh!

OCTAVE.

Voilà mon caractère!

POTFLEURY, à part.

Il s'embellit!

Il remonte, Champein se rapproche de lui.

MADAME DE BOISROSÉ.

Ah! c'est très-bien, ce que vous avez fait là. Vous n'aurez pas ma fille... mais c'est très-bien!

MIRANDA.

Bon! me voilà sans mari!

POTFLEURY, lui présentant Champein.

Je vous en ai trouvé un.

MADAME DE BOISROSÉ.

Monsieur Champein?...

POTFLEURY, à Champein.

Mon ami, nous vous attendrons demain à midi!

MADAME DE BOISROSÉ.

Nous causerons.

MIRANDA, effrayée.

Encore?

POTFLEURY.

Je fixerai le jour du contrat... en ma qualité de beau-père... car j'épouse toujours, moi.

OCTAVE, le prenant à part.

Dites donc, papa... c'est une jolie affaire que je vous ai trouvée là!

POTFLEURY.

Tu vas me demander une commission?

OCTAVE.

Oh! non! mais enfin, tôt ou tard... il m'en reviendra bien quelque chose...

POTFLEURY.

A toi?

OCTAVE.

Dame! il est probable que vous n'aurez pas d'autre héritier...

POTFLEURY.

Moi? je suis tellement révolté... que je compte m'en accorder une demi-douzaine!

OCTAVE, à part.

Allons donc!... papa exagère... il n'est pas si révolté que ça.

CHŒUR.

AIR :

Le bonheur, à tout âge,
Est dans le mariage ;
Nous aurons, quand viendra le grand jour
Réunis, la fortune et l'amour.
Vous aurez,
Etc.

FIN DE L'AVARE EN GANTS JAUNES

LA SENSITIVE

COMÉDIE-VAUDEVILLE

EN TROIS ACTES

Représentée pour la première fois, à Paris, sur le théâtre du PALAIS-ROYAL
le 10 mars 1860.

COLLABORATEUR : M. DELACOUR

PERSONNAGES

	ACTEURS qui ont créé les rôles
BOUGNOL.	MM. Hyacinthe.
GAUDIN, son domestique.	Arnal.
ROTHANGER, rentier.	Amant.
CHALANDAR, maréchal des logis.	Luguet.
CLAMPINAIS, idem.	Brasseur.
EDMOND BALISSAN, professeur.	Pérès.
MADAME ROTHANGER.	Mmes Thierret.
LAURE, sa fille.	Deschamps.

Le premier acte, à Paris, chez Bougnol; les deuxième et troisième, à Montgeron, chez Rothanger.

LA SENSITIVE

ACTE PREMIER.

Un salon : porte au fond ; portes latérales ; une fenêtre au fond ; table, chaises, fauteuils, etc.

SCÈNE PREMIÈRE.

BOUGNOL, puis GAUDIN.

Au lever du rideau, Bougnol est debout devant un portrait de vieille femme accroché au mur. Il tient un papier à la main et récite un compliment qu'il apprend par cœur.

BOUGNOL, lisant.

« Laure ! ma chère Laure !... Enfin, nous voilà seuls !.. » C'est un speech que j'apprends pour réciter ce soir à ma fiancée... quand sa maman sera partie... (Montrant le portrait.) Ça, c'est le portrait de ma grand' tante, mais je me persuade que c'est ma fiancée... (Reprenant son compliment. Lisant.) « Ne tremble pas, enfant, je ne veux pas te faire de peine. Un mari n'est pas un maître, c'est un esclave soumis et tendre... Il se jette à genoux... » (Parlé.) Ah !

non, ça, c'est une indication... « Soumis et tendre ! » V'lan ! je me jette à genoux !... (Il fait mine de se jeter à genoux et s'arrête.) Ah ! bigre !... mon pantalon me serre trop. Pourvu qu'il n'aille pas me faire des farces... A « soumis et tendre, » je vais lâcher un peu la boucle...

Il la desserre.

GAUDIN, entrant par la droite, un gros bouquet à la main.

Ce sont les dames de la halle qui viennent féliciter monsieur, à l'occasion de son mariage...

BOUGNOL.

Je n'ai pas le temps !... Donne-leur dix francs et dis-leur qu'elles m'ennuient !

GAUDIN.

Non, monsieur...

Il va placer le bouquet sur la cheminée à gauche.

BOUGNOL.

Comment, non ?...

GAUDIN.

Si vous voulez me le permettre, je ne leur donnerai que cent sous... et une bonne parole !... Il faut savoir prendre les masses.

BOUGNOL.

Fais comme tu voudras...

GAUDIN, sortant.

Ah dame ! tout le monde ne sait pas prendre les masses !...

Il disparaît.

BOUGNOL.

Ça me serre encore... Reprenons mon compliment. « Laure, ma chère Laure !... Enfin, nous voilà seuls !... »

GAUDIN, rentrant avec un autre bouquet.

Monsieur !

BOUGNOL.

Quoi?

GAUDIN.

Ce sont les tambours de la garde nationale qui viennent féliciter monsieur, à l'occasion de son mariage...

BOUGNOL.

Encore?

GAUDIN.

Je leur ai donné quarante sous... et un verre de vin!... Il faut savoir prendre les tambours!... Ah çà! c'est donc bien décidé?... monsieur va se marier?

BOUGNOL.

Voilà une question, par exemple!... Oui, monsieur Gaudin, je me marie... aujourd'hui, à midi!

GAUDIN.

Certainement, il ne m'appartient pas de donner des conseils à monsieur... mais je ne vois pas ça d'un bon œil.

BOUGNOL.

En vérité?

GAUDIN.

Si monsieur savait ce que c'est qu'une femme!

BOUGNOL.

Mais je te prie de croire que je ne suis pas arrivé à trente-quatre ans...

GAUDIN.

C'est nerveux, c'est capricieux... ça commande vingt courses à la minute, ça éreinte les domestiques!...

BOUGNOL.

Ah! je vois ton affaire!...

GAUDIN.

Voyons, monsieur, est-ce que nous ne sommes pas heureux comme ça, tous les deux?

BOUGNOL.

Mais non!

GAUDIN.

Qu'est-ce qui nous manque?... Nous vivons ici comme deux rats dans un fromage... un fromage de quinze mille livres de rente!... Nous nous levons tard... Vous déjeunez à votre café... moi, au mien... Nous dînons en ville... chacun de son côté... car monsieur ne m'a jamais fait l'honneur...

BOUGNOL.

De t'inviter?... Il ne manquerait plus que ça!

GAUDIN.

Je ne vous le demande pas : j'ai ma fierté aussi!... Une bonne femme de ménage vient tous les matins faire l'appartement... brosser vos... nos habits, cirer nos bottes...

BOUGNOL.

Eh bien, et toi?

GAUDIN.

Moi? je descends régulièrement votre bougeoir tous les soirs.

BOUGNOL.

Ce n'est pas fatigant!

GAUDIN.

C'est quatre étages!... D'ailleurs, monsieur sait bien que je ne suis pas entré chez lui pour travailler.

BOUGNOL.

Ça, je m'en rapporte à toi...

GAUDIN.

Je fais partie de l'héritage de votre oncle Corbenic, qui vous a laissé toute sa fortune... Je ne suis pas un domestique, je suis un legs... Article 3 de ses dernières volontés.

BOUGNOL, récitant.

« Je lègue *item* à mon neveu Onésime Bougnol le nommé Gaudin, qui m'a très-mal servi pendant sept ans... »

GAUDIN.

Drôle d'homme!

BOUGNOL, récitant toujours.

« Il est paresseux, égoïste, incapable de dévouement.. »

GAUDIN.

Mais...

BOUGNOL.

« Mais personne ne frictionne mieux que lui les rhumatismes... »

GAUDIN.

C'est vrai!... Je frictionne une demi-heure sans m'arrêter... Il y a des gens arrivés à une très-haute position qui n'en feraient pas autant.

BOUGNOL.

Joli talent de société!

GAUDIN.

Monsieur verra, quand il aura des rhumatismes.

BOUGNOL.

Mais j'espère bien ne pas en avoir!

GAUDIN.

Oh! monsieur, je ne vous donne pas trois ans... Ça vient de famille, ça, voyez-vous!

BOUGNOL.

Allons, c'est bien! (A part.) Il m'ennuie, cet animal-là!

GAUDIN.

Ainsi, monsieur persiste toujours à se marier malgré les rhumatismes... qu'il aura?

BOUGNOL.

Toujours!

GAUDIN.

Je crois que monsieur fera bien de réfléchir!... D'abord, êtes-vous bien sûr d'être né pour le mariage?...

BOUGNOL.

Comment, imbécile?

GAUDIN.

Ah! monsieur, c'est que j'ai eu des renseignements par mademoiselle Pausanias... cette petite marchande de tabac avec laquelle vous passiez de longues heures à choisir des cigares...

BOUGNOL.

Eh bien?

GAUDIN.

Elle prétend que vous êtes d'un caractère inégal... qu'un rien vous trouble, vous émeut... Enfin, que vous avez des vapeurs, des absences dans la conversation...

BOUGNOL.

Moi?

GAUDIN.

On a bien tort de se brouiller avec ces demoiselles-là... Ça les vexe... et alors, elles jasent... elles cancanent...

BOUGNOL.

Je ne comprends pas!... Qu'a-t-elle pu dire?...

ACTE PREMIER.

GAUDIN.

Il paraît qu'un jour... à sa fête... vous lui aviez composé un petit compliment?

BOUGNOL.

Un quatrain... huit vers seulement...

GAUDIN.

Vous vous apprêtiez à les lui débiter... lorsque tout à coup... drelin dindin!... un coup de sonnette!

BOUGNOL.

Très-violent... je m'en souviens.

GAUDIN.

Et cela a suffi pour vous faire perdre la mémoire! Vous avez pâli, vous vous êtes troublé... et vous avez bégayé toute la soirée.

BOUGNOL.

C'est vrai : le moindre bruit, la moindre émotion me trouble; ma langue s'embarrasse, et je bégaye...

GAUDIN.

Ah! vous avez là un défaut bien désagréable dans un ménage! Voulez-vous que je vous dise, monsieur... vous êtes de la nature de la sensitive!

BOUGNOL.

La sensitive?... qu'est-ce que c'est que cela?

GAUDIN.

AIR : *Restez, restez, trompe jolie.*

C'est une plante singulière...
Un rien la trouble et lui fait peur :
Le vent, le soleil, la lumière,
Tout devient objet de frayeur.
Pour ses feuilles et pour sa fleur,

Tremblant toujours d'être captive,
Toujours près de s'évanouir,
C'est une fleur calme et craintive,
Qui fuit dès qu'on veut la cueillir.

(Parlé.) Eh bien, monsieur, les sensitives doivent rester célibataires, et si vous m'en croyez...

BOUGNOL.

Quoi?

GAUDIN.

Vous écrirez à M. Rothanger, votre beau-père, de ne plus compter sur vous.

BOUGNOL.

Est-il bête, cet animal-là!... Mais puisque je l'attends, mon beau-père, avec ma femme et ma fiancée, pour aller à la mairie!

GAUDIN.

Oh! vous n'y êtes pas encore! Le mariage n'est pas fait!

BOUGNOL.

Puisque j'ai revêtu mon pantalon de noce, retenu trois remises et convoqué mon cousin Chalandard... un clerc de notaire qui doit me servir de témoin!

GAUDIN.

Ça ne fait rien... Il faut si peu de chose pour faire craquer un mariage... et c'est quand on s'y attend le moins..

BOUGNOL.

Mais qui? qui pourrait m'empêcher de me marier?

GAUDIN.

La Providence, monsieur!

BOUGNOL.

Eh! tu m'ennuies!

SCÈNE II.

Les Mêmes, CHALANDARD, en costume de spahi.

CHALANDARD, entrant brusquement par le fond.

M. Bougnol, s'il vous plaît?

GAUDIN.

Un militaire!

BOUGNOL.

Je ne me trompe pas... Chalandard'

CHALANDARD.

Mon cousin!

Ils s'embrassent.

BOUGNOL, regardant l'uniforme de Chalandard.

Ah çà! mais, la dernière fois que je t'ai vu... tu étais en clerc de notaire?

CHALANDARD.

J'ai changé d'uniforme... gratter du papier timbré à vingt-cinq ans, c'est embêtant!... Alors, j'ai lâché la chose, et je me suis engagé...

BOUGNOL.

Ah bah!

CHALANDARD, se présentant.

Maréchal des logis au 2e spahis, trois ans de service, deux ans d'Afrique, jamais malade, toujours soif... tel est Chalandard. Fais-moi servir une chope.

BOUGNOL.

Tout de suite... — Gaudin!

CHALANDARD, apercevant Gaudin.

Tiens! c'est ton nègre, ça?

GAUDIN, à part.

Son nègre!

BOUGNOL.

Mon domestique...

CHALANDARD, à Gaudin.

Ici, Domingo!

GAUDIN.

Je m'appelle M. Gaudin...

CHALANDARD.

Pas de manières! Va me chercher sans murmurer une chope-bavière, dans laquelle tu émietteras gracieusement un verre de cognac... C'est pour une poitrine délicate. File!

GAUDIN.

Comme ça... il faut que je descende quatre étages?

CHALANDARD, à Bougnol.

Dis donc, il a l'air feignant?... Après ça, comme tous les nègres!

GAUDIN, à part.

Encore! (S'essuyant le visage avec sa manche.) Je me serai noirci la figure...

CHALANDARD.

Allons, détale!

GAUDIN.

Ne poussez pas, on y va! (A part.) Il me déplaît, cet avaleur de chopes!

Il sort.

ACTE PREMIER.

CHALANDARD.

Ce brave Bougnol!... Je suis content de te revoir... c'est gentil à toi de m'avoir écrit.

BOUGNOL.

Dame! tu es mon seul parent, maintenant.

CHALANDARD.

Comment!... Eh bien, et ta tante Batifol?

BOUGNOL.

Décédée.

CHALANDARD.

Ah! (Philosophiquement.) Fust!... Et notre oncle Corbenie?

BOUGNOL.

Ibidem!

CHALANDARD.

Ah! (Philosophiquement.) Fust!

BOUGNOL, l'imitant.

Fust!... Il a une manière d'oraison funèbre... qui doit venir d'Afrique!

CHALANDARD.

Ah çà! qui épouses-tu?

BOUGNOL.

Mademoiselle Rothanger... la fille d'un riche manufacturier...

CHALANDARD.

Un filateur?

BOUGNOL.

Non... il avait une fabrique de nougats de Marseille à la Villette.

CHALANDARD.

Près Pantin?

BOUGNOL.

Et aujourd'hui, il est retiré à Montgeron... C'est là qu'on fera la noce.

CHALANDARD.

J'espère que la cousine est gentille?

BOUGNOL.

Ravissante!... des yeux... un nez... une bouche!

CHALANDARD.

Enfin, l'équipement complet!

BOUGNOL.

Il appelle cela l'équipement!

CHALANDARD.

Minute! Tu m'as fait la chose de me prendre pour ton témoin... je te dois un cadeau de noce... (Tirant de sa poche un paquet.) Voilà!

BOUGNOL, dépliant le paquet.

Ah! tu es vraiment trop bon! Qu'est-ce que c'est?

CHALANDARD.

Une pipe et une blague à tabac... le tout pincé sur un Autrichien.

BOUGNOL, désappointé.

Ah! merci... mais je ne fume pas.

CHALANDARD.

Tu placeras ça dans ton armoire à glace. Ça parfume le linge!

BOUGNOL.

Tu as donc fait la campagne d'Italie?

CHALANDARD.

Non.... je n'ai pas eu la chance... Ça m'a été rapporté

par un camarade... Clampinais... un fort Alsacien... Ah! sacrebleu!...

BOUGNOL.

Quoi donc?

CHALANDARD.

As-tu une place?

BOUGNOL.

Où ça?

CHALANDARD.

A table... à ta noce, pour un ami ?

BOUGNOL.

Dame! en se serrant un peu.

CHALANDARD

Suffit. (Courant à la fenêtre et criant au dehors.) Ohé!... Clampinais!... ohé!

CLAMPINAIS, en dehors.

Ohou... oup!

CHALANDARD.

Il y a de la place!... tu peux monter!

CLAMPINAIS, en dehors.

Boum!

CHALANDARD, à Bougnol.

C'est Clampinais... celui qui a pincé la blague... je vais te le présenter... c'est un fils de famille!

BOUGNOL.

Volontiers. (A part.) Deux militaires dans une noce... ça fait très-bien!... ça émaille!

SCÈNE III.

Les Mêmes, CLAMPINAIS, puis GAUDIN.

CLAMPINAIS paraît au fond. Costume de cuirassier, petite tenue. Accent légèrement alsacien.

Cré nom de mein Tarteiffle... que je viens de rencontrer dans l'escalier une cuisinière joufflue!

CHALANDARD, sévèrement.

Clampinais, vous êtes dans le sein de ma famille!

CLAMPINAIS.

Mein Gott!

CHALANDARD, le présentant.

Clampinais, maréchal des logis au 4° cuirassiers, cinq ans de service, trois campagnes, deux mois d'Italie, jamais malade, toujours soif!...

CLAMPINAIS, riant.

Tujurs! tujurs!

BOUGNOL.

Monsieur Clampinais, je me marie aujourd'hui... et, si vous voulez me faire l'honneur d'assister à la bénédiction... ainsi qu'au repas de noce...

CLAMPINAIS.

Ya... je havre jamais refusé de casser une groûte avec l'habitant.

BOUGNOL, à part.

Il m'appelle l'habitant!... Il est charmant!... nous lui ferons chanter des tyroliennes au dessert.

ACTE PREMIER.

CLAMPINAIS.

Pardon, excuse... vous n'havriez pas encore une betite blace?

BOUGNOL.

Où ça?... à table?

CLAMPINAIS.

Ya... pour un gamarade... qui était là sous la fenêtre..

CHALANDARD, à part.

Il n'est pas gêné...

BOUGNOL.

Désolé... mais nous sommes un peu limités par l'espace...

CLAMPINAIS.

Suffit! (Il va à la fenêtre et crie au dehors.) Ohé... Manitou!... ohé!

VOIX, au dehors.

Ohou... oup!

CLAMPINAIS, à la fenêtre.

A bas de blace!... rentez-vous au café Moutonnet!...

LA VOIX, au dehors.

Boum!

BOUGNOL, à part.

Je ne peux pourtant pas inviter toute la cavalerie française!... (Gracieusement.) Je le regrette!

GAUDIN, entrant avec une chope sur une assiette. — A Chalandard.

Militaire, voilà votre potion... (A part, apercevant Clampinais.) Ils sont deux à présent!... Ils font des petits!

CHALANDARD.

Donne! et vas-en chercher une autre!

CLAMPINAIS.

Tu pileras dedans un citron avec deux verres de schnap... de la primitive !

GAUDIN.

Comment ! il faut encore que je descende quatre étages ?

BOUGNOL.

Voyons, dépêche-toi !

GAUDIN.

C'est bien pour vous, monsieur ! (A part.) Soldatesque altérée !

Il sort.

CHALANDARD.

En attendant le rafraîchissement, Clampinais... raconte au cousin comme tu as pincé la blague !

BOUGNOL.

Quelle blague ?

CHALANDARD.

Mon cadeau de noce !

BOUGNOL.

Ah ! oui !... sur un Autrichien ! Parlez, militaire !

CLAMPINAIS, frisant sa moustache.

Je suis à la disposition de la société... (Racontant.) Pour lors que nous arrivons à Milan... une ville où que les femmes jettent continuellement des oranges par les fenêtres, bourrent la pipe du troupier, et vous le promènent dedans des carrosses uniquement pour avoir le plaisir de le contempler !... (Confidentiellement à Bougnol.) Je havra un souvenir par là !

BOUGNOL.

Ah ! gaillard !

CLAMPINAIS.

Chut! elle est mariée! (Racontant.) Pour lors le *captaine* nous conduit dans un endroit qu'on appelle sur la carte *Mène-les-agneaux...*

BOUGNOL.

Mène-les-agneaux ? Je n'ai pas piqué ça sur mon plan...

CHALANDARD.

Ah! Melegnano!

CLAMPINAIS.

Possible! dans les cuirassiers, on dit *Mène-les-agneaux!*... Sur ces entrefaites, voilà les *zoulans* qui arrivent...

CHALANDARD.

Les zoulans!... Les houlans!

BOUGNOL, à Clampinais.

L'h est aspiré!... On ne dit pas les z-haricots...

CLAMPINAIS, vexé.

Pourquoi? Moi, je dis les z-haricots... de naissance!...

BOUGNOL.

Ah! vous?... (A part.) Après ça, dans les cuirassiers!...

CLAMPINAIS.

Voilà donc les zoulans qui arrivent...

VOIX, dans la coulisse.

Mon gendre! mon gendre!...

BOUGNOL.

C'est mon beau-père!... ma nouvelle famille qui débarque!...

SCÈNE IV.

Les Mêmes, MONSIEUR et MADAME ROTHANGER.
LAURE; ils portent des paquets et des cartons; GAUDIN.

ENSEMBLE

AIR de M. Mangeant.

Ah! quelle journée!
Tout me dit que cet hyménée
Promet à nos vœux
Un avenir des plus heureux!

ROTHANGER.

Nous arrivons de Montgeron...

MADAME ROTHANGER.

Et, comme nous ne pouvions pas voyager en toilette de noce... nous venons nous habiller chez vous. (A son mari, qui tient deux paquets enveloppés.) Rothanger, prends garde à mon bonnet!

ROTHANGER.

Sois tranquille!

LAURE.

Papa s'est déjà assis sur mon voile...

ROTHANGER.

Ma fille, ça porte bonheur.

BOUGNOL.

Permettez-moi de vous présenter mon cousin Chalandard, maréchal des logis... (Chalandard salue militairement.) et M. Clampinais, également maréchal des logis...

ROTHANGER.

Messieurs... j'aime les braves...

CHALANDARD, à Laure.

Ma cousine, voulez-vous permettre...?

Il l'embrasse.

CLAMPINAIS, à Laure.

Je demanderai à emboîter le pas au gamarade?

Il l'embrasse.

BOUGNOL.

Je demande aussi à emboîter...

MADAME ROTHANGER, l'arrêtant.

Pas vous, mon gendre, c'est trop tôt.

BOUGNOL, à part.

Elle est coriace, la belle-mère !

CHALANDARD, à Clampinais, lui montrant madame Rothanger.

Seconde tournée ?

CLAMPINAIS, bas.

Allons-y.

CHALANDARD.

Belle-maman...

Il l'embrasse.

CLAMPINAIS.

Belle-maman... (Il l'embrasse. — A part.) C'est une rude femme !

MADAME ROTHANGER, à part.

Ils sont fort aimables !... (A Bougnol.) Mon gendre, on vous permet...

BOUGNOL.

Avec plaisir ! (A part, l'embrassant.) Prenons l'absinthe !

GAUDIN, entrant avec une chope sur son assiette.

Voici le second mélange... (A part.) J'ai fourré dedans la moitié du carafon, nous allons voir la grimace qu'il va faire!

CHALANDARD.

Domingo! des grogs pour ces dames

ROTHANGER.

Oh! merci; nous ne prenons jamais rien entre nos repas...

GAUDIN, à Chalandard.

On est sobre, dans le civil!

CLAMPINAIS, après avoir avalé sa chope.

Crédié! Voilà de bonne bière!

GAUDIN, à part.

Il a le gosier doublé en tôle... comme les chaudières à vapeur!...

CHALANDARD.

Puisqu'on ne prend rien, Clampinais, raconte à ces dames comment tu as pincé la blague!

TOUS.

Quoi donc?

CLAMPINAIS, frisant sa moustache.

Je suis à la disposition de la société. (Racontant.) Pour lors que nous arrivons à Milan... une ville où que les femmes jettent continuellement des oranges par les fenêtres...

BOUGNOL, l'interrompant.

Permettez... plus tard... il faut que ces dames s'habillent...

ACTE PREMIER.

MADAME ROTHANGER.

Oui... oui... Nous avons tout juste le temps !...
Elle conduit Laure, qui entre à gauche.

ROTHANGER.

A propos, mon gendre, nous avons reçu ce matin une lettre anonyme qui vous concerne.

GAUDIN, à part.

Nous y voilà...

BOUGNOL.

Anonyme... de qui ?

ROTHANGER.

Des bêtises...

MADAME ROTHANGER.

On vous accuse d'être un trompeur de femmes...

ROTHANGER.

S'adresser, pour les renseignements, à mademoiselle Pausanias.

MADAME ROTHANGER.

Débitante de tabac...

BOUGNOL.

Mais c'est une horreur !

MADAME ROTHANGER.

Aussi, j'en ai fait des papillotes.

GAUDIN, à part.

Le coup est manqué !

CHALANDARD.

C'est trop d'honneur !... Les lettres anonymes, on marche dessus... (*Il marche sur le pied de Gaudin qui pousse un cri.*) Prends donc garde!

GAUDIN, à part.

Le coup est manqué!

MADAME ROTHANGER, à son mari.

Allons nous habiller... Ah! avez-vous envoyé une lettre de faire part à M. Balissan, le professeur de ma fille?..

ROTHANGER.

Oui... Je lui ai donné rendez-vous ici, à la maison mortuaire... nuptiale, nuptiale!...

MADAME ROTHANGER, à Gaudin.

Vous le prierez d'attendre... Dépêchons-nous!

ENSEMBLE

AIR de Mangeant. (Koukuli.)

M. et MADAME ROTHANGER et BOUGNOL.

C'est fini pour jamais!
Entre nous, désormais,
Plus de nuages,
Plus d'orages.
Un instant aujourd'hui,
Le ciel s'est obscurci;
Mais enfin tout est éclairci,
C'est fini.

CHALANDARD et CLAMPINAIS.

C'est fini pour jamais!
Entre vous, désormais,
Plus de nuages,
Plus d'orages.
Un instant, aujourd'hui,
Le ciel s'est obscurci;
Mais enfin tout est éclairci,
C'est fini!

GAUDIN, à part.

Cachons-leur mes projets,

ACTE PREMIER.

Je suis sûr du succès :
Ce mariage,
Je le gage,
Doit se rompre aujourd'hui,
Le ciel s'est éclairci ;
Mais tout n'est pas encore fini,
Pas fini !

Rothanger et Bougnol entrent à droite, et madame Rothanger entre à gauche.

SCÈNE V.

CHALANDARD, CLAMPINAIS, GAUDIN, puis EDMOND BALISSAN.

GAUDIN, à part, sur le devant.

Il faut que je trouve quelque chose de plus fort... c'est très-pressé !

CHALANDARD.

Domingo !... deux absinthes.

CLAMPINAIS.

Et un domino... avec de la chapelure.

GAUDIN.

Nous n'avons pas de dominos... ni de chapelure.

CHALANDARD.

Il y a un café en face !

GAUDIN.

On y va. (A part.) Je crois que j'ai trouvé mon rouage, quelque chose d'infernal !

CLAMPINAIS.

Eh bien ?

GAUDIN.

On y va!

Il sort.

CHALANDARD, assis près d'une table à gauche.

Crédié! qu'il fait chaud!

CLAMPINAIS.

Il fait encore bien plus soif... Y aurait-il de l'incommodité à fumer une pipe?

CHALANDARD.

Qu'il est bête! chez des parents!

CLAMPINAIS.

Alors, passe-moi le tabac.

CHALANDARD.

Voilà!

Ils bourrent leurs pipes, les allument, et chantent.

BALISSAN paraît au fond, il est en habit noir, cravate blanche, gants blancs, front chauve, lunettes d'or, type de prud'homme jeune.

Pardon... M. Bougnol, s'il vous plaît?

CLAMPINAIS, bas.

Sapristi! une cravate blanche!

CHALANDARD, bas.

C'est le notaire!... cache ta pipe! (Haut.) Mon cousin?... il s'habille.

BALISSAN.

Ces messieurs appartiennent à l'armée?

CLAMPINAIS.

Indubitablement...

BALISSAN.

Moi, je fleuris sur une autre branche... (Se présentant.) Edmond Balissan, professeur de la jeune fille...

ACTE PREMIER.

CLAMPINAIS, à part.

C'est le *percepteur* de la petite.

BALISSAN.

Appelé, par la confiance de monsieur son père, à faire éclore les fleurs de cette jeune intelligence et à conduire à maturité parfaite cette heureuse organisation, je l'ai successivement initiée à l'orthographe, à la géographie, à l'astronomie, à la géologie...

CHALANDARD, bas.

Il en sait long! (A Clampinais.) Cache ta pipe!

BALISSAN.

Plus tard, à mesure que la séve pénétrait dans les rameaux de ce délicat arbuste...

CLAMPINAIS, à part.

Il s'exprime comme un pépiniériste!

BALISSAN.

Nous avons abordé le terrain difficile de la cosmographie... promené nos regards sur celui de la cosmogonie... Aujourd'hui, nous labourons à pas lents le champ fécond de la narration française.

CHALANDARD.

La narration!... vous aimez ça?... Clampinais, raconte à monsieur comment tu as pincé la blague.

BALISSAN.

La blague? quelle blague?

CLAMPINAIS, frisant sa moustache.

Je suis à la disposition de la société... Pour lors que nous arrivons à Milan... une ville où que les femmes jettent continuellement des oranges par les fenêtres...

GAUDIN, entrant par le fond.

Tous les dominos sont en main... mais voici la chapelure...

CLAMPINAIS.

Mange-la, imbécile!

CHALANDARD.

Le billard est-il libre?

GAUDIN.

Je le crois. (A part.) Je sors de chez l'écrivain public... on prépare la chose.

CHALANDARD.

Clampinais... je te joue l'absinthe... en liée.

CLAMPINAIS.

Ça va!

CHALANDARD, à Gaudin.

Toi, reste ici, fallacieux!

GAUDIN.

Fallacieux!

CHALANDARD.

Nous allons au café en face... Tu nous siffleras quand la noce sera pour partir!

Il sort par le fond, avec Clampinais.

GAUDIN.

Monsieur, je ne sais pas siffler, entendez-vous? et je ne resterai pas ici!... Je vais chercher la chose!

Il sort.

SCÈNE VI.

BALISSAN, puis LAURE.

BALISSAN, seul, avec passion.

Enfin, je vais la voir, radieuse et pudique, sous sa couronne d'oranger! Tant qu'elle a été mon élève, je l'ai respectée... je me suis contenu jusqu'à mon dernier cachet!... Que j'ai souffert, mon Dieu! Mais, aujourd'hui, elle va se marier, elle entre dans le tourbillon du monde... je ne suis plus son professeur ; je suis un lutteur qui descend dans l'arène, (Montrant sa toilette.) armé de tous ses avantages!

LAURE, entrant en costume de mariée.

Ah! M. Edmond. (Appelant.) Maman! c'est monsieur...

BALISSAN.

Oh! n'appelez pas! ne dérangez pas l'Océan.

LAURE.

L'Océan?...

BALISSAN.

Vénus n'est-elle pas fille de l'onde amère?

LAURE.

Ah! monsieur Balissan!

BALISSAN, à part.

Elle est flattée! (Haut.) Mademoiselle, c'est aujourd'hui la fin de l'année scolaire... jour de la distribution des prix...

Il tire un livre de sa poche.

LAURE.

Un prix, à moi?

BALISSAN, à part.

Quelle fraîcheur! et quelle modestie! (Haut.) Premier prix de fraîcheur... (Se reprenant.) Non! de narration française!... à mademoiselle Laure Rothanger, déjà nommée... Approchez, mon enfant.

LAURE, s'avançant timidement.

Monsieur...

BALISSAN.

Plus près. (Il lui remet son livre et l'embrasse.) Continuez... et vous serez la joie de votre famille...

LAURE, ouvrant le volume.

Poésie de Millevoye.

BALISSAN, comme récitant une leçon.

Millevoye, poëte français, né à Abbeville (Somme), le 24 décembre 1782, fit ses études au collége des Quatre-Nations, et mourut à Paris (Seine) d'une maladie de poitrine...

LAURE.

Oh! le pauvre monsieur!

BALISSAN.

La poitrine, c'est notre partie faible, à nous autres poëtes!...

Il s'efforce de tousser.

LAURE.

Ah! mon Dieu!

BALISSAN, à part.

Ça prend les femmes! ça m'a déjà réussi! (Haut, continuant à réciter.) On cite, de ce poëte, plusieurs morceaux d'un tour heureux et d'un sentiment délicat... notamment *la Chute des feuilles.*

Récitant avec emphase.

ACTE PREMIER.

Triste et mourant à son aurore,
Un jeune malade à pas lents...

Il tousse.

LAURE, à part.

Mon Dieu! comme il est enrhumé!

BALISSAN, à part.

Ça prend les femmes!...

Récitant.

Fatal oracle d'Épidaure,
Tu m'as dit...

Il tousse.

Tu m'as dit...

Il tousse plus fort.

LAURE, pleurant.

Assez! assez! ça me fait trop de peine!

SCÈNE VII.

LES MÊMES, BOUGNOL,
puis M. et MADAME ROTHANGER.

BOUGNOL, entrant, en toilette de marié.

Me voilà! — Tiens! monsieur Balissan!... Hein! cette émotion! Qu'est-ce qu'il y a?

LAURE.

C'est M. Edmond qui me récitait des vers.

BOUGNOL, à part, soupçonneux.

Un jour de noce?... c'est bien drôle!... c'est bien drôle!

ROTHANGER, entrant avec sa femme.

Me voilà prêt!

MADAME ROTHANGER.

Ah! monsieur Balissan!

LAURE.

Oh! maman, si tu savais comme il est enrhumé!

BALISSAN.

Moi?

LAURE.

Oui, tout à l'heure, vous toussiez.

BALISSAN.

C'est une laryngite. (A part.) Elle n'a pas compris!

ROTHANGER.

Mon ami, il faut soigner ça... A table, je vous mettrai à côté de moi... vous ne mangerez rien du tout.

BALISSAN.

Permettez...

MADAME ROTHANGER.

Et, au dessert, vous nous réciterez des vers de votre composition... car je parie que vous avez fait quelque chose?

BALISSAN.

En effet, ce matin, j'ai caressé la muse.

ROTHANGER, dans l'admiration.

Caresser la muse! où va-t-il chercher ça?

BOUGNOL, soupçonneux.

C'est drôle, monsieur ne tousse pas!

ROTHANGER, à Balissan.

Toussez, mon ami, toussez.

TOUS.

Toussez!... toussez!...

ACTE PREMIER.

BALISSAN.

Oui... voilà. (Il tousse. A part.) Ah çà! est-ce qu'ils vont m'obliger à tousser pendant toute la noce?

MADAME ROTHANGER.

Eh bien, partons-nous?

BOUGNOL.

Tout de suite! Et mes témoins, que sont-ils devenus?

BALISSAN.

Les militaires? Ils sont au café, en face.

BOUGNOL, allant à la fenêtre.

Ohé! Chalandard! ohé!

CHALANDARD, en dehors.

Ohou... oup!

BOUGNOL.

On part!

CHALANDARD, en dehors.

Boum!

ROTHANGER, mettant son paletot sur les épaules de Balissan.

Tenez, mettez ça sur votre dos... ça vous tiendra chaud.

BALISSAN.

Merci. (A part.) Fin juillet!

SCÈNE VIII.

Les Mêmes, CHALANDARD, puis GAUDIN.

CHALANDARD, entrant.

Me voilà!

MADAME ROTHANGER.

Eh bien, et l'autre?

CHALANDARD.

Clampinais?... Nous le prendrons en passant... Il vide sa chope.

BOUGNOL.

En route!

Chalandard offre le bras à Laure, Bougnol à madame Rothanger, pendant que Rothanger roule un cache-nez autour du cou de Balissan.

CHŒUR.

AIR de *la Queue de la poêle.*

Allons / Ils vont à la mairie,

Consacrer son/mon bonheur...

Le chœur est interrompu par l'arrivée de Gaudin.

GAUDIN, entrant vivement.

Monsieur! monsieur!

TOUS.

Quoi?

GAUDIN.

C'est une lettre très-pressée! (A part.) C'est la bonne, celle-là.

CHALANDARD.

Tu la liras demain... en route!

GAUDIN.

Demain?... Mais, monsieur, c'est très-pressé!

TOUS.

En route!... en route!

ACTE PREMIER.

BOUGNOL, la mettant dans la poche de son habit.

Au fait, j'ai bien le temps!

GAUDIN.

Mais, monsieur...

CHALANDARD, l'écartant.

Va-t'en au diable!

GAUDIN, à part.

Comment! ils vont se marier... Le coup est manqué!

CHŒUR.

AIR de *la Queue de la poêle.*

CHALANDARD, M. et MADAME ROTHANGER.

Allons à la mairie
Consacrer son bonheur;
Car l'hymen qui le lie
Est le vœu de son cœur!

BOUGNOL et LAURE.

Allons à la mairie
Consacrer mon bonheur;
Cet hymen qui me lie
Est le vœu de mon cœur!

GAUDIN et BALISSAN.

Ils vont à la marie
Consacrer leur bonheur;
Cet hymen, de ma vie
Doit faire le malheur.

Tout le monde sort; Gaudin tombe sur une c

ACTE DEUXIÈME.

A Montgeron, chez M. Rothanger; trois portes au fond, ouvrant sur un jardin; portes latérales, à droite et à gauche; une grande pendule chinoise à cage de bois.

SCÈNE PREMIÈRE.

ROTHANGER, puis CHALANDARD, puis GAUDIN.

CRIS, dans la coulisse.

Bravo! bravo! du champagne!

ROTHANGER, à la cantonade, à gauche.

Vous entendez, du champagne! (Revenant près de la porte, un bouquet et des rubans à la boutonnière.) Attendez! patience! voilà trois heures que nous sommes à table!... Ils vont bien!... mais ce jeune professeur m'inquiète... il est enrhumé et on ne l'entend jamais tousser; c'est une toux interne... Je l'ai empêché de manger; mais tout à l'heure, au dessert, il nous a récité des vers... latins.

CHALANDARD, entrant par la droite.

Eh bien, ce champagne?

Un domestique paraît portant plusieurs bouteilles de champagne.

ROTHANGER.

Le voilà!

Le domestique entre à droite.

ACTE DEUXIÈME.

CHALANDARD.

Vous n'avez toujours pas vu Clampinais?

ROTHANGER.

Non... pas de nouvelles.

CHALANDARD.

C'est incroyable! — Cet animal-là me quitte le matin à la mairie en me disant : « J'ai soif, je vais revenir. » Et il n'a pas reparu! Sa place est restée vide à table...

GAUDIN entrant par le fond, bouquet et rubans à la boutonnière.

Monsieur, qui est-ce qui est chargé de rincer les verres dans cette maison?

CHALANDARD.

Eh bien, et toi?

GAUDIN.

Oh! monsieur! ce n'est pas ma besogne.

ROTHANGER.

Adresse-toi à Joseph... le domestique!...

GAUDIN.

Très-bien!

Fausse sortie.

ROTHANGER, à Gaudin.

Ah! demain, à midi, tu iras frapper à la porte de ton maître.

GAUDIN.

A midi?

CHALANDARD.

Diable!

ROTHANGER.

Moi, monsieur, le jour de mes noces, je ne me suis levé qu'à deux heures.

CHALANDARD.

C'est très-fort!

ROTHANGER.

Mais ma femme était sur pied à huit.

CHALANDARD et GAUDIN

Ah!

ROTHANGER.

En me réveillant, je l'ai trouvée occupée à découdre mon jabot de dentelles pour s'en faire un col. (A Gaudin.) Tu as entendu, à midi!

GAUDIN.

Dame! monsieur... ça n'est pas ma besogne... D'ailleurs, je n'ai pas de montre.

ROTHANGER.

Comment! tu n'as pas de montre?... à ton âge!

GAUDIN.

Non, monsieur... et pourtant ça me serait bien utile pour m'empêcher de me lever trop tôt.

CHALANDARD, à part.

Quel bon nègre!

ROTHANGER.

Eh bien, mon ami, je veux t'en donner une, moi.

GAUDIN.

Vraiment? le rêve de ma vie!

ROTHANGER.

Le jour du baptême... une montre en or, si c'est un garçon, et en argent, si c'est une fille.

GAUDIN.

Ce sera un garçon, soyez tranquille. D'abord, l'œil de monsieur est tourné aux garçons.

ROTHANGER.

En outre, je ne veux pas que tu te fatigues. J'exige que tu ne fasses ici que ce que tu faisais chez ton maître.

GAUDIN.

Ça, je vous le promets... Où met-on le bougeoir de monsieur?

ROTHANGER.

Dans l'office... Pourquoi?

GAUDIN.

Ça me suffit. (A part.) Eh bien, maintenant, je ne suis pas fâché que ce mariage soit fait... Je crois que monsieur est entré là dans une bonne famille, le champagne y est excellent. (Il sort par le fond en appelant.) Joseph! Joseph!

CHALANDARD.

Ah! voici la noce qui sort de table.

SCÈNE II.

ROTHANGER, CHALANDARD, BALISSAN, Invités et Invitées, tous avec des bouquets et des rubans.

ENSEMBLE

AIR de Mangeant.

Partout, ici, la gaîté brille,
Et tous les cœurs sont attendris.
Quel beau jour pour une famille,
Et quel plaisir pour les amis!

BALISSAN, à part, entr'ouvrant son habit de manière à laisser voir une bouteille de bordeaux et une croûte de pâté.

J'ai chipé clandestinement cette bouteille de bordeaux

et ce morceau de pâté... le couvercle... ils n'avaient laissé que ça!

ROTHANGER, à Balissan.

Comment ça va-t-il?

BALISSAN.

Mais, dame...

ROTHANGER.

La diète vous fera du bien.

BALISSAN.

Je le crois.

ROTHANGER.

Il faudra vous coucher de bonne heure... Vous ne verrez pas le feu d'artifice... mais vous l'entendrez.

BALISSAN.

Je vais faire un petit tour au jardin.

ROTHANGER.

Boutonnez-vous bien... et ne vous gênez pas... Toussez, mon ami... toussez!

BALISSAN, à part.

C'est fatigant!... (Haut.) Voilà...

Il sort par le fond, en toussant.

CHALANDARD.

Ah çà!... et les nouveaux mariés, je ne les vois pas!

ROTHANGER.

C'est vrai... Où sont-ils?

SCÈNE III.

LES MÊMES, hors BALISSAN; MADAME ROTHANGER.

MADAME ROTHANGER, entrant par le fond, radieuse.

Chut!... ils sont au fond du jardin, dans le chalet... Je les ai laissés tous deux... sur un banc... à côté l'un de l'autre.

CHALANDARD, à part.

Bigre!... ils ne perdent pas de temps.

MADAME ROTHANGER.

Deux colombes!... deux vraies colombes.

ROTHANGER.

Ils roucoulent!... il ne faut pas les troubler.

MADAME ROTHANGER.

Ah! monsieur Chalandard, je suis bien émue.

CHALANDARD, lui prenant les mains.

Bonne mère, je vous comprends. (A part.) As-tu fini?
La pendule sonne la demie, imitant un coup de tam-tam.

TOUS.

Ah!

CHALANDARD.

Le tocsin!

ROTHANGER.

Non... c'est ma pendule chinoise que j'ai achetée aux commissaires-priseurs.

MADAME ROTHANGER.

Que le bon Dieu vous bénisse!... Avec sa rage de bric-à-brac... il encombre la maison.

ROTHANGER.

Ce n'est pas ma faute... On vendait un lot composé d'une pendule chinoise... et d'une statue d'Apollon... dont la tête était au magasin... le tout pour quarante francs

CHALANDARD.

Ce n'était pas cher.

ROTHANGER.

Je veux faire le malin... je dis quarante et un... Pan! on me l'adjuge.

CHALANDARD.

C'est une bonne affaire.

ROTHANGER.

Non... parce qu'il faut vous dire que la tête d'Apollon était une tête de nègre...

TOUS, riant.

Ah! ah!

ROTHANGER.

Ils m'ont donné le buste de Toussaint Louverture.

CHALANDARD.

C'est un grand homme... dans sa nuance!

UN INVITÉ, voyant Bougnol qui entre par le fond.

Ah! voici le marié!

SCÈNE IV.

LES MÊMES, BOUGNOL. Il a l'air sombre.

ROTHANGER, donnant la main à Bougnol

Mon gendre...

ACTE DEUXIÈME.

MADAME ROTHANGER, courant à lui.

Cher enfant... cher fils! Laissez-moi vous appeler mon fils.

BOUGNOL, froidement.

Allez... allez...

CHALANDARD, à Bougnol.

Ah! ah!... tu viens de folâtrer dans les bosquets?

ROUGNOL.

Oui... après les repas, mon médecin m'a recommandé la promenade.

ROTHANGER.

Qu'avez-vous donc?

MADAME ROTHANGER.

Vous avez l'air préoccupé.

ROUGNOL.

En effet... je ne suis pas...

MADAME ROTHANGER.

Et Laure... où est-elle?

ROUGNOL.

Je l'ai laissée au jardin, dans le chalet.

MADAME ROTHANGER.

Je vais la rejoindre.

ROTHANGER, aux gens de la noce.

Nous, allons prendre le café sur la terrasse.

BOUGNOL, à Chalandard.

Reste, j'ai à te parler.

MADAME ROTHANGER, à Bougnol.

A bientôt, mon fils!...

Elle l'embrasse.

BOUGNOL, à part.

Trop d'absinthe !

REPRISE DE L'ENSEMBLE

Partout, ici, la gaîté brille,
Et tous les cœurs sont attendris ;
Quel beau jour pour une famille,
Et quel plaisir pour les amis !

Tout le monde sort par le fond, excepté Bougnol et Chalandard.

SCÈNE V.

BOUGNOL CHALANDARD.

CHALANDARD.

De quoi s'agit-il ?

BOUGNOL.

C'est que je ne sais comment te dire...

CHALANDARD.

Est-ce que ta femme...?

BOUGNOL.

Un ange, mon ami... un ange !

CHALANDARD.

Eh bien, alors?...

BOUGNOL.

Voici ce qui vient de m'arriver. Tu sais que ce matin au moment de partir pour la mairie, mon domestique m'a remis une lettre...

CHALANDARD.

Que tu as fourrée dans ta poche; après ?

BOUGNOL.

Je n'y pensais plus... et tu as vu... à table, j'ai pas mal mangé... j'ai pas mal bu... j'ai fait mon petit chorus au dessert...

CHALANDARD.

Tu as été charmant... La belle-mère s'est levée trois fois pour t'embrasser.

BOUGNOL.

C'est un tic désagréable, ne parlons pas de ça... Tout à l'heure nous étions seuls, ma petite femme et moi... dans le chalet... au fond du jardin... Laure baissait les yeux... moi, j'étais gai comme un pinson... qui voit arriver le printemps. Nous causons... je lui prends la main.

CHALANDARD.

Passe... passe.

BOUGNOL.

Bref, je me disposais à lui débiter un compliment que j'ai appris pour elle... « Laure, ma chère Laure... enfin nous voilà seuls... » quand tout à coup cette maudite lettre se retrouve sous ma main... Je l'ouvre, et voici ce que je lis...

Il tire la lettre de sa poche.

CHALANDARD.

Voyons.

BOUGNOL.

Non... lis toi-même... ça me fait trop d'effet...

Il lui donne la lettre.

CHALANDARD, lisant.

« Monsieur, vous venez d'obtenir la main de mademoiselle Laure, au moment où j'allais la demander... Je l'aime! il me la faut. » (Parlé.) Oh! oh!

BOUGNOL.

Va toujours.

CHALANDARD, lisant.

« Si, par impossible, vous persistiez à l'épouser, je vous déclare qu'à partir de ce jour je m'attache à vos pas... et que ma vie tout entière sera consacrée à vous faire...

BOUGNOL, vivement.

Passe le mot!

CHALANDARD.

Il était temps... (Riant.) Il était temps.

BOUGNOL.

Passe le mot... Maintenant, lis le post-scriptum.

CHALANDARD, lisant.

« Celle que j'aime s'appelle Laure, permettez-moi de signer Pétrarque. » (Parlé.) Eh bien?

BOUGNOL.

Eh bien, cette lettre m'est tombée sur la tête comme une douche d'eau froide.

CHALANDARD.

Comment?

BOUGNOL.

Je suis d'une sensibilité déplorable... la moindre émotion me trouble... J'ai des spasmes... des vapeurs... ma langue s'embarrasse... Je bredouille... je bégaye!... j'ai bé... bé... gayé!...

CHALANDARD

Bah! Et ta femme, qu'a-t-elle dit?

BOUGNOL.

La pauvre enfant! elle a paru très-étonnée... je laissée en train de lire un petit roman qui se trouva

ACTE DEUXIÈME.

CHALANDARD.

Saperlotte! ça n'est pas drôle.

BOUGNOL

C'est comme ça... Et je me connais... le calme ne reviendra pas que je n'aie découvert cet infâme Pétrarque qui s'acharne à ma poursuite.

CHALANDARD.

Au moins as-tu des soupçons sur quelqu'un?

BOUGNOL.

J'en ai... J'ai remarqué à table une cravate blanche.

GAUDIN, entrant.

Monsieur... qui est-ce qui est chargé d'ôter le couvert dans cette maison?

CHALANDARD.

Eh bien, et toi?

GAUDIN.

Ce n'est pas ma besogne. (A Bougnol.) Monsieur... votre beau-père m'a promis une montre en or si c'est un garçon. et en argent si c'est une fille.

BOUGNOL, brusquement.

Eh! tu m'ennuies.

CHALANDARD.

Voyons, ne t'agace pas... Retourne au jardin... le grand air te calmera.

BOUGNOL.

C'est ça, je vais tâcher de faire parler la cravate blanche. et, si je découvre quelque chose... je lui saute à la gorge et je l'étrangle!

GAUDIN

Monsieur!...

BOUGNOL.

Tu m'ennuies!...

ENSEMBLE

CHALANDARD.

Il te faut, désormais,
Du calme et du silence;
Que de ton existence
Rien ne trouble la paix!

GAUDIN.

Je le vois, désormais,
Malgré cette alliance,
Rien de mon existence
Ne troublera la paix.

BOUGNOL.

Il me faut désormais
Du calme et du silence;
Que de mon existence
Rien ne trouble la paix!

Il sort par le fond.

SCÈNE VI.

CHALANDARD, GAUDIN.

GAUDIN.

Monsieur n'a pas l'air complétement satisfait?

CHALANDARD.

Dame!

GAUDIN.

Je parie que monsieur aura eu ses vapeurs?

ACTE DEUXIÈME

CHALANDARD.

Ah! tu sais?

GAUDIN.

Parfaitement.

CHALANDARD.

Il a reçu une satanée lettre d'un nommé Pétrarque.

GAUDIN.

Comment! c'est pour ça?...

CHALANDARD.

Tu le connais? Où est son café?

GAUDIN.

C'est-à-dire...

CHALANDARD.

Je le cherche pour lui casser les reins.

GAUDIN, vivement.

Je ne le connais pas. (A part.) Comme il y va!

Rires et bruit au dehors.

CHALANDARD.

Qu'est-ce donc?

Il remonte vers le fond.

GAUDIN, sur le devant de la scène, à part.

Ses vapeurs! Eh bien... et ma montre? Ça nous éloigne du baptême!... C'est ma faute, j'ai inventé Pétrarque! Il devient nuisible... il faut le détruire... mais comment? J'ai une idée! Je cours préparer la chose.

Il sort par la droite, bruit et rires au dehors. Rothanger paraît au fond.

SCÈNE VII.

CHALANDARD, CLAMPINAIS, ROTHANGER.

CHALANDARD, à Rothanger.

Qu'y a-t-il donc?

ROTHANGER.

C'est votre ami, M. Clampinais. Arrivez donc.

Clampinais entre.

CHALANDARD.

Ah! te voilà, toi? Eh bien, tu es gentil! je te mènerai dans le monde!

CLAMPINAIS.

Pas ma faute.

CHALANDARD.

Tu nous quittes à la mairie...

CLAMPINAIS.

L'adjoint, il m'embêtait... et puis je havrais soif.

CHALANDARD.

On va boire et on revient.

CLAMPINAIS.

Impossible!... je havre rencontré des Alsaciens.

CHALANDARD.

Ah!

CLAMPINAIS.

Des gens de l'Alsace... au café Moutonnet.. de bons garçons!... comme moi... des cuirassiers... Et pour lors que vous n'auriez pas une petite place?

ACTE DEUXIÈME.

ROTHANGER.

Une place?...

CLAMPINAIS.

Ils être quatre... que je vous demande de vous faire la faveur de vous les présenter.

ROTHANGER.

Vous les avez amenés?

CLAMPINAIS.

Ils sont là, dans le jardin.

CHALANDARD, à part.

Il a amené le café Moutonnet!

CLAMPINAIS.

Qu'ils adorent la danse... même qu'en passant dans le village, nous avons amené aussi le ménétrier du pays.

ROTHANGER, joyeux.

Le ménétrier de Montgeron?

CLAMPINAIS.

Dont au cas que vous n'auriez pas eu d'orchestre.

CHALANDARD, à part.

Voilà qui est fort, par exemple!

ROTHANGER.

C'est charmant... Faites-les entrer!

CLAMPINAIS.

Sufficit! (Appelant.) Ohé! Manitou! ohé!

PLUSIEURS VOIX, dans la coulisse.

Boum!...

Entrée des cuirassiers et des gens de la noce.

SCÈNE VIII.

ROTHANGER, CHALANDARD, CLAMPINAIS, Cuirassiers, Gens de la Noce, LE MÉNÉTRIE

ENSEMBLE

AIR : *Tra la la...* (*Chèvre de Ploermel.*)
Tra la la ! (*bis.*)
Pour faire la noce nous voilà !
On rira,
On boira !
Et chez l'habitant on s'amus'ra !

ROTHANGER, aux cuirassiers qui le saluent.

Messieurs, soyez les bienvenus... j'aime les braves...
Il échange des poignées de main avec les cuirassiers.

CHALANDARD.

Tiens, Manitou !
Il serre la main à un cuirassier.

CLAMPINAIS, à Rothanger.

Pour lors que les gens de l'Alsace aiment naturellemen à se rafraîchir.

ROTHANGER.

Ne craignez rien, ma cave est bien garnie..

CLAMPINAIS.

Sufficit! (Aux cuirassiers.) Les amis, ne perdons point de temps, la main aux dames!

TOUS.

La main aux dames!

CLAMPINAIS, au ménétrier, lui indiquant la table.

Monte ici, toi, perroquet!

On fait monter le ménétrier sur la table.

ROTHANGER.

Le violon sur une table!... Ils sont très-gais... mais il va abîmer mon tapis!

CLAMPINAIS.

En place! (On se place pour un quadrille : Clampinais et Chalandard sur le devant, Rothanger dans un coin du théâtre. L'orchestre joue l'air du *Conscrit de Montrouge*.) Je gônais cet air-là.

Tout en dansant, il se met à chanter.

AIR du *Conscrit de Montrouge*.

Allons cueillir des lauriers,
La salade des troupiers.
   Conscrit, marche au pas,
   Et ne tremble pas...
Tu reverras ta mère.

TOUS LES CUIRASSIERS, chantant en dansant.

Allons cueillir des lauriers,
La salade des troupiers.
   Conscrit, marche au pas,
   Et ne tremble pas,
Tu reverras ta mère.

Au moment où l'en avant deux recommence, Balissan entre par le fond; il est très-gris, tient une bouteille vide à la main, et se jette en chantant dans le quadrille, dont il embrouille la figure.

SCÈNE IX.

Les Mêmes, BALISSAN.

BALISSAN, au milieu des danseurs, chantant et sautant.
Tra la la la la la !

ROTHANGER.

Le professeur qui danse...

LES DANSEURS.

Prenez donc garde !...

CLAMPINAIS.

A la porte !...

On bouscule Balissan, qui vient sur le devant de la scène.

BALISSAN.

Militaire ! ne t'en va pas !... je t'aime ! (Il essaye de danser, et va pour tomber en criant.) Ah ! que je suis malade !...

Le quadrille s'arrête ; tout le monde court à lui : on le soutient.

TOUS.

Hein !... Qu'y a-t-il ?

ROTHANGER.

C'est son rhume !...

BALISSAN.

Mes lunettes !..

Il tombe dans les bras de Rothanger.

ROTHANGER.

Vous les avez..

BALISSAN.

Mes lunettes...

ACTE DEUXIÈME.

ROTHANGER.

C'est singulier... Il n'a bu que de la bourrache, et il sent le vin...

CHALANDARD.

Il faut le coucher! Clampinais! attention au commandement! Une deux! trois!... enlevez!...

Deux cuirassiers, aidés de Chalandard et de Clampinais, le hissent sur leurs épaules.

BALISSAN.

Mes lunettes!..,

L'orchestre reprend l'air du Conscrit de Montrouge; les deux cuirassiers emportent Balissan, pendant que les autres cuirassiers et les gens de la noce sortent en chantant et en dansant.

> Allons cueillir des lauriers,
> La salade des troupiers.
> Conscrit, marche au pas,
> Et ne tremble pas,
> Tu reverras ta mère.

Dès que la scène est vide, madame Rothanger et Laure entrent par la droite, Laure tient un livre à la main.

SCÈNE X.

LAURE, MADAME ROTHANGER, puis BOUGNOL.

MADAME ROTHANGER.

Ma fille... voici la nuit... rentre dans ta chambre...

LAURE.

Oui, maman...

MADAME ROTHANGER.

Laure, l'instant est solennel. (Apercevant le livre.) Qu'est-ce que tu tiens là?

LAURE.

C'est le second volume des *Drames de Paris*... je viens d'achever le premier dans le chalet.

MADAME ROTHANGER, prenant le volume et le plaçant sur la table.

Des romans! un jour de noce!

LAURE.

Mais tu m'as dit qu'une fois mariée, je pourrais en lire...

MADAME ROTHANGER.

Sans doute... mais pas aujourd'hui...

LAURE.

Pourquoi?

MADAME ROTHANGER.

Parce que... Laure, l'instant est solennel!

LAURE.

Tu as quelque chose à me dire?

MADAME ROTHANGER, vivement.

Moi? non!... (Très-émue.) Mais souviens-toi que je suis ta mère... ton père... est ton père!... et tu es notre enfant!

Elle l'embrasse.

LAURE.

Qu'as-tu donc?

MADAME ROTHANGER.

Rien! Rentre dans ta chambre...

LAURE.

Bonsoir, maman!

MADAME ROTHANGER, la conduisant à la porte de gauche.

Bonsoir, ma fille... (L'embrassant.) Ma fille!

Laure entre à gauche.

BOUGNOL, paraît à la porte du fond.

Ah! c'est vous, belle-maman?... Et ma femme?

MADAME ROTHANGER, indiquant la gauche.

Elle est là... Onésime... mon ami... je n'ai rien à vous dire!... Bonsoir! (Éclatant en sanglots.) Bonsoir!

Elle sort vivement.

SCÈNE XI.

BOUGNOL, puis CHALANDARD et CLAMPINAIS, puis GAUDIN.

BOUGNOL.

Elle est émue... moi, de mon côté, je ne suis pas tranquille... cette maudite lettre!...

CHALANDARD, rentrant par la droite avec Clampinais et à la cantonade.

Ça ne sera rien! tâchez de dormir!

CLAMPINAIS.

C'être un homme qu'il va avoir du désagrément cette nuit!

CHALANDARD, apercevant Bougnol.

Ah! te voilà!... Eh bien, et Pétrarque... la cravate blanche?...

BOUGNOL.

J'ai pris mes renseignements... c'est un huissier... l'huissier de Montgeron. (S'exaltant.) Et je ne sais rien! rien! Me voilà entouré d'ombres! de piéges! de mystères!

CHALANDARD.

Voyons! calme-toi!

BOUGNOL.

Non! c'est impossible!

GAUDIN, entrant avec un bougeoir allumé.

Le bougeoir de monsieur... et une lettre très-pressée.

BOUGNOL.

Une lettre?

GAUDIN, à part.

C'est la bonne, celle-là!

BOUGNOL, l'ouvrant.

De lui! de Pétrarque!

CHALANDARD.

Ah! nous voilà bien! s'il en arrive une tous les soirs...

BOUGNOL, lisant.

« Monsieur, je renonce à mon amour. » (Parlé.) Ah bah! (Haut.) « Quand vous recevrez cette lettre, je serai en Amérique... sur les bords du lac de Côme... »

CLAMPINAIS.

Le lac de Côme, c'est en Italie!

GAUDIN.

Ah bah! vous êtes sûr, monsieur?

CLAMPINAIS.

Ya... je havre une connaissance par là!

GAUDIN, à part.

Eh bien, j'ai toujours cru que c'était en Amérique!

CHALANDARD, à Bougnol.

Te voilà tranquille, j'espère!

BOUGNOL.

Tranquille! heureux? joyeux! il est en Amérique! c'est-à-dire... ça ne fait rien! Mes amis, je ne vous retiens pas.

GAUDIN, à Bougnol.

En or. si c'est un garçon!... en argent, si c'est une fille!

BOUGNOL.

Tais-toi, mauvais sujet!

CHALANDARD.

Bonne nuit!

Il remonte.

CLAMPINAIS.

Bonne nuit!

Il remonte.

GAUDIN.

Bonne nuit!

Il remonte.

ENSEMBLE.

AIR de Doche (*C'est l'heure du Berger*).
Retirons-nous sans bruit,
Déjà l'heure s'avance...
C'est l'instant du silence,
A demain... bonne nuit!

BOUGNOL.

Bonne nuit! bonne nuit!

TOUS.

Bonne nuit!... bonne nuit!

Chalandard, Clampinais et Gaudin se retirent sur la pointe des pieds; les portes se referment, la scène est à demi éclairée par le bougeoir.

SCÈNE XII.

BOUGNOL, puis LAURE.

BOUGNOL, seul.

Ah! je me sens bien... ah! mais tout à fait bien! Elle est là... seule... ce demi-jour... ce silence!... (Il va à la porte et cherche à l'ouvrir.) Tiens! la porte est fermée... (Appelant.) Laure!... ma petite Laure! c'est moi! c'est Onésime!... Dormirait-elle?... Je vais la réveiller.

Il chante.

AIR du *Comte Ory*.
Charmante inhumaine,
L'amour me ramène,
Écoutez ma peine,
Reine de beauté.
Le temps fuit et passe,
Et la nuit me glace,
Donnez-moi, par grâce,
L'hospitalité!

La porte s'ouvre.

(Parlé.) La porte s'entr'ouvre... ô bonheur!

REPRISE.

Donnez-moi, par grâce,
L'hospitalité!

Laure paraît en costume de nuit, peignoir et bonnet blanc

LAURE.

Que voulez-vous, monsieur?

BOUGNOL, à part.

Qu'elle est jolie! (L'attirant en scène.) Mais vous voir... ous parler... j'ai tant de choses à vous dire!

ACTE DEUXIÈME.

LAURE, ingénument.

Quoi donc?

BOUGNOL, la faisant asseoir sur le divan.

Mettez-vous là!..... près de moi..... votre main dans la mienne.

LAURE, résistant un peu.

Mais, monsieur!

BOUGNOL, à part.

Voilà le moment de lui réciter mon compliment. (Haut.) « Laure!... ma chère Laure! enfin nous voilà seuls! »

A ce moment, la pendule sonne plusieurs coups avec son bruit de tam-tam.

BOUGNOL.

Hein! cristi! Ah! c'est la pendule... (Voulant reprendre son compliment en bégayant.) Nous... nous... voi... voilà... seu... seuls! nous... nous... (Se levant tout à coup.) Pardon!

Il va à la pendule.

LAURE.

Que faites-vous donc?

BOUGNOL.

J'arrête la pendule.

LAURE.

Papa se fâchera.

BOUGNOL.

Non... je lui dirai pourquoi... (A part.) C'est très-gênant, ces machines-là... Il faut recommencer! (Il se rassied près de sa femme.) Mettez-vous là... près de moi... votre main dans la mienne... (Récitant.) « Laure!... ma chère Laure! enfin nous voilà seuls! Ne tremble pas, enfant!... Je ne veux pas te faire de peine... un mari n'est pas un maître. »

(A ce moment, plusieurs détonations éclatent sous la fenêtre. — Il s'arrête effrayé.) Ah! mon Dieu! (Bégayant.) En... en... entendez-vous?

LAURE.

C'est papa qui tire son feu d'artifice.

BOUGNOL.

Ah! ça m'a fait une peur!... Où en étais-je? (Reprenant en bégayant.) « Un ma... un ma... ma... un mari! »

LAURE.

Ah! voilà que ça le reprend..... comme dans le chalet.

Nouvelle détonation plus forte en dehors.

BOUGNOL, sursautant sur le divan à chaque détonation.

Ah!... oh!... ah!...

LAURE.

Remettez-vous!...

BOUGNOL.

Non! c'est fifi... fifi... fini.

LAURE, désolée.

Ah! mon Dieu!

BOUGNOL.

Faites-moi un verre d'eau su... susu... sucré!

LAURE, courant à la cheminée.

Avec de la fleur d'oranger... tout de suite.

BOUGNOL, s'affaissant sur le divan.

Que le di... que le di... que le diable l'emporte!

LAURE, lui présentant le verre d'eau.

Buvez, mon ami. (Après que Bougnol a un peu bu.) Allez-vous mieux?

ACTE DEUXIÈME.

BOUGNOL.

Bon... bon... bonsoir!

LAURE, le regardant endormi, et allant s'asscoir près de la table à gauche, ouvrant tristement son livre.

Voyons, le deuxième volume.

ACTE TROISIÈME.

Un jardin. Au fond, au milieu, une statue d'Apollon en marbre blanc avec une tête de nègre; à droite, un bosquet; à gauche, un pavillon praticable; chaises, bancs de jardin, une table rustique.

SCÈNE PREMIÈRE.

M. et MADAME ROTHANGER, CLAMPINAIS, CHALANDARD, BALISSAN.

Au lever du rideau, Chalandard et Clampinais jouent aux cartes, à gauche. — Balissan, dans le bosquet, lit un journal. — M. et madame Rothanger sont debout.

ROTHANGER.

Des spasmes... des vapeurs !

CHALANDARD.

C'est désolant !

CLAMPINAIS.

Décourageant !

MADAME ROTHANGER.

Je demande le divorce !..∴

ROTHANGER.

Et cela pour un feu d'artifice !

CLAMPINAIS.

Nom d'une milanaise!

CHALANDARD.

C'est embêtant pour la famille!

BALISSAN, à part.

Moi, je ne lui en veux pas, au mari!

MADAME ROTHANGER, à son mari.

Tenez, ce gendre-là, vous avez été le prendre aux commissaires-priseurs... comme votre Apollon!

Elle montre la statue.

ROTHANGER.

Mon Dieu! que les femmes sont donc nerveuses!... Où est ma fille?

MADAME ROTHANGER

Au jardin... La pauvre enfant achève de lire son second volume... (S'exaltant.) Ça ne peut pas durer comme ça! il faut que vous ayez une explication avec votre gendre!

ROTHANGER.

Mais qu'est-ce que tu veux que je lui dise?

MADAME ROTHANGER.

Vous lui direz... vous lui direz qu'il est un chevalier sans foi et sans honneur!

ROTHANGER.

Non... laisse-moi faire... j'ai mon idée... (A part.) J'ai envie de consulter une somnambule... il y en a une très-bonne à Brunoy... mais il me faudrait une mèche de ses cheveux...

MADAME ROTHANGER.

Voyons votre idée.

BOTHANGER, apercevant Laure, qui vient du jardin un livre
à la main.

Chut! ma fille!...

SCÈNE II.

Les Mêmes, LAURE, chapeau de paille rond, costume élégant

LAURE.

Ah!... bonjour, messieurs.

CLAMPINAIS, CHALANDARD et BALISSAN, saluant.

Madame...

LAURE.

Bonjour, papa.

ROTHANGER, l'embrassant avec effusion.

Ma fille!

MADAME ROTHANGER, de même.

Ma fille!

LAURE.

Qu'avez-vous donc?

MADAME ROTHANGER.

Rien... le plaisir de te voir...

CLAMPINAIS, à part.

Pauvre betite!... elle n'havre pas rencontré les atouts dans son jeu!

LAURE.

Tiens, maman, voici le second volume... c'est bien intéressant... Rocambole vient de se marier... les nouveaux époux se retirent dans leur chambre, et...

ACTE TROISIÈME.

MADAME ROTHANGER.

Et?... et quoi?

LAURE.

La suite au troisième volume. Tu me le donneras ce soir...

MADAME ROTHANGER, à part.

Réduite à lire des romans!... La voilà mariée à un cabinet de lecture!

CHALANDARD, à part.

Je ne l'avais pas regardée, la cousine... elle est ahurissante de beauté!

CLAMPINAIS, à part.

Son betit œil il m'allume malgré moâ-même!

BALISSAN, à part.

Mon Dieu! que je l'aime!

LAURE.

Et votre rhume, monsieur Balissan?

BALISSAN.

Merci, mademoiselle... ça va mieux... j'ai eu cette nuit une crise salutaire.

CLAMPINAIS, à part.

Je le gonnais, son grise!

LAURE.

Maman, viens du côté de la volière... je donnerai à manger à mes tourterelles.

MADAME ROTHANGER, vivement.

Non!... n'allons pas à la volière!

LAURE.

Pourquoi?

MADAME ROTHANGER.

A cause de la rosée... (A Rothanger.) La vue de ses tourterelles... (Haut.) Allons voir ma corbeille de pétunias.

LAURE.

Soit!

MADAME ROTHANGER, à Rothanger.

Les fleurs sont muettes. (Haut.) Venez-vous, Rothanger

ROTHANGER.

Je vous suis... (A part.) Comment me procurer une mèche?... Si je pouvais, par son domestique...

ENSEMBLE

AIR de Mangeant (Valse des *Bâtons dans les roues*).

CLAMPINAIS, CHALANDARD, BALISSAN.

Quels yeux charmants! quelle taille adorable!
Quelle douceur brille dans tous ses traits!
Et le cousin me paraît bien coupable
De négliger de semblables attraits.

MADAME ROTHANGER.

Ah! pour son cœur montrons-nous secourable,
Et de l'amour cachons-lui les secrets,
La tourterelle est éloquente en diable,
Les pétunias sont beaucoup plus discrets.

LAURE.

Le temps pour nous se montre favorable,
L'air du matin est si pur et si frais!
La promenade et son calme adorable
Ont pour mon cœur de séduisants attraits.

ROTHANGER.

Pour son amour montrons-nous secourable,
Et consultons les oracles secrets.
Je vais bientôt, de cet époux coupable,
Connaître enfin les sinistres projets.

M. et madame Rothanger et Laure sortent par le fond.

SCÈNE III.

CHALANDARD, CLAMPINAIS, BALISSAN,
puis **BOUGNOL.**

CHALANDARD, à part.

Ma foi! puisque le cousin fait la bête... j'ai bien envie de soutenir l'honneur de la famille!

CLAMPINAIS, à part.

Il faut la consoler, cette betite!... la gavalerie va donner!

BALISSAN, à part.

Que je l'aime, mon Dieu!

On entend rire dans le pavillon.

TOUS, se retournant.

Hein?

BOUGNOL, sort du pavillon et tient à la main un verre dont il fait fondre le sucre, très-gaiement.

Ah! elle est bonne!... ah! elle est bien bonne!

TOUS.

Le mari!

CHALANDARD, à part.

Il rit!

BOUGNOL, riant.

Il m'arrive quelque chose de bien drôle!... Je voulais me faire un verre d'eau sucrée... le neuvième depuis hier... je cherche la fleur d'oranger... je me trompe... je prends l'eau de Cologne... je verse... et c'est tout blanc!

Il rit beaucoup.

TOUS, riant par complaisance.

Ah! ah!... c'est charmant!

BALISSAN.

C'est une bien bonne histoire!

BOUGNOL, posant son verre sur la table

C'est à mettre dans le journal!

CLAMPINAIS, à Bougnol.

Tenez, je vous aime, vous!... vous êtes une bonne pâte!... et si jamais vous avez besoin d'un ami... (Lui serrant la main.) voilà!... Mais vous avez à causer avec le cousin, je vous laisse. (A part.) La gavalerie va donner.

Il s'esquive.

BOUGNOL, à Chalandard.

Ah!... tu as à causer avec moi?

CHALANDARD.

Moi? non... c'est le professeur.

BALISSAN

Hein?

CHALANDARD.

Mais si jamais tu as besoin d'un ami... (Lui serrant la main.) voilà!... (A part.) Je vais rôder du côté des pétunias.

Il s'esquive.

BOUGNOL, à Balissan.

Vous avez à me parler?

BALISSAN, embarrassé.

Moi?... c'est-à-dire... monsieur, il fait une matinée splendide... splendide! Mais si jamais vous avez besoin d'un ami.. (Lui serrant la main.) voilà!...

Il file.

SCÈNE IV.

BOUGNOL, puis GAUDIN, puis ROTHANGER.

BOUGNOL, seul.

Ce sont de bons jeunes gens!... mais si jamais j'ai besoin d'un ami... (Les imitant.) voilà!...

GAUDIN, entrant avec un plateau.

Monsieur!

BOUGNOL.

Quoi?

GAUDIN.

C'est un biscuit et un verre de madère.

BOUGNOL.

Ah! volontiers.

Il trempe le biscuit dans le madère et mange.

GAUDIN, d'un ton gaillard.

Ah! ah! il paraît que monsieur est en goût?

BOUGNOL.

Oui... ça ne va pas mal.

GAUDIN, s'approchant de Bougnol.

En or, si c'est un garçon!... en argent, si c'est une fille!

BOUGNOL.

Monsieur Gaudin, je n'aime pas les allusions!

Il va s'asseoir dans le bosquet.

ROTHANGER, paraissant derrière le bosquet et appelant Gaudin à demi-voix.

Pst! pst!

GAUDIN, se retournant.

Hein?

ROTHANGER.

Chut! (Bas.) Quarante francs pour toi, si tu parviens à me cueillir une mèche de cheveux sur la tête de ton maître...

GAUDIN, étonné.

Tiens! Voyons les quarante francs?

ROTHANGER.

Non... après... quand j'aurai la mèche.

GAUDIN.

C'est pour un médaillon?

ROTANGER.

Peut-être... Voilà des ciseaux... Je t'attends près du bassin... dépêche-toi.

Il disparaît.

SCÈNE V.

BOUGNOL, GAUDIN.

BOUGNOL, assis, et achevant de boire son madère.

C'est chaud à l'estomac, ça fait du bien.

GAUDIN, à part, approchant les ciseaux des cheveux de son maître.

Couper les cheveux, ce n'est pas ma besogne... mais quarante francs!... (Bougnol porte la main à sa tête et se gratte.) Manqué!

BOUGNOL.

Qu'est-ce que je vais faire aujourd'hui?... J'ai envie de

ACTE TROISIÉME.

pêcher à la ligne. (Se retournant et apercevant Gaudin.) Eh bien, qu'est-ce que tu veux?

GAUDIN.

Monsieur, votre raie est défaite.

BOUGNOL.

Bah! à la campagne!... Va me chercher mes lignes.

GAUDIN.

Oh! un cheveu blanc!

Il approche la main.

BOUGNOL, vivement.

Ne l'ôte pas!... on dit que ça en fait pousser d'autres!...

GAUDIN, à part.

Encore manqué!

BOUGNOL.

Dépêche-toi!... (Se levant.) Moi, je vais amorcer.

GAUDIN, à part.

Il s'en va!... il emporte mes quarante francs! (Haut.) Monsieur!

BOUGNOL.

Quoi?

GAUDIN.

Il y a une chose que je voulais vous demander à l'occasion de votre mariage... ça me rendrait bien heureux...

BOUGNOL.

Quoi?

GAUDIN.

Je n'ose pas... c'est si bête d'être sentimental comme ça!...

BOUGNOL.

Voyons, qu'est-ce que tu veux?

GAUDIN.

Une boucle... une simple boucle...

BOUGNOL.

Une boucle... de quoi?

GAUDIN.

De vos cheveux...

BOUGNOL, étonné.

Hein !

GAUDIN.

Si j'osais vous proposer un échange...

BOUGNOL.

Tu m'ennuies, imbécile ! Est-ce que j'échange des mèches avec mes domestiques ! (Sortant.) Il devient stupide, ma parole d'honneur!

Il disparaît.

SCÈNE VI.

GAUDIN, puis ROTHANGER.

GAUDIN, seul, ses ciseaux à la main.

Quarante francs de perdus!... Ah! que je suis bête!... je vais lui donner de mes cheveux... (Il se coupe une mèche de cheveux.) M. Rothanger n'y regardera pas de si près... Quarante francs de gagnés !

ROTHANGER, entrant.

Eh bien?

GAUDIN, lui remettant la mèche.

Voilà votre affaire.

ROTHANGER, lui remettant quarante francs.

Et voici la tienne.

GAUDIN, rendant les ciseaux.

Voici qui est encore à vous. Quand vous en voudrez... ne vous gênez pas... il en reste...

ROTHANGER.

Merci... (A part.) Je vais envoyer tout de suite à Brunoy consulter la somnambule.

Il sort.

SCÈNE VII.

GAUDIN, LAURE, CHALANDARD, CLAMPINAIS, BALISSAN.

GAUDIN, seul.

Décidément, monsieur est entré là dans une bien bonne famille !

LAURE, entrant, suivie de Chalandard, de Clampinais et de Balissan, qui la courtisent.

Ah ! messieurs ! vous êtes d'une galanterie !... quand cesserez-vous vos compliments ?

CHALANDARD.

Quand vous cesserez d'être jolie !

CLAMPINAIS.

Oh ya !... quand vous cesserez d'être cholie.

CHALANDARD, à part.

Clampinais m'ennuie !

BALISSAN, à Laure.

C'est-à-dire jamais !

CLAMPINAIS, à part.

Le betit, il m'embête!

LAURE, à Gaudin.

Mon ami, mon mari vous demande... pour ses lignes

GAUDIN.

J'y cours... (A part.) On dirait qu'ils font de l'œil à m̄ dame! (Bas, à Laure.) Ne pas jouer avec messieurs les mi̅taires!

LAURE.

Plaît-il?

GAUDIN.

Je vais chercher les lignes...

Il sort.

LAURE, le rappelant.

Ah! mon Dieu!... Gaudin!

TOUS.

Quoi donc?

LAURE.

J'ai oublié mon ombrelle dans le kiosque.

BALISSAN.

Je vole...

CLAMPINAIS, l'arrêtant.

Bougez pas, toi! (A Laure, gracieusement.) J'y vais moi-même dans le kiosque!... moâ-même!

Il entre dans le pavillon.

CHALANDARD, à part.

Décidément, Clampinais fait la roue!

LAURE, s'asseyant.

Ce bosquet est charmant pour travailler... Je regrette de ne pas avoir apporté ma tapisserie...

BALISSAN, vivement.

J'ai cru l'apercevoir sur un banc... près de l'orangerie...

LAURE.

Oh! ne vous dérangez pas!

BALISSAN.

Par exemple! j'y cours, belle dame, j'y cours!

Il sort vivement par la gauche.

SCÈNE VIII.

LAURE, CHALANDARD, puis ROTHANGER.

CHALANDARD, à part.

Les voilà partis! (Il pose ses gants sur le banc et s'approche de Laure.) Laure! ma chère Laure! enfin nous voilà seuls!

LAURE.

Tiens! la phrase de mon mari!...

CHALANDARD.

Comment!... alors j'en change... Ma cousine... ma chère cousine...

LAURE.

Oh! mais vous me serrez trop la main.

CHALANDARD.

C'est que je vous aime bien, moi!... et qui aime bien, serre bien!

LAURE.

Moi aussi, j'ai beaucoup d'amitié pour vous... mais je ne vous casse pas les doigts pour cela...

CHALANDARD.

Oh! ne vous gênez pas!... Si vous m'aimez un peu... prouvez-le moi?

LAURE.

Comment?

CHALANDARD.

En me donnant cette fleur qui s'épanouit à votre corsage...

LAURE.

Mon bouquet de violettes?... par exemple!

CHALANDARD.

Je vous en prie. (Tombant à genoux.) Je vous le demande à genoux... à deux genoux!

ROTHANGER, les surprenant.

Hein!... que vois-je?

LAURE, poussant un cri.

Ah!

Elle se sauve.

CHALANDARD.

Oh!... (A part.) Le papa!

SCÈNE IX.

CHALANDARD, ROTHANGER.

ROTHANGER.

Monsieur, c'est indigne!

CHALANDARD, à part, et toujours à genoux.

M'a-t-il vu?

ACTE TROISIÈME.

ROTHANGER.

Relevez-vous donc!... mais relevez-vous donc!
Il prend les gants que Chalandard a posés sur le banc.

CHALANDARD, à part.

Comment me tirer de là?

ROTHANGER.

Trahir ainsi l'amitié!... violer le sanctuaire de la famille!... un spahi!

CHALANDARD.

Monsieur Rothanger, vous êtes un honnête homme... un homme intelligent!... écoutez-moi.

ROTHANGER.

Mais...

CHALANDARD, mystérieusement.

Chut!

ROTHANGER.

Quoi?

CHALANDARD.

Mes intentions sont pures.

ROTHANGER.

Comment! quand je vous trouve aux pieds de ma fille!

CHALANDARD.

Eh bien, vous ne comprenez pas?... c'est une ruse, un sacrifice à l'amitié!

ROTHANGER.

Comment?...

CHALANDARD.

Le cousin s'écoute trop... il ne pense qu'à sa santé... il faut le rendre jaloux... lui montrer que sa femme est jolie, puisqu'il ne veut pas le voir!... C'est de l'hygiène!

ROTHANGER.

Ah! je comprends!... vous voulez l'animer... le piquer!

CHALANDARD.

C'est ça!

ROTHANGER.

Et alors, vous vous dévouez...

CHALANDARD.

Comme vous dites, je me dévoue! (A part.) Il a de bons mots.

ROTHANGER.

Je disais aussi... un spahi... c'est impossible!... Monsieur Chalandard, vous êtes un bon jeune homme! Continuez...

CHALANDARD.

Je ne sais si je dois... vous m'avez blessé!

ROTHANGER.

Mon ami!...

CHALANDARD.

Vous le voulez?... (A part.) Joyeux petit crétin!

ROTHANGER.

Je vais rejoindre Bougnol... et lui mettre un peu la puce à l'oreille.

CHALANDARD.

Oh! c'est inutile!

ROTHANGER, sortant.

C'est de l'hygiène... c'est de l'hygiène...

SCÈNE X.

CHALANDARD, CLAMPINAIS, BALISSAN.

CHALANDARD, seul.

C'est commode! j'ai l'autorisation du papa

CLAMPINAIS, entrant vivement.

Voici votre ombrelle!

BALISSAN, de même.

Voilà votre tapisserie!

CLAMPINAIS.

Partie?

CHALANDARD.

Oui... A nous trois, mes gaillards!... Ah çà! nous faisons donc la cour à la cousine?

CLAMPINAIS.

Moi?

BALISSAN.

Par exemple!

CHALANDARD.

Ne vous en défendez pas... moi aussi!

BALISSAN.

Tiens!

CLAMPINAIS.

Alors que nous sommes trois!

BALISSAN.

Comme les Grâces!

CHALANDARD.

Il est évident que nous allons nous gêner, nous donner des coups de coude, et nous marcher sur les pieds.

CLAMPINAIS.

Je havre une idée!...

BALISSAN.

Laquelle?

CLAMPINAIS.

C'est de dégringoler le betit professeur dans la pièce d'eau... ça fera un de moins!...

BALISSAN.

Dites donc, militaire!

CHALANDARD.

Non! pas de violence!... Je propose de nous en rapporter au sort...

BALISSAN.

J'aime mieux ça.

CHALANDARD.

Les deux autres céderont la place au gagnant...

CLAMPINAIS.

Allons! jouons ça au bec!

CHALANDARD.

Non! ça serait trop long.

BALISSAN.

A la courte paille?

CHALANDARD.

Ça va! (Ramassant une paille et la disposant.) Un instant!... ne regardez pas!... Fait! ah! fait! (A Balissan.) Honneur au professeur!

BALISSAN, à part.

Je suis ému?

    Tirant une paille, avec joie.

CHALANDARD.

La plus petite!

BALISSAN.

La plus petite? J'ai gagné!

CHALANDARD, à part.

Bigre!

CLAMPINAIS.

Tunder-Weld! De quoi, la plus petite?... A la courte paille, c'est la plus longue qui gagne...

BALISSAN.

J'ai toujours vu que la plus petite...

CHALANDARD.

Dans l'infanterie!... pas dans la cavalerie!

CLAMPINAIS.

Jamais dans la gavalerie!... Allons! furth! furth!

BALISSAN, à part, avec mépris.

Ah! des militaires!

CHALANDARD, à Clampinais.

A nous deux, camarade.

CLAMPINAIS, avant de tirer la paille.

Et que nous serons toujours amis, quand même?

CHALANDARD.

C'est convenu!

CLAMPINAIS, tirant une paille.

Oh! mein Gott!... je havre la plus longue!... je havre gagné!

CHALANDARD, à part.

Ça m'est égal, j'ai l'autorisation du papa!

BALISSAN, à part.

Je compte agir avec la plus insigne mauvaise foi!

CLAMPINAIS.

J'aperçois la betite... Demi-tour à gauche! et filez!

CHALANDARD

Bonne chance!

BALISSAN.

Bonne chance!

ENSEMBLE

AIR de *Paris qui dort* (finale).

CHALANDARD et BALISSAN, à part.

Cédons sans résistance
La place à son amour,
Mais, j'en ai l'espérance,
Plus tard viendra mon tour.

CLAMPINAIS.

Cédez sans résistance
La place à mon amour,
Je suis certain d'avance
Du succès en ce jour.

Chalandard et Balissan s'éloignent par le fond, Laura rentre par le bosquet.

SCÈNE XI.

LAURE, CLAMPINAIS, puis GAUDIN.

LAURE, entrant.

Tiens! mon cousin n'est plus là?

ACTE TROISIÈME.

CLAMPINAIS, à part.

La voici! la gavalerie va donner. (Haut.) Pour lors que voilà votre ombrelle...

LAURE.

Merci, monsieur Clampinais... (Ouvrant son ombrelle.) Le soleil est brûlant aujourd'hui...

CLAMPINAIS, avec galanterie.

Que les rayons les plus ardents ne sont pas ceux du soleil... mais ceux de vos regards.

LAURE, étonnée.

Hein?... Vous dites?

CLAMPINAIS.

Je dis que la femme de mon golonel... une femme de cinq pieds huit pouces... qui est pourtant en garnison à Beaucaire... n'est que de la gnognotte auprès de vous!

LAURE, riant.

Ah! par exemple! voilà une comparaison!

Elle rit.

CLAMPINAIS, à part.

Elle est *émute!* elle est *émute!* (Haut.) Je dis que le mortel dont auquel vous ferez don de cette fleur...

LAURE.

Mon bouquet de violettes!...

CLAMPINAIS.

Sera le plus insensé des cuirassiers!

Il tombe à ses genoux en déposant son casque à terre.

LAURE, interdite.

Monsieur Clampinais!

GAUDIN, entrant, et les surprenant.

Ah bah!

LAURE.

Oh!

CLAMPINAIS.

Ah! (Se relevant.) Animal!... on sonne avant d'entrer!

GAUDIN.

Ah! je trouve ça joli!... On a oublié de poser des sonnettes dans les lilas!

CLAMPINAIS.

Alors, on tousse! on se mouche, brute! (S'en allant.) Pécore! propre à rien!

Il disparaît.

GAUDIN.

Brute vous-même! entendez-vous? Tiens! il oublie son képi!

Il le ramasse.

LAURE.

Gaudin, n'allez pas croire...

GAUDIN.

Ne pas jouer avec messieurs les militaires!... (Appelant en sortant.) Votre képi! votre képi!

Il disparaît.

SCÈNE XII.

LAURE, puis BALISSAN, puis BOUGNOL.

LAURE, seule.

Comprend-on ce M. Clampinais!...

BALISSAN, entre par le bosquet, une tapisserie à la main, à part.

Elle est seule!... les dieux sont pour moi!...

Il tousse.

ACTE TROISIÈME.

LAURE.

Ah! c'est monsieur Edmond!

BALISSAN.

Vous m'avez reconnu?

LAURE.

A votre rhume...

BALISSAN.

Voici votre tapisserie... Je me suis permis d'y ajouter quelques points...

LAURE.

Comment! vous faites de la tapisserie?...

BALISSAN.

Hercule filait aux pieds d'Omphale... Edmond peut faire de la tapisserie aux genoux de Laure!

LAURE.

Vous êtes galant, pour un professeur.

BALISSAN.

Un professeur a le droit d'aimer... le soir, après ses leçons...

LAURE.

Vous aimez?

BALISSAN, avec explosion.

Comme un damné!...

LAURE.

Ah! mon Dieu!...

BALISSAN.

Tel on voit un torrent déchaîné, mugissant et bondissant dans la prairie... il emporte tout dans sa course rapide, les moissons... espoir du laboureur, les arbres, les ponts, les vaches, les moutons...

LAURE.

Mais, monsieur...

BALISSAN.

Eh bien, ce torrent, c'est moi!... Balissan! professeur de natat... (Se reprenant.) de narration pour dames!... et celle que j'aime, celle que j'idolâtre, c'est vous!

LAURE, étonnée.

Encore un!

BOUGNOL, entrant et appelant.

Gaudin!... (Apercevant Balissan à genoux.) Ah!

LAURE.

Oh!

Elle se sauve à gauche.

BALISSAN.

Le mari!..

Il se relève et laisse tomber ses lunettes.

BOUGNOL.

Polisson!...

BALISSAN, filant.

Pardon... quelques lettres à écrire!...

Il disparaît.

SCÈNE XIII.

BOUGNOL, puis ROTHANGER et GAUDIN.

BOUGNOL, ramassant les lunettes.

Ses lunettes!... Je n'en ai pas besoin pour voir clair

dans ma situation... Mais c'est une preuve!... je vais tout simplement le faire flanquer à la porte!...

ROTHANGER, entrant par le fond.

Mon gendre, je vous cherchais...

BOUGNOL.

Moi aussi!... Il se passe des choses étranges dans votre immeuble...

GAUDIN, entrant par la gauche avec une ligne.

Monsieur, voici votre ligne.

BOUGNOL.

C'est bien!... plus tard!... (A Rothanger.) On fait la cour à ma femme : je viens de ramasser un homme à ses genoux!

ROTHANGER.

Oui... je l'ai vu aussi... c'est Chalandard!

BOUGNOL

Non... c'est Balissan...

GAUDIN.

Pardon, si je m'immisce... c'est Clampinais!...

BOUGNOL.

Qu'est-ce que vous me chantez?... Je l'ai vu!... c'est Balissan!...

ROTHANGER.

C'est Chalandard!

GAUDIN.

C'est Clampinais!

BOUGNOL.

Balissan!

ROTHANGER.

Chalandard!

GAUDIN.

Clampinais

BOUGNOL.

Balissan!... Mais puisque j'ai ramassé ses lunettes!...

ROTHANGER.

Moi, ses gants!...

GAUDIN.

Moi, son képi!

BOUGNOL, prenant les trois objets.

Trois!... ils sont trois!... brelan!...

ROTHANGER, à part.

Il paraît qu'ils se sont dévoués tous les trois!

BOUGNOL.

Beau-père, j'espère que vous allez me les flanquer tous à la porte!

ROTHANGER, à part.

Il est piqué!... (Haut.) Nous verrons ça... plus tard!

BOUGNOL.

Comment, plus tard?... il sera trop tard!

GAUDIN, froidement.

Monsieur, votre ligne est prête...

BOUGNOL.

Tu m'ennuies!... je ne pêche pas!... Va-t'en!... j'ai à causer avec le beau-père...

GAUDIN.

Je m'en vais... (A part.) Il est contrarié.

BOUGNOL.

Veux-tu t'en aller!..

ROTHANGER.

Je vais à la cave... j'ai du vin à coller !...

Il disparaît.

SCÈNE XIV.

BOUGNOL, puis MADAME ROTHANGER, LAURE.

BOUGNOL.

Et maintenant, beau-père, à nous deux !... Eh bien, où est-il donc passé ? (Apercevant madame Rothanger et Laure qui entrent.) Ah ! la belle-mère !... — Madame, je suis enchanté de vous rencontrer avec votre fille...

MADAME ROTHANGER, sèchement.

Nous ne vous cherchions pas, monsieur...

BOUGNOL.

Trop bonne !... Mais je vous cherchais, moi... pour vous complimenter sur la manière dont vous avez élevé mademoiselle.

LAURE.

Moi ?

MADAME ROTHANGER.

Que voulez-vous dire ?

BOUGNOL.

Je la trouve un peu fantaisiste pour son âge...

MADAME ROTHANGER.

Qu'avez-vous à lui reprocher ?

BOUGNOL.

Je lui reproche trois messieurs qu'on vient de cueillir à ses pieds...

LAURE.

Permettez...

MADAME ROTHANGER, à sa fille.

Ne réponds pas! (A Bougnol.) Vous mentez!

BOUGNOL.

Mais j'ai vu...

MADAME ROTHANGER.

Et quand cela serait?...

BOUGNOL.

Vous dites?

MADAME ROTHANGER, l'amenant sur le devant de la scène, et avec énergie.

Je dis que, si j'étais à sa place... si j'avais un mari comme vous...

BOUGNOL.

Que feriez-vous?

MADAME ROTHANGER, vivement.

Ça ne vous regarde pas!

BOUGNOL.

Cependant....

MADAME ROTHANGER, exaltée.

Ne me parlez pas!... Votre figure m'indigne!... Je me porterais à des voies de fait!

BOUGNOL.

Ah mais!... belle-mère!...

MADAME ROTHANGER, à Laure.

Viens, ma fille! (Indiquant Bougnol avec mépris.) Laissons ce monsieur!

Elle sort, suivie de Laure.

SCÈNE XV.

BOUGNOL, puis GAUDIN.

BOUGNOL, seul.

Ce monsieur !... elle m'appelle ce monsieur !

GAUDIN, entrant avec trois gros bouquets, d'un ton calme.

Madame n'est pas là ?

BOUGNOL, apercevant les bouquets.

Qu'est-ce que c'est que ça ?

GAUDIN.

Monsieur, ce sont trois bouquets...

BOUGNOL.

Des bouquets ?...

Il veut les prendre.

GAUDIN.

Pas pour vous, monsieur... pour madame !

BOUGNOL.

D'où viennent ces fleurs ?

GAUDIN.

Des trois... vous savez bien... le brelan !

BOUGNOL.

Comment ! et tu te charges de pareilles commissions, toi ?

GAUDIN, très-calme.

Monsieur, ils m'ont donné chacun cinq francs... Ils savent prendre les domestiques ! S'ils ne m'avaient rien donné, je ne m'en serais certainement pas chargé... j'ai trop de dévouement pour monsieur... Où est madame?...

BOUGNOL, lui arrachant les bouquets.

Il est joli, ton dévouement! (Fouillant les bouquets.) Hein les bouquets qui parlent! trois billets!

GAUDIN, à part.

Voyez-vous, les gaillards!

BOUGNOL, dépliant les billets.

Un rendez-vous... deux rendez-vous... trois rendez-vous... auprès de la statue d'Apollon...

GAUDIN, montrant la statue.

L'Apollon de Saint-Domingue... c'est ici...

BOUGNOL, avec agitation.

Oh! les gueux! les polissons!

GAUDIN.

Monsieur, ne vous agitez pas comme ça! les émotions vous sont contraires...

BOUGNOL.

De quoi te mêles-tu?

GAUDIN.

Tiens! ça retarde ma montre!

SCÈNE XVI.

BOUGNOL, GAUDIN, ROTHANGER.

Rothanger entre avec un panier sous le bras.

BOUGNOL, à Rothanger.

Eh bien, beau-père, ça continue!... Trois rendez-vous, trois bouquets!

ROTHANGER.

Ah bah!

BOUGNOL.

Pour la dernière fois, voulez-vous jeter cette soldatesque à la porte?

ROTHANGER, à part.

Ça l'anime, ça l'anime! (Haut.) J'en causerai demain avec ma femme...

BAUGNOL.

Demain? Ah c'est comme ça! eh bien, vous serez cause d'un malheur... vous serez cause... (Apercevant le panier.) Qu'est-ce que c'est que ça?

ROTHANGER.

C'est du rhum!

BOUGNOL.

Donnez!

Il s'empare d'une bouteille et boit à même.

ROTHANGER.

Que faites-vous?

GAUDIN.

Un homme si sobre!

BOUGNOL.

Je vais me battre! je bois du courage!

GAUDIN.

Un duel?

BOUGNOL.

Trois! trois duels... un par bouquet!

ROTHANGER.

Mon gendre! je vous le défends... Si vous connaissiez la prédiction..

BOUGNOL.

Quelle prédiction?

ROTHANGER.

Ce matin, je me suis procuré une mèche de vos cheveux...

BOUGNOL.

Eh bien?

ROTHANGER.

J'ai envoyé consulter une somnambule... sur votre difficulté de prononciation... et voici sa réponse... (Lisant un papier.) « L'homme à la mèche ne passera pas l'année. »

BOUGNOL.

Hein?... Ah!

Il chancelle et tombe sur une chaise.

GAUDIN, très-effrayé.

Hein?... Ah!

Il tombe aussi sur une chaise.

ROTHANGER, à part.

Je ne crois pas aux somnambules... mais ça l'anime!... ça l'anime!

Il prend son panier, sa bouteille et sort.

SCÈNE XVII.

GAUDIN, BOUGNOL.

BOUGNOL, sur une chaise.

Dans l'année!

GAUDIN, sur la sienne.

Moissonné dans mon printemps!

ACTE TROISIÈME.

BOUGNOL.

Donne-moi un verre d'eau.

GAUDIN.

Non, monsieur... donnez-m'en un, vous.

BOUGNOL.

Comment?...

GAUDIN.

Vous n'avez rien à craindre... la mèche que j'ai donnée...

BOUGNOL.

Eh bien?

GAUDIN.

Elle était à moi... malheureusement!

BOUGNOL, se levant très-gaiement.

Ah bah!

GAUDIN.

Oui, monsieur.

BOUGNOL, riant.

Ah! elle est bien bonne!

GAUDIN.

Vous riez!

BOUGNOL.

Ah! mon pauvre garçon!... (Le consolant.) Voyons!... du courage!... l'année est longue...

GAUDIN.

Nous sommes au mois de juillet... plus que six mois!..

BOUGNOL.

L'hiver est bien triste... bien froid!...

GAUDIN.

En faisant du feu...

BOUGNOL, prenant sur la table le verre d'eau de Cologne

Tiens!... bois!...

GAUDIN.

Merci, monsieur... (Il boit une gorgée et se lève vivement et faisant une affreuse grimace.) Qu'est-ce que c'est que ça?... du poison!... Dans l'année... c'est bien ça!

BOUGNOL.

Mais non!... c'est de l'eau de Cologne... Respire!...

GAUDIN.

Ah! je ne me sens pas bien!

BOUGNOL.

Mais alors, si c'est toi... je peux me battre!... je n'ai plus peur!... j'ai bu du courage!... Ils vont venir au rendez-vous... ils m'y trouveront!... Je cours chercher des armes... toi, procure-moi deux témoins... deux témoins solides!... C'est étonnant comme le rhum me réussit!

Il entre dans le pavillon.

SCÈNE XVIII.

GAUDIN, puis BALISSAN.

GAUDIN, seul.

Des témoins!... Monsieur, ne comptez pas sur moi!... Quand je pense que dans six mois... au premier janvier... la Parque inflexible viendra me souhaiter la bonne année!... quand je pense... (Se levant tout à coup.) Que je suis bête!... cette mèche!... (Avec joie.) Je porte perruque!...

j'ai une perruque!... (Otant sa perruque et avec délire.) La voilà!... (A Balissan, qui entre.) La voilà!...

BALISSAN.

Quoi?

GAUDIN.

Rien!... Je vais chercher des témoins!

BALISSAN.

La statue d'Apollon!... Voici l'heure du rendez-vous...

SCÈNE XIX.

BALISSAN, puis CHALANDARD, puis CLAMPINAIS.

BALISSAN, seul, costume de garde national de banlieue.

L'uniforme éblouit les femmes... J'ai trouvé celui-ci dans la garde-robe du père Rothanger... Mes rivaux avaient trop d'avantages... maintenant, la partie est égale.

CLAMPINAIS, entrant par la gauche, à part.

Je suis en retard... Je viens de me faire raser... pour la betite!...

CHALANDARD, CLAMPINAIS et BALISSAN, s'apercevant.

Ah!

CHALANDARD.

Est-ce que vous êtes de garde?

BALISSAN.

Non! c'est pour fraterniser... et puis il se mangeait aux vers!

CLAMPINAIS, haut.

Mes enfants, je ne voudrais pas vous renvoyer... mais... (Mystérieusement.) j'attends du jupon...

CHALANDARD.

Moi aussi!

BALISSAN.

Moi aussi!

Bruit dans le pavillon.

CHALANDARD.

Chut! on vient!

Tous trois remontent et disparaissent.

SCÈNE XX.

CHALANDARD, CLAMPINAIS, BALISSAN, cachés, BOUGNOL, LAURE.

LAURE, entrant, poursuivie par Bougnol.

Finissez, monsieur Bougnol.

BOUGNOL.

Jamais! jamais! (A part.) J'ai bu du courage...

LAURE.

Mais je ne vous reconnais plus!

BOUGNOL, à part.

Pas de pendule chinoise... pas de feu d'artifice!..
« Laure! ma chère Laure! enfin, nous voilà seuls! Ne tremble pas, enfant, je ne veux pas te faire de peine. Un mari n'est pas un maître... c'est un esclave soumis et tendre! » (A part.) Sans bégayer!... sans bégayer!

Il l'embrasse.

LAURE.

Ah !

ACTE TROISIÈME. 409

BOUGNOL, à part.

Je recommence... (Récitant vivement.) « Laure! ma chère Laure! enfin nous voilà seuls!... Ne tremble pas, enfant, je ne veux pas te faire de peine... Un mari n'est pas un maître... c'est un esclave soumis et tendre! »

Il l'embrasse. — A ce moment, Gaudin sort du pavillon, un bougeoir à la main et pousse un cri.

GAUDIN.

Ah!

A ce cri, Chalandard, Clampinais, Balissan, M. et madame Rothanger paraissent.

SCÈNE XXI.

Les Mêmes, ROTHANGER, MADAME ROTHANGER, CLAMPINAIS, CHALANDARD, GAUDIN.

CHŒUR.

AIR.

Un cri s'est fait entendre
Dans le fond du jardin,
Et, sans nous faire attendre,
Nous accourons soudain.

MADAME ROTHANGER.

Ma fille! qu'y a-t-il?

BOUGNOL.

Il n'y a rien, beau-père... nous respirons la brise embaumée du soir... (A Laure.) Il ne faut pas rougir pour ça!

LAURE.

Mais je ne rougis pas!

MADAME ROTHANGER, à Laure.

Tiens, voici le troisième volume...

LAURE.

Oh! merci, maman... ça n'est plus intéressant...

MADAME ROTHANGER.

Ah bah!

CHALANDARD, à part.

Fumé!

CLAMPINAIS, de même.

Toisé!

BALISSAN, à part.

J'avais tant de choses à lui dire!

MADAME ROTHANGER.

Mon gendre!

BOUGNOL.

Belle maman?

MADAME ROTHANGER, avec effusion.

Onésime... embrassez-moi!

BOUGNOL, à part.

Toute médaille a son revers...

Il l'embrasse.

GAUDIN, montrant une montre à Bougnol.

Monsieur, je viens d'en choisir une chez l'horloger de Montgeron.

ROTHANGER.

Comment?...

BOUGNOL.

En or?... mais...

ACTE TROISIÈME.

GAUDIN.

Je l'ai prise à condition... la chaîne aussi.

ENSEMBLE.

AIR *de la Bohémienne.*

Tout promet à leurs vœux
Un ciel sans orage;
L'avenir est pour eux
Exempt de nuage.

BOUGNOL, au public.

AIR d'*Yelva.*

Nos deux auteurs m'ont dit, selon l'usage :
« Sois éloquent, plaide en notre faveur,
» Et, s'il le faut, sauve-nous du naufrage. »
J'ai tout promis... maintenant, j'ai... j'ai... per...

LAURE, parlé.

Il va bégayer!

Suite de l'air.

A mon mari que chacun s'intéresse;
Le moindre bruit suffit pour l'effrayer;
Quand il s'agit du succès de la pièce,
Ah! n'allez pas le faire bégayer!

TOUS.

Quand il s'agit,
Etc.

FIN DE LA SENSITIVE.

LE CACHEMIRE X. B. T.

COMÉDIE EN UN ACTE

Représentée pour la première fois, à Paris, sur le théâtre du VAUDEVILLE,
le 24 février 1870.

COLLABORATEUR : M. EUGÈNE NUSS

PERSONNAGES

	ACTEURS qui ont créé les rôles
ROTANGER.	MM. Parade.
LOBLIGEOIS.	Delannoy.
ADOLPHE LANCIVAL.	Saint-Germain.
ISIDORE, garçon de boutique.	Fauvre.
CLÉMENCE LOBLIGEOIS.	Mlles Lovely.
CHLOÉ.	Deschamps.

La scène se passe à Paris.

LE CACHEMIRE X. B. T.

Un arrière-magasin servant de bureau — Au fond, grande porte donnant sur le magasin, deux autres portes au fond, avec portières. Au premier plan, à droite, petit bureau avec fauteuil. Au premier plan, à gauche, un bureau et un fauteuil semblables à ceux qui sont à droite. Rayons où des châles sont enfermés dans des cartons. Une cheminée au plan à gauche ; une fenêtre, au plan à droite.

SCÈNE PREMIÈRE.

ISIDORE, CHLOÉ, puis LOBLIGEOIS.

Au lever du rideau, Isidore époussette les bureaux pendant que Chloé plie un cachemire qu'elle renferme dans un carton.

ISIDORE.

Je ne sais pas si vous êtes de mon opinion, mademoiselle Chloé... mais je pense que ça ne peut pas durer comme ça!

CHLOÉ.

Quoi?

ISIDORE.

Eh bien, l'association de MM. Rotanger, Lobligeois et compagnie.

CHLOÉ.

Le fait est qu'ils se disputent toute la journée...

ISIDORE.

Moi, je ne comprends l'association qu'entre homme et femme, parce qu'alors...

CHLOÉ, effarouchée.

Monsieur Isidore!...

ISIDORE.

Quoi?

CHLOÉ.

Observez-vous!

Elle remonte.

ISIDORE, à part.

Est-elle bégueule! (Haut.) Quel dommage! une si bonne boutique! et une si belle enseigne! *Au Castor laborieux*... spécialité pour châles...

CHLOÉ, redescendant.

Tant que ces messieurs étaient garçons... ça allait très-bien... mais, une fois qu'il y a eu deux femmes dans la maison...

ISIDORE.

Ils auraient dû n'en prendre qu'une.

CHLOÉ.

Vous savez que je ne participe pas à ce genre de plaisanteries...

ISIDORE.

Je ne plaisante pas.... car, depuis deux mois que madame Rotanger est partie pour les eaux du Mont-Dore.. on a un peu la paix.

CHLOÉ.

Excepté les jours où M. Rotanger reçoit une lettre de sa femme.

SCÈNE DEUXIÈME.

ISIDORE.

Ça, c'est vrai... Je parie qu'elle l'excite de là-bas...

On entend sonner la pendule.

CHLOÉ, remontant.

Neuf heures.

ISIDORE.

C'est l'heure que les patrons ont fixée pour descendre au magasin... et, quand l'un n'est pas arrivé... l'autre s'en va.

CHLOÉ.

Ils ont peur d'en faire plus l'un que l'autre.

LOBLIGEOIS, passant sa tête par la porte de droite, au fond.

Rotanger n'est pas là?

ISIDORE.

Non, monsieur...

LOBLIGEOIS, tirant sa montre.

Neuf heures trois... c'est incroyable!... Je remonte.

Il disparaît par la porte de droite, au fond.

ISIDORE.

Et d'un!... il ne sait pas que M. Rotanger est parti ce matin pour la pêche.

SCÈNE II.

ISIDORE, CHLOÉ, ROTANGER, puis LOBLIGEOIS

ROTANGER, entrant par la porte de gauche, au fond.

Lobligeois n'est pas là?

CHLOÉ.

Non, monsieur.

ROTANGER, tirant sa montre.

Neuf heures quatre... c'est incroyable!... Je remonte.

Il se dirige vers la porte de gauche, au fond.

ISIDORE.

Et de deux!

LOBLIGEOIS, reparaissant à la porte de droite.

Isidore, vous m'avertirez quand monsieur... (Apercevant Rotanger.) Ah! vous voilà!... ce n'est pas malheureux!

ROTANGER.

Comment, pas malheureux?... J'étais ici avant vous!

LOBLIGEOIS.

Voilà une demi-heure que je suis descendu....

ROTANGER.

Pourquoi descendez-vous avant l'heure?

LOBLIGEOIS.

Parce que je n'aime pas à faire la grasse matinée, moi!...

ISIDORE, bas, à Chloé.

Voilà que ça commence!

ROTANGER.

La grasse matinée! je me suis levé à quatre heures du matin... pour aller à la pêche.

LOBLIGEOIS.

Ah! la pêche?

ISIDORE, à Rotanger.

Monsieur... ça a-t-y mordu?

ROTANGER.

Non... la rivière n'est plus possible... Depuis qu'on a eu l'ingénieuse idée de transporter l'eau des égouts de Paris

SCÈNE TROISIÈME.

à Asnières.. On ne prend plus de barbillons! mais c'est comme ça!... (Avec amertume.) On touche à tout aujourd'hui!

LOBLIGEOIS, effrayé de l'audace de son associé, et passant entre Rotanger et Isidore.

Chut! Rotanger! (A Isidore et à Chloé.) Laissez-nous!

Isidore et Chloé sortent par le fond.

SCÈNE III.

LOBLIGEOIS, ROTANGER.

LOBLIGEOIS.

En vérité, monsieur Rotanger, je ne vous comprends pas...

ROTANGER.

Qu'est-ce que j'ai fait?

LOBLIGEOIS.

Vous vous signalez devant nos employés par des opinions d'une violence... Vous attaquez sans cesse le pouvoir.

ROTANGER.

Je dis qu'on ne prend plus de barbillons... ce n'est pas attaquer le pouvoir...

LOBLIGEOIS.

Enfin, vous blâmez ostensiblement le grand égout collecteur...

ROTANGER.

Au point de vue de la pêche... autrement, je m'en fiche pas mal! (A part.) Saprelotte! j'ai des souliers neufs qui me gênent.

LOBLIGEOIS.

Je comprends qu'on soit indépendant... je le suis moi-même, le soir... quand le magasin est fermé. (Rotanger piétine avec impatience pour faire ses souliers.) Vous avez beau piétiner, monsieur...

ROTANGER.

Mais je piétine parce que mes souliers me blessent! Je ne peux pas piétiner maintenant! Vraiment vous devenez d'un caractère...

LOBLIGEOIS.

Achevez, monsieur...

ROTANGER.

Nerveux, hargneux, impossible! Ça ne peut pas durer comme ça!

LOBLIGEOIS.

Nous avons chacun notre bureau... un travail parfaitement distinct... et, en nous tenant chacun dans nos limites, il n'y a pas de conflit possible... (S'installant au bureau de gauche.) Travaillons.

ROTANGER, s'installant au bureau de droite.

Soit!... (Il prend une plume et compte tout haut.) Trois fois neuf, vingt-sept...

LOBLIGEOIS.

Mais ce n'est pas mon fauteuil, ça... Vous avez pris mon fauteuil?

ROTANGER.

Isidore se sera trompé...

LOBLIGEOIS.

Pardon, monsieur, je suis habitué au mien...

Ils se rapportent réciproquement leur fauteuil.

SCÈNE TROISIÈME.

ROTANGER.

Oh! je n'y tiens pas, à votre fauteuil... (Ils font l'échange. A part.) Ils sont pareils... le plaisir de taquiner.(Il reprend son compte pendant que Lobligeois décachète le journal et lit.) Trois fois neuf, vingt-sept... (Parlé.) Tiens, il lit le journal... Ah! c'est comme ça qu'il travaille... (Comptant.) Quatre fois huit, trente-deux... sept fois cinq... (S'arrêtant.) Je suis bien bon de m'éreinter... (A Lobligeois.) Monsieur, je n'ai pas l'intention de vous être désagréable... mais je vous ferai remarquer que c'est vous qui lisez toujours le journal le premier.

LOBLIGEOIS.

Eh bien ?

ROTANGER.

Il y aurait peut-être quelque convenance à alterner.

LOBLIGEOIS, piqué et appelant.

Isidore! Isidore!

ISIDORE, entrant.

Monsieur?...

LOBLIGEOIS.

Veuillez remettre ce journal à M. Rotanger.

ISIDORE, portant le journal à Rotanger

Voilà, monsieur.

ROTANGER.

Oh! c'est inutile... il ne représente pas mes opinions.

LOBLIGEOIS.

Vos opinions! encore! (A Isidore.) Laissez-nous! (Isidore sort.) Je vous en suppplie, modérez-vous devant nos employés.

ROTANGER.

Qu'est-ce que j'ai encore fait ?

LOBLIGEOIS.

Vous parlez sans cesse de vos opinions! Certes, je respecte toutes les opinions... et, au besoin, je les partage..

ROTANGER.

Vous ne respectez pas la mienne, toujours!

LOBLIGEOIS.

Comment?

ROTANGER, montrant le journal.

Votre nuance a seule le privilége de pénétrer ici!.... cependant ce journal, j'en paye la moitié.

LOBLIGEOIS.

Il suffit, monsieur; à partir d'aujourd'hui, je prends l'abonnement à mon compte!

ROTANGER.

Très-bien! j'en choisirai un pour moi tout seul. (A part.) Je ne sais pas lequel, par exemple. (Se remettant à son bureau et comptant.) Trois fois neuf, vingt-sept.

LOBLIGEOIS.

On gèle ici...

Il fourre plusieurs bûches dans la cheminée.

ROTANGER.

Vous mettez du bois?... On étouffe...

LOBLIGEOIS.

Je ne trouve pas...

ROTANGER.

Vous savez que la chaleur m'incommode... et vous bourrez la cheminée...

LOBLIGEOIS, regardant le thermomètre.

Il n'y a que vingt et un degrés.

ROTANGER, se levant avec colère.

Mais, sacrebleu!... il n'est pas écrit dans notre acte de société qu'on me fera cuire à une température de vingt et un degrés... Vous trouverez bon que j'ouvre la fenêtre...

Il l'ouvre.

LOBLIGEOIS.

Soit! mais vous trouverez bon que je remette du bois.

Il en remet.

SCÈNE IV.

Les Mêmes, CLÉMENCE, puis CHLOÉ, puis ISIDORE.

CLÉMENCE, entrant par la droite.

Comment, vous vous disputez encore?

LOBLIGEOIS.

C'est monsieur qui ouvre la fenêtre par un froid pareil...

CLÉMENCE.

Oh! monsieur Rotanger... je suis un peu enrhumée... et vous seriez bien aimable...

ROTANGER.

Comment donc, madame!... (Il referme la fenêtre. A part.) Les femmes, il faut tout leur céder!... J'étouffe.

Il ôte sa cravate.

LOBLIGEOIS, à part.

Est-ce qu'il va se déshabiller?

CLÉMENCE, s'asseyant au bureau de gauche et ouvrant un livre de commerce.

Faut-il porter vendu le châle Z-B?

ROTANGER.

Je ne vous dirai pas... ce n'est pas moi qui ai traité l'affaire.

LOBLIGEOIS.

Non... cette dame ne s'est pas décidée... elle doit revenir.

ROTANGER.

Ce qu'il y a de curieux, c'est que vos clientes ne se décident jamais... elles doivent toujours revenir... et elles ne reviennent pas!

LOBLIGEOIS.

Que voulez-vous dire, monsieur?

CLÉMENCE, bas, à Lobligeois.

Si tu souffres ça... tu n'as pas de cœur...

ROTANGER.

Je dis que vous êtes sans doute un homme très-spirituel... un fin politique, un grand homme d'État!... mais vous ne savez ni vendre ni acheter!

CLÉMENCE.

Oh!

LOBLIGEOIS.

Monsieur!

ROTANGER.

Témoin ce cachemire français que nous gardons depuis deux ans...

LOBLIGEOIS.

Quel cachemire?

ROTANGER.

Le cachemire X-B-T, une horreur, un rossignol!

CLÉMENCE, bas, à son mari.

Un rossignol! si tu souffres ça...

SCÈNE QUATRIÈME.

LOBLIGEOIS.

Monsieur, je ne m'abaisserai pas à de mesquines récriminations.

CLÉMENCE, bas, à son mari.

Très-bien !

LOBLIGEOIS.

Mais je soutiens que le châle X-B-T est un joli châle...

ROTANGER, furieux.

Un joli châle ! X-B-T ?

LOBLIGEOIS.

Oui, monsieur !

ROTANGER.

Ah ! c'est trop fort ! (Appelant.) Chloé ! Chloé !

CHLOÉ, entrant.

Monsieur...

ROTANGER.

Essayez le châle X-B-T !

CHLOÉ, prenant un châle dans un carton ; à part.

Encore ! Voilà deux ans que je l'essaye.

Lobligeois lui place le châle sur les épaules et le drape. Ce châle est rouge et de couleurs criardes.

LOBLIGEOIS.

Je vous demande si c'est là un rossignol. (A Chloé.) Promenez-vous !

Chloé se promène avec le châle sur les épaules.

ROTANGER.

Il est affreux, criard, ça vous arrache les yeux. (A Chloé.) Promenez-vous !

CLÉMENCE.

Aux lumières, il est charmant !

ROTANGER.

Peut-être qu'à la lumière électrique... dans une féerie... Et quand je pense que vous en aviez commandé douze pareils!... heureusement, j'ai pu rompre l'affaire... mais l'échantillon nous est resté et nous restera toujours...

LOBLIGEOIS.

Qu'en savez-vous? il s'agit de mettre la main sur un amateur.

ROTANGER.

Allons donc! ça ne peut convenir qu'à une négresse... et dans le carnaval encore.

CLÉMENCE, bas.

Dans le carnaval! Lobligeois, si tu souffres ça...

LOBLIGEOIS, avec dignité.

Monsieur Rotanger... vous pouvez entasser injures sur injures, vous ne les élèverez jamais à la hauteur de mon dédain!

CLÉMENCE.

A la bonne heure!

ROTANGER.

Oh! des phrases! ça m'est égal... mais je ne veux plus voir ce châle qui déconsidère notre maison... et si, à l'inventaire, il n'est pas vendu... je l'achète, moi!... et je le place dans un cerisier pour faire peur aux oiseaux!

CLÉMENCE.

Mais, monsieur!

LOBLIGEOIS, à sa femme.

Ne réponds pas!

CHLOÉ, à Rotanger.

Oh! monsieur... donnez-le-moi plutôt.

ROTANGER.

Soit! à l'inventaire... Mais, avec ça sur le dos, tu es sûre de ne jamais te marier!

Chloé remonte, et pose au fond le châle, qui reste en vue.

SCÈNE V.

Les Mêmes, ISIDORE.

ISIDORE, entrant, des lettres à la main.

Monsieur, voilà le courrier.

Il donne les lettres à Rotanger.

CLÉMENCE, bas, à son mari.

Eh bien, et toi?

LOBLIGEOIS.

Quoi?

CLÉMENCE, bas.

Toutes les lettres pour lui... tu es donc un zéro?

LOBLIGEOIS, se montant.

C'est vrai, au fait! Monsieur Isidore, vous remettez toujours le courrier à M. Rotanger... c'est inqualifiable!

ROTANGER.

Qu'importe? vous ou moi...

LOBLIGEOIS.

Quand nous sommes là tous les deux, il y aurait quelque convenance à se les partager...

CLÉMENCE.

C'est bien le moins!

ISIDORE, à part.

Ça continue.. Kiss! kiss!

Il sort avec Chloé par le fond.

SCÈNE VI.

CLÉMENCE, LOBLIGEOIS, ROTANGER.

ROTANGER.

Oh! je n'y tiens pas!... quatre lettres... chacun deux!
Il donne deux lettres à Lobligeois.

LOBLIGEOIS, sèchement.

Merci, monsieur. (A part.) Il me donne les deux plus petites... (Ouvrant une lettre.) Un changement de domicile...
Il passe la lettre à Clémence.

ROTANGER, ouvrant une lettre.

Les nouveaux prix de fabrique...
Il la parcourt décachetant une seconde lettre.

LOBLIGEOIS.

Oh! (Avec indignation.) Monsieur!

ROTANGER.

Quoi?

LOBLIGEOIS, lisant.

« Mon loulou... »

ROTANGER.

C'est de ma femme!
Il veut prendre la lettre.

LOBLIGEOIS.

Permettez... (Lisant.) « Je pense à tout le mauvais sang que tu dois te faire avec ton imbécile d'associé et sa chipie d'épouse... »

CLÉMENCE, elle remonte.

« Chipie! »

LOBLIGEOIS.

« Imbécile! »

SCÈNE SIXIÈME.

ROTANGER, reprenant la lettre.

D'abord, il n'y a pas ça...

LOBLIGEOIS.

Pardon... « Imbécile... chipie... » et soulignés encore!

ROTANGER.

De quel droit, monsieur, violez-vous le secret de ma correspondance?

LOBLIGEOIS.

Le hasard... un hasard providentiel!...

CLÉMENCE.

Qui nous ouvre enfin les yeux sur les sentiments de madame Rotanger à notre égard.

ROTANGER, à Clémence.

Vous savez... ma femme est un peu nerveuse... elle a pris cette année des eaux très-irritantes, c'est l'effet des eaux!

CLÉMENCE.

Dites l'effet de son caractère envieux, jaloux, taquin...

LOBLIGEOIS, cherchant à calmer sa femme.

Voyons... Clémence!

CLÉMENCE.

On m'appelle chipie!... On vous traite d'imbécile!... et vous souffrez cela! Vous n'avez pas de cœur! vous êtes un mouton!

LOBLIGEOIS.

Un mouton? Ah! mais nous allons voir!

CLÉMENCE.

Quant à moi, je vous déclare que je ne mettrai plus les pieds dans ce bureau!

ROTANGER, à part.

Tiens! c'est toujours ça de gagné!

CLÉMENCE, bas, à son mari.

Romps l'association... tu le peux... tu le dois...

LOBLIGEOIS.

Mais c'est que...

CLÉMENCE, bas.

Romps... ou je vais me trouver mal!

LOBLIGEOIS, vivement.

Vous comprenez, monsieur, qu'après un pareil éclat, il n'y a plus moyen de vivre ensemble...

ROTANGER.

Vous voulez nous séparer?

LOBLIGEOIS.

Net!

ROTANGER.

Eh bien, ça me va!... Liquidons!

CLÉMENCE et LOBLIGEOIS.

Ah!

LOBLIGEOIS.

Ces sortes d'affaires se traitent entre hommes... laisse-nous, ma bonne amie...

CLÉMENCE, bas.

Arrange-toi pour garder le fonds... et sois ferme! (Saluant Rotanger.) Monsieur... quand vous écrirez à madame, veuillez me rappeler à son bon, à son excellent souvenir, et lui renvoyer sa photographie qu'elle a bien voulu m'adresser.

Elle la jette sur le bureau de Rotanger et sort.

SCÈNE VII.

LOBLIGEOIS, ROTANGER, puis ISIDORE.

ROTANGER, à part.

J'aime mieux faire un sacrifice et garder la maison.

LOBLIGEOIS.

J'espère, monsieur, que nous ne donnerons pas au commerce de Paris le scandale d'une séparation tapageuse?

ROTANGER.

Je ne demande pas mieux que de liquider à l'amiable!...

LOBLIGEOIS.

Il reste maintenant à régler la question d'indemnité...

ROTANGER.

Oh! nous n'aurons pas de difficulté à cet égard... Je ne lésinerai pas...

LOBLIGEOIS.

Moi, non plus...

ROTANGER.

Voyons, franchement, combien estimez-vous le fonds?

LOBLIGEOIS.

J'avais pensé que cent vingt mille francs...

ROTANGER.

Je le prends!

LOBLIGEOIS.

Moi aussi!

ROTANGER.

Comment! vous voulez me chasser d'une maison que j'ai fondée?

LOBLIGEOIS.

Mais je l'ai fondée autant que vous... et même plus que vous !

ROTANGER.

En quoi?

LOBLIGEOIS.

D'abord, j'ai trouvé l'enseigne... *Au Castor laborieux*.

ROTANGER.

Pardon... vous avez trouvé : *Castor*, et moi, j'ai trouvé : *Laborieux*.

LOBLIGEOIS.

Eh bien?

ROTANGER.

Eh bien, *Castor* sans *laborieux* ne veut rien dire... c'est une enseigne de chapelier!

LOBLIGEOIS.

Je l'avoue, je ne m'attendais pas à me voir contester une enseigne, qui, je puis le dire, est le fruit de mes veilles...

ROTANGER, à part.

Dieu! que mes souliers me font mal!

Il tape du pied.

LOBLIGEOIS.

Vous avez beau piétiner, monsieur : le fruit de mes veilles !

ROTANGER.

Mais ce sont mes souliers!... (A part.) On ne devrait jamais traiter une affaire avec des souliers neufs!

ISIDORE, entrant.

Monsieur...

LOBLIGEOIS.

A qui vous adressez-vous ?

SCÈNE SEPTIÈME.

ISIDORE.

Mais... à tous les deux.

LOBLIGEOIS.

Alors dites : messieurs...

ISIDORE.

Messieurs... il y a là un client...

ROTANGER.

C'est bien... Priez d'attendre un moment...

LOBLIGEOIS.

C'est bien... Priez d'attendre un moment...

ISIDORE, à part.

Tiens ! c'est la première fois qu'ils sont d'accord !

Il sort par le fond.

LOBLIGEOIS.

Voyons... pour en finir, je suis disposé à faire un sacrifice... j'offre dix mille francs de plus...

ROTANGER.

Moi aussi...

LOBLIGEOIS.

Vingt mille francs ?

ROTANGER.

Moi aussi...

LOBLIGEOIS.

Alors, vous êtes bien décidé à ne pas quitter la place ?

ROTANGER.

Parfaitement...

LOBLIGEOIS.

Comme vous voudrez... Nous continuerons cette agréable existence...

ROTANGER.

Pendant dix-sept ans... jusqu'à la fin du bail...

LOBLIGEOIS.

A moins que l'un de nous ne meure auparavant...

ROTANGER.

Oh! ce ne sera pas moi!

LOBLIGEOIS.

Ni moi!

ISIDORE, entrant.

Messieurs...

ROTANGER.

Quoi?

ISIDORE.

Ce monsieur va s'en aller...

LOBLIGEOIS.

Faites-le entrer...

ROTANGER, à Isidore qui sort.

Attendez!... Faites-le entrer!

LOBLIGEOIS.

Oh!

ROTANGER.

J'ai les mêmes droits que vous.

Isidore sort.

LOBLIGEOIS.

Et ça va durer dix-sept ans comme ça!

ROTANGER, à lui-même en piétinant.

Je n'y tiens plus!... il faut que je les ôte.

Il se dirige vers la gauche.

LOBLIGEOIS.

Comment, vous partez?...

SCENE HUITIÈME.

ROTANGER.

Je remonte un instant.

LOBLIGEOIS.

Alors, vous fuyez devant le client.

ROTANGER.

Si je ne peux pas changer de souliers à présent !

Il sort en grognant

LOBLIGEOIS, seul.

Ma parole! je ne sais pas comment j'ai pu m'associer avec une mâchoire pareille !

ROTANGER, passant sa tête à la porte.

Je vous entends ! je vous entends !

Il disparaît par la gauche.

LOBLIGEOIS.

Ma foi, tant pis!

SCÈNE VIII.

LOBLIGEOIS, CLÉMENCE, puis ADOLPHE LANCIVAL, puis CHLOÉ.

CLÉMENCE, entrant.

Eh bien, est-ce fini?

LOBLIGEIOS.

Ah bien, oui! impossible de s'entendre... Il veut garder la maison...

CLÉMENCE.

Il faut plaider!

ISIDORE, introduisant Adolphe.

Entrez, monsieur.

LOBLIGEOIS, bas, à Clémence.

Un client! (Isidore sort. — A Adolphe.) Mille pardons, monsieur, de vous avoir fait attendre...

ADOLPHE.

Il n'y pas de mal. (Saluant.) Madame... je désirerais voir des cachemires.

CLÉMENCE.

Dans quel genre, monsieur?

ADOLPHE.

Montrez-moi ce que vous avez de mieux... je choisirai. (A part.) Gentille, la petite marchande.

LOBLIGEOIS, appelant.

Chloé! Chloé! (A Adolphe.) Nous allons avoir l'honneur de vous en présenter plusieurs.

CHLOÉ, entrant.

Monsieur?...

LOBLIGEOIS.

Faites l'étalage!

ADOLPHE.

On m'avait indiqué la maison Cerf et Michel, 9, boulevard des Italiens.

LOBLIGEOIS.

Certainement, c'est aussi une bonne maison.

CLÉMENCE, à part.

Je crois bien, une des premières!

ADOLPHE.

Mais votre enseigne m'a plu... *Au Castor laborieux*...

LOBLIGEOIS.

Elle est de moi.

ADOLPHE.

C'est bête... et ça inspire confiance...

Clémence place un châle sur le dos de Chloé.

SCÈNE HUITIÈME.

LOBLIGEOIS, bas, à Adolphe.

Ce cachemire... est sans doute un cadeau que monsieur veut faire?

ADOLPHE.

Précisément.

LOBLIGEOIS, bas.

Je comprends... à une petite...

ADOLPHE.

Quoi?

LOBLIGEOIS, bas.

Déclassée...

ADOLPHE.

Oh! non!... ce n'est pas mon genre... J'aime les femmes, je l'avoue, trop, peut-être... mais j'ai toujours pensé que la femme qui cherche à tirer un lucre de la passion qu'elle inspire, était indigne de figurer, à quelque degré que ce soit, sur l'échelon social où se placent les honnêtes gens...

CLÉMENCE, redescendant.

Ah! c'est bien!

LOBLIGEOIS, à part, et allant arranger le châle sur le dos de Chloé.

C'est un honnête jeune homme...

ADOLPHE, à part.

Très-gentille, la petite marchande! (Haut, à Clémence.) Je suis de ceux qui ne jettent pas leur cœur à tous les buissons de la route... j'ai pour principe de ne m'adresser qu'à des femmes sérieuses... ou mariées...

LOBLIGEOIS, à part.

Ah! diable! (Haut.) Comment trouvez-vous ce châle? (A Chloé.) Tournez! marchez! (A Adolphe.) Veuillez prendre la peine de regarder...

ADOLPHE, lorgnant.

Trop jaune!... jaune et vert, c'est une omelette aux fines herbes...

LOBLIGEOIS, à Chloé.

Présentez-en un autre.

Chloé se place un autre châle sur le dos.

ADOLPHE.

Ce cachemire... je veux l'offrir à ma mère... pour sa fête... J'adore ma mère...

LOBLIGEOIS.

Ah! c'est bien!

CLÉMENCE, à part.

Il a de bons sentiments...

LOBLIGEOIS.

Et de quelle taille est madame votre mère? petite ou grande?

ADOLPHE.

Ma mère est la cordialité même... douce, sensible et bonne...

LOBLIGEOIS.

Oui; mais pour le châle...

ADOLPHE.

Un peu susceptible peut-être... mais elle rachète cela par tant de cœur!

LOBLIGEOIS, désignant le châle sur le dos de Chloé.

En voici un autre...

ADOLPHE.

Le croiriez-vous, monsieur? depuis que je suis au monde, nous n'avons jamais eu qu'une querelle... et encore, quand je dis une querelle... c'était plutôt...

LOBLIGEOIS.

Une altercation...

SCÈNE HUITIÈME.

ADOLPHE.

Pas même!... un nuage!

LOBLIGEOIS.

Va pour un nuage!

ADOLPHE.

J'avais dix-neuf ans... je pris un rhume... elle voulut me faire porter de la flanelle...

CLÉMENCE.

Oh! pour un jeune homme...

ADOLPHE, à Clémence.

C'est ce que je lui dis avec respect, mais avec fermeté... et je finis par triompher de ses résistances...

CLÉMENCE.

Ah!

ADOLPHE, à Clémence.

Vous pouvez me croire, madame, je n'en porte pas!

LOBLIGEOIS, à part.

Qu'est-ce que ça fait à ma femme, ça? (Haut, désignant Chloé.) Si vous voulez jeter un coup d'œil...

ADOLPHE.

Quant à mon père, je le perdis jeune...

LOBLIGEOIS, à part.

Il est un peu bavard...

ADOLPHE.

Il était sous-chef de bureau dans l'enregistrement. Mon Dieu, ce n'était pas un génie si vous voulez; mais, dans une sphère modeste, il sut rendre des services à son pays...

LOBLIGEOIS.

Si voulez jeter un coup d'œil...

ADOLPHE.

Ainsi, dans l'administration, personne n'écrivait comme lui le mot *Enregistrement* : c'était moulé...

LOBLIGEOIS.

Certainement, c'est un mot difficile...

ADOLPHE.

C'est à ce point que Chapusot de Merlincourt, qui connaissait les hommes...

LOBLIGEOIS.

Qui ça, Chapusot?

ADOLPHE.

Le directeur général, disait: « Il n'y a au monde que Lancival pour écrire *Enregistrement* de cette façon-là!... Eh bien, monsieur, il est mort sans avoir obtenu d'avancement...

LOBLIGEOIS

Que voulez-vous! les coteries... — Si vous voulez jeter un coup d'œil...

DOLPHE.

Vous me demandiez pourquoi je n'avais pas suivi la carrière de mon père?

LOBLIGEOIS, à part.

Moi?... je ne lui ai pas demandé ça...

ADOLPHE.

Nature nerveuse, tendre et indépendante, je ne pouvais m'astreindre à un travail sédentaire. Alors, je tournai mes regards vers le barreau.

CLÉMENCE, vivement, redescendant.

Ah! monsieur est avocat?

LOBLIGEOIS, à part.

Je m'en doutais!

SCÈNE HUITIÈME.

CLÉMENCE, bas, à son mari.

Il peut nous être utile pour notre procès...

LOBLIGEOIS.

C'est juste! (A Adolphe.) Et vous plaidez sans doute beaucoup?

ADOLPHE.

Jamais!... Pour plaider, il faut être connu... et, pour être connu, il faut avoir plaidé...

LOBLIGEOIS.

Naturellement. (A part.) Il ne peut pas faire notre affaire... (Haut, désignant Chloé.) Si vous voulez jeter un coup d'œil... (A Chloé.) Tournez!... marchez!...

ADOLPHE, lorgnant.

Je trouve ça bien calme... ça n'éclate pas... c'est grisaille... Où diable en ai-je vu un pareil?

LOBLIGEOIS.

Eh! ce n'est pas vraisemblable... c'est le dernier envoi de Calcutta...

CLÉMENCE.

Et il n'en est encore sorti que trois de la maison.

ADOLPHE.

Pardon... je reconnais le dessin... c'est toute une aventure... Il y a deux mois, j'étais aux eaux...

LOBLIGEOIS, à part.

Allons, bon!

ADOLPHE.

Pour une petite affection du larynx; maintenant, encore on me défend de parler...

LOBLIGEOIS, redescendant.

Ah! sacrebleu!

ADOLPHE.

Quoi?

LOBLIGEOIS.

Rien...

ADOLPHE.

Il y avait dans l'hôtel que j'habitais une femme charmante... mais un peu nerveuse. (A Clémence.) Nous l'appellerons madame Z..., si vous voulez bien!

LOBLIGEOIS.

Ah! ça nous est égal!

ADOLPHE.

Nous avions déjà échangé avec madame Z... quelques-uns de ces regards qui, pour être contenus, n'en sont pas moins significatifs... de ces regards qui veulent dire: « Madame, je suis à vos ordres! »

LOBLIGEOIS, à part.

Ah çà! est-ce qu'il va conter des gaudrioles à ma femme?

ADOLPHE.

Lorsqu'une nuit... nuit d'orage...

LOBLIGEOIS, toussant pour l'avertir.

Hum! hum!

ADOLPHE.

Le ciel était en feu... l'éclair déchirait la nue...

LOBLIGEOIS.

Hum! hum!

ADOLPHE.

Le tonnerre roulait avec fracas dans la montagne... c'était grandiose!... Tout à coup, madame Z..., dont la chambre était en face de la mienne...

LOBLIGEOIS, toussant

Hum! hum!

SCÈNE HUITIÈME.

ADOLPHE, à Lobligeois.

Vous avez là un mauvais rhume... (Reprenant.) Madame Z... ouvre sa porte en poussant des cris de terreur...

LOBLIGEOIS.

Clémence... je crois qu'on te demande au magasin.

CLÉMENCE.

Non, mon ami... personne ne me demande... (A Adolphe.) Après?

ADOLPHE.

Pâle, émue, tremblante, en peignoir blanc... elle tombe dans mes bras presque sans connaissance.

LOBLIGEOIS, à Clémence.

Je t'assure qu'on te demande.

CLÉMENCE, avec impatience.

Mais non, mon ami!...

ADOLPHE.

Pauvre femme!... que vous dirais-je?

LOBLIGEOIS.

Si vous voulez donner un coup d'œil...

ADOLPHE.

Je ne la quittai pas tant que dura l'orage... et il dura jusqu'au lendemain matin.

CLÉMENCE.

Ah!

ADOLPHE.

Oui... il eut cette bonté-là...

LOBLIGEOIS.

Maintenant si nous causions du châle... (A Chloé.) Tournez!... marchez!...

ADOLPHE.

Mon Dieu!... il ne me convient qu'à moitié!... mais c'est un souvenir!... combien vaut-il?

LOBLIGEOIS.

Deux mille huit cents francs... dernier prix... j'achète votre clientèle...

ADOLPHE.

Soit!... je paye comptant...

LOBLIGEOIS, se mettant à son bureau.

Je vais faire la facture...

CLÉMENCE.

Où faut-il le faire porter?

ADOLPHE.

Chez moi... j'habite avec ma mère : M. Adolphe Lancival, avocat... 23, rue du Helder.

LOBLIGEOIS, écrivant la facture.

Vendu à M. Lancival, avocat... un cachemire des Indes, premier choix...

ADOLPHE, apercevant au fond le châle de rebut promis à Chloé.

Ah! mais, pardon!...

CLÉMENCE.

Quoi?

ADOLPHE, montrant le châle.

Vous ne m'avez pas montré celui-ci...

LOBLIGEOIS.

Comment! X-B-T?

ADOLPHE, le plaçant sur Chloé.

A la bonne heure!... voilà des nuances!...

LOBLIGEOIS, CLÉMENCE et CHLOÉ, à part.

X-B-T!

ADOLPHE.

C'est chaud, c'est coloré... Jamais les marchands ne montrent tout de suite ce qu'ils ont de mieux... (A Lobligeois.) Je prends celui-là pour deux mille huit cents francs.

SCÈNE HUITIÈME.

CHLOÉ, à part.

Il me prend mon châle!

CLÉMENCE, à Adolphe.

Pardon, monsieur, c'est que...

ADOLPHE.

Il est vendu?

LOBLIGEOIS.

Ah! non!...

ADOLPHE.

Alors, je l'achète... et je paye... acquittez la facture.

LOBLIGEOIS, à part.

C'est lui qui le veut! (Remettant la facture.) Voilà, monsieur.

ADOLPHE, lui remettant les billets.

Et voici votre argent.

LOBLIGEOIS, appelant.

Isidore!

ISIDORE, entrant.

Monsieur!

LOBLIGEOIS, lui remettant le carton dans lequel est enfermé le châle.

Vite!... ce châle à son adresse... il est payé!

ISIDORE, entr'ouvrant le carton.

X-B-T! (Regardant Adolphe.) Ah! bah!

LOBLIGEOIS, bas.

Tais-toi donc! (Haut.) Va! va!

ISIDORE.

Tout de suite! (En sortant.) X-B-T!

Chloé sort avec lui.

ADOLPHE, à part, sur le devant.

Ah! je crois que ma mère sera bien heureuse! (Haut, saluant.) Madame... Monsieur...

CLÉMENCE.

N'oubliez pas notre maison...

ADOLPHE.

Madame, il y a des choses qu'on n'oublie pas. (A part.) Très-gentille, la petite marchande.

Il sort.

SCÈNE IX.

LOBLIGEOIS, CLÉMENCE, ROTANGER.

CLÉMENCE.

Le pauvre garçon!

LOBLIGEOIS.

Dame! c'est lui qui l'a voulu... je ne le lui offrais pas.

CLÉMENCE.

C'est M. Rotanger qui va être étonné.

LOBLIGEOIS.

Oh! ne lui dis rien... Laisse-moi le plaisir de l'écraser. (Apercevant Rotanger.) Justement le voici.

ROTANGER, entrant. Sa figure est souriante. — A part.

J'ai mis des pantoufles, ça va mieux. (Haut à Lobligeois.) Eh bien, et ce client? il est déjà parti?

LOBLIGEOIS.

Oui.

ROTANGER.

Il a dit qu'il reviendrait... comme toujours.

SCÈNE NEUVIÈME.

CLÉMENCE.

C'est ce qui vous trompe... ce client...

LOBLIGEOIS, faisant taire sa femme

Non! moi! (A Rotanger.) Je lui ai vendu un châle.

ROTANGER.

Ah!

CLÉMENCE.

Le châle X-B-T!

LOBLIGEOIS, à sa femme.

Non! moi!

ROTANGER.

Comment! le rossignol rouge?

LOBLIGEOIS.

Lui-même! J'ai rencontré une personne de goût.

ROTANGER.

Une négresse?

CLÉMENCE.

Non, monsieur, une blanche!

LOBLIGEOIS.

Devinez combien?

ROTANGER.

Je ne sais pas, moi... trente-six francs?

LOBLIGEOIS.

Oh!

ROTANGER.

Moins?

CLÉMENCE.

Bien plus!

ROTANGER.

Cent francs?

LOBLIGEOIS.

Plus!

ROTANGER.

Deux cents?

CLÉMENCE.

Plus!

ROTANGER.

Cinq cents?

LOBLIGEOIS.

Plus!

CLÉMENCE.

Deux mille huit cents!

ROTANGER

Deux mille... il ne vous payera pas!

LOBLIGEOIS.

J'ai l'argent...

CLÉMENCE.

Voulez-vous le voir?

ROTANGER.

Oh! c'est inutile. (Vexé.) Mon compliment.

LOBLIGEOIS.

Il me semble que, pour un homme qui ne sait pas vendre...

CLÉMENCE.

Vous n'aurez pas la peine de le mettre dans un cerisier.

Elle remonte avec Lobligeois.

ROTANGER, à part.

Ils font de l'esprit... sur mon dos.

SCÈNE X.

Les Mêmes, ISIDORE, puis CHLOÉ.

ISIDORE, entrant.

Monsieur... (Se reprenant.) Non... messieurs...

ROTANGER et LOBLIGEOIS.

Quoi?

ISIDORE.

Je viens de porter le châle... on refusait de le recevoir.

LOBLIGEOIS.

Qui ça?

ISIDORE.

La maman du petit... Elle prétend que c'est une horreur... elle voulait me le faire reprendre.

LOBLIGEOIS.

Par exemple!

ISIDORE.

Mais, comme il était payé, je n'ai pas voulu... et je me suis sauvé!

ROTANGER.

Très-bien... ce qui est vendu est vendu.

Isidore sort.

LOBLIGEOIS.

Nous ne pouvons pas être à la merci des caprices de nos clients!

CHLOÉ, entrant.

Monsieur...

LOBLIGEOIS.

Quoi encore?

CHLOÉ.

C'est ce jeune homme de tout à l'heure qui a acheté mon châle...

CLÉMENCE.

M. Lancival?

CHLOÉ.

Il est là!... Il veut vous parler.

ROTANGER.

Il faut tenir bon et ne pas nous laisser intimider.

LOBLIGEOIS, à Chloé.

Faites entrer ce monsieur.

Chloé sort.

CLÉMENCE.

Il vient nous faire une scène... il doit être furieux

ROTANGER.

Soyons fermes! ne mollissons pas!

SCÈNE XI.

ROTANGER, LOBLIGEOIS, CLÉMENCE, ADOLPHE.

ADOLPHE, entrant l'air très-souriant et très-aimable.

Madame... monsieur, j'ai bien l'honneur. (Apercevant Rotanger.) Ah pardon!... vous êtes avec un client... quand vous aurez fini, je vous demanderai une minute d'entretien.

Il pose son chapeau sur la photographie de madame Rotanger qui est restée sur le bureau.

LOBLIGEOIS.

Vous pouvez parler... (Présentant.) M. Rotanger, mon associé...

ADOLPHE.

Ah! monsieur...

SCÈNE ONZIÈME.

ROTANGER, saluant sèchement.

Monsieur...

ADOLPHE, au milieu, et s'adressant à Rotanger et à Lobligeois.

Eh bien?

ROTANGER et LOBLIGEOIS.

Quoi?

ADOLPHE, aimable.

Vous m'avez donc fourré dedans?

ROTANGER et LOBLIGEOIS.

Monsieur!

ADOLPHE.

Ah! je ne vous en veux pas... au contraire... Vous comprenez, je suis avocat, je cherche une cause... en voilà une!

ROTANGER.

Comment! un procès?

LOBLIGEOIS.

Mais il n'y a pas de procès possible... Vous avez choisi un châle, vous l'avez payé, on vous l'a livré... qu'est-ce que vous demandez?

ROTANGER.

N'espérez pas nous intimider... nous ne sommes pas des enfants!

ADOLPHE.

Et la facture? vous oubliez la facture?

LOBLIGEOIS.

Eh bien?

ADOLPHE, tirant la facture de sa poche et la lisant.

« Vendu à M. Lancival un cachemire des Indes.. » (A Rotanger.) Y a-t-il « cachemire des Indes? »

ROTANGER.

Oui.

ADOLPHE.

Eh bien, c'est un cachemire d'Amiens que vous m'avez livré... Je ne pense pas que le département de la Somme fasse partie de l'Indoustan.

LOBLIGEOIS.

C'est une erreur... voilà tout!

ADOLPHE.

Tromperie sur la qualité de la marchandise vendue.

LOBLIGEOIS, à part

Saperlotte!

ADOLPHE.

Police correctionnelle, amende... prison...

CLÉMENCE, à part.

En prison... mon mari?

ADOLPHE.

Et affiche du jugement à la porte...

ROTANGER.

Du *Castor laborieux?*... Jamais!

LOBLIGEOIS.

Voyons, arrangeons l'affaire! ce châle vous déplait... je vous le reprends.

ROTANGER.

Et on vous rend votre argent...

ADOLPHE.

Ah! mais non! comme ça, je ne plaiderais pas! et je tiens à débuter... ça fera tant de plaisir à ma mère!

LOBLIGEOIS.

Mais enfin, monsieur.

ADOLPHE.

Non... j'ai un dossier... et je le garde!

LOBLIGEOIS, remontant vers Rotanger.

Que le diable l'emporte! comment nous tirer de là?

SCÈNE DOUZIÈME.

ROTANGER, bas, à Lobligeois.

Mon compliment! pour une fois que vous vendez un châle...

Ils remontent en se disputant à voix basse.

CLÉMENCE, bas et câline, à Adolphe.

Ah! monsieur... ce n'est pas sérieux... vous ne ferez pas un procès à mon mari... vous qui avez l'air si bon... si doux!...

ADOLPHE, bas.

Oh! madame... je vous en prie... laissez-moi traiter cette affaire avec ces messieurs... je sens que je ne pourrais pas vous résister... et il s'agit de mon avenir...

ROTANGER, à part.

Tiens, on dirait qu'il clignote avec madame Lobligeois.

CLÉMENCE, bas.

Ainsi, vous voulez faire mettre mon pauvre mari en prison?

ADOLPHE.

Rassurez-vous, madame... je viendrai vous tenir compagnie.

CLÉMENCE, le regardant langoureusement.

Ah! je ne vous aurais jamais cru méchant!

ADOLPHE.

Non... ne me regardez pas comme ça!

SCÈNE XII.

LES MÊMES, ISIDORE.

ISIDORE, entrant un carton à la main.

Monsieur, on rapporte le châle... le voilà...

ADOLPHE.

Qui ça?

ISIDORE.

Madame votre mère, qui est dans un fiacre, à la porte.

ADOLPHE.

Ah! mais je n'entends pas ça! Je m'y oppose.

Il arrache le châle du carton que défendent Lobligeois et Rotanger. Adolphe sort par le fond avec le châle; les deux morceaux du carton restent dans les mains de Lobligeois et de Rotanger.

SCÈNE XIII.

ROTANGER, CLÉMENCE, LOBLIGEOIS.

LOBLIGEOIS.

Mais il est enragé!

ROTANGER, vivement.

Il n'y a qu'un moyen de sortir de là!

LOBLIGEOIS et CLÉMENCE.

Lequel?

ROTANGER.

Ce jeune homme est amoureux de votre femme!

LOBLIGEOIS.

Comment! Clémence?

CLÉMENCE, vivement.

Je n'ai pas remarqué.

ROTANGER.

Il lui a fait de l'œil... remercions la Providence!

LOBLIGEOIS.

Laissez-moi tranquille avec votre Providence!

ROTANGER.

Il faut que madame se dévoue...

LOBLIGEOIS.

Permettez

ROTANGER.

Ah! les affaires sont les affaires!... il faut qu'elle obtienne cette facture à tout prix!

LOBLIGEOIS.

Comment, à tout prix?

ROTANGER.

Par quelques coquetteries... sans conséquence.

LOBLIGEOIS.

A prix réduit, alors...

CLÉMENCE.

Mais je ne veux pas...

ROTANGER.

Il va revenir... (A Clémence.) Fourbissez vos armes, madame!

LOBLIGEOIS.

Un instant!... que diable!... Un mari ne peut pas consentir...

ROTANGER.

Et l'honneur du *Castor*, monsieur!

LOBLIGEOIS.

Eh bien, et le mien, nom d'un petit bonhomme!

ROTANGER.

Alors, quittez la maison.

LOBLIGEOIS.

Jamais!

ROTANGER.

Alors, que madame se dévoue!

LOBLIGEOIS.

Jamais!

On entend la voix d'Adolphe dans la coulisse.

ROTANGER.

Je l'entends! laissons-le avec madame... ne nous en mêlons pas!

LOBLIGEOIS.

A une condition... c'est que je serai là... derrière cette portière...

ROTANGER.

Ah! quel pauvre négociant!

_{Lobligeois se cache derrière la portière de droite et Rotanger derrière celle de gauche.}

SCÈNE XIV.

CLÉMENCE, ADOLPHE; LOBLIGEOIS et ROTANGER, cachés.

ADOLPHE, entrant.

Pardon, j'ai oublié mon chapeau... Tiens!... vous êtes seule, madame?

CLÉMENCE.

Oui, ces messieurs sont sortis pour aller consulter...

ADOLPHE.

Leur avocat? bravo! ça va marcher!

CLÉMENCE.

Ainsi, monsieur, c'est bien décidé... vous persistez à faire ce procès?

ADOLPHE.

Mon Dieu, madame, je vous ai donné mes raisons... voilà trois ans que je cherche une cause... si je laisse échapper cette occasion, je serai peut-être encore trois ans... Alors je ne débuterai jamais.

CLÉMENCE.

C'est bien, monsieur, je n'insiste pas... mais, je vous l'avoue, une pareille obstination... de votre part surtout... car, d'un autre, je n'y prendrais pas garde... me fait beaucoup de chagrin, mais beaucoup, beaucoup!

ADOLPHE.

Ah! madame!

SCÈNE QUATORZIÈME.

CLÉMENCE.

J'avais cru lire dans vos regards... un peu de... bienveillance.

ADOLPHE.

De la bienveillance? par exemple!... dites de l'amour... le plus vif, le plus passionné.

CLÉMENCE.

Vous m'en donnez une singulière preuve en me refusant la première chose que je vous demande.

ADOLPHE.

Voyons, madame... la, entre nous... qu'est-ce que ça peut vous faire que monsieur votre mari aille quelques jours en prison?

CLÉMENCE.

Comment, monsieur?

ADOLPHE.

Vous ne l'aimez pas, vous ne pouvez pas l'aimer.

CLÉMENCE.

Mais, pardon...

ADOLPHE.

Alors, madame, si vous l'aimez... c'est différent; je n'ai plus qu'à me retirer.

Fausse sortie.

CLÉMENCE, à part.

Comment! il s'en va? (Haut.) Monsieur!

ADOLPHE, revenant.

L'aimez-vous?...

CLÉMENCE.

Vous me permettrez au moins d'avoir pour mon mari de l'estime... beaucoup d'estime.

ADOLPHE.

C'est trop, madame.... il est absent, je ne veux pas en dire de mal; mais enfin il est ridicule, il est laid, il est mal bâti... (Lobligeois montre une tête courroucée et Rotanger une figure radieuse.) Comme son associé, du reste... voilà une caricature! (La figure de Rotanger s'assombrit et celle de Lobligeois s'épanouit. Ils disparaissent tous les deux.) Ah! vous devez bien vous ennuyer entre ces deux.... castors laborieux!

CLÉMENCE.

Mais M. Lobligeois...

ADOLPHE.

Est le père de vos enfants... je sais ce que vous allez me dire.

CLÉMENCE.

Mais non! je n'ai pas d'enfants.

ADOLPHE.

Comment! il n'a pas même ce mérite-là? De grâce, madame, ne parlons plus de ce personnage... qui n'a aucune raison d'être.

CLÉMENCE, à part.

Heureusement qu'il n'entend pas...

ADOLPHE, avec chaleur.

Clémence, permettez-moi de faire descendre dans votre existence un rayon de soleil... un rayon de poésie...

CLÉMENCE, à part.

Il s'exprime vraiment bien!

ADOLPHE.

C'est si bon de savoir qu'il y a quelque part, au palais de justice... un cœur qui ne pense qu'à vous, qui ne vit que par vous.

Il lui prend la main.

CLÉMENCE, voulant la retirer.

Non, laissez-moi...

ADOLPHE.

Votre petite main tremble... la mienne aussi... c'est délicieux!...

La portière derrière laquelle est Lobligeois s'agite.

CLÉMENCE, rappelée à elle.

Vous me rendrez cette facture, n'est-ce pas?

SCÈNE QUATORZIÈME.

ADOLPHE.

Oui... mais vous... que me donnerez-vous en échange?

CLÉMENCE.

Mais... ma reconnaissance...

ADOLPHE.

Je voudrais quelque chose avec...

CLÉMENCE.

Quoi donc?

ADOLPHE.

Un baiser.

CLÉMENCE.

Oh! pas maintenant! (Apercevant son mari qui lui fait des signes.) Jamais!

ADOLPHE.

Pourquoi?

CLÉMENCE, regardant la portière où est Lobligeois.

C'est que je ne sais... (Lobligeois lui fait des signes négatifs.) Non! ça ne se peut pas! (Rotanger passe sa tête et lui fait des signes affirmatifs. A part.) L'un dit oui... l'autre dit non... c'est bien embarrassant.

ADOLPHE.

Un seul! un petit!

CLÉMENCE, à part, tendant sa joue.

Allons! sauvons l'honneur de mon mari!

ADOLPHE, l'embrassant plusieurs fois.

Ah! que c'est bon! ah! que c'est bon!

CLÉMENCE, reculant.

Eh bien, monsieur, j'attends...

ADOLPHE, se méprenant et voulant l'embrasser de nouveau.

Encore?... toujours!

CLÉMENCE.

Non... l'accomplissement de votre promesse

ADOLPHE.

La facture... c'est juste!... je n'ai qu'une parole.

Il tire un papier de sa poche et le jette dans la cheminée.

SCÈNE XV.

Les Mêmes, LOBLIGEOIS, ROTANGER.

ROTANGER, paraissant.

Brûlée!

LOBLIGEOIS, de même.

Elle est brûlée... (A Adolphe.) Nous étions là, monsieur.

ADOLPHE.

Je le sais bien... je vous ai vus assez gigotter derrière vos rideaux.

LOBLIGEOIS et ROTANGER.

Ah bah!

ADOLPHE.

Et c'est pour cela que je n'ai pas jeté la facture au feu..

LOBLIGEOIS.

Comment, ce papier?...

ADOLPHE.

Un billet de garde.

LOBLIGEOIS, à part.

Alors il a embrassé ma femme pour rien?

CLÉMENCE.

Quelle trahison!

ROTANGER, à part.

C'est un polisson!

LOBLIGEOIS.

Sortez, monsieur.

ADOLPHE.

Six heures, je dîne chez ma mère. (Saluant.) Messieurs

madame... j'ai bien l'honneur. (Il prend son chapeau sur le bureau et fait tomber à terre la photographie de madame Rotanger. Se baissant et la ramassant.) Un papier tombé. (Regardant. A lui-même.) Un portrait de femme... Ah! mon Dieu! celui de madame Z!...

LOBLIGEOIS, qui est près de lui et qui a entendu, bas, à Adolphe.

Le dame au tonnerre!... c'était madame Rotanger!

ADOLPHE, bas.

Chut! taisez-vous! (A part, regardant Rotanger.) Ce pauvre homme, j'aurais mauvaise grâce à lui faire un procès... (Haut.) Messieurs... vous allez apprendre à me connaître, je suis un galant homme et voici votre facture.

Il la déchire et la jette à terre.

ROTANGER.

Ah! c'est bien.

LOBLIGEOIS, à part, indiquant Rotanger.

C'est au tonnerre que nous devons ça!

ROTANGER, à part, indiquant Lobligeois.

Il ne se doute pas de ce qui lui pend au nez.

CLÉMENCE, qui s'est rapprochée d'Adolphe et lui serre la main avec effusion.

Merci, monsieur Adolphe, merci!

ADOLPHE.

Ah! Clémence! (A part.) Elle croit que c'est pour elle. (Haut.) Ah! Clémence!

LOBLIGEOIS, à Rotanger.

Ah çà! votre femme a donc peur du tonnerre?

ROTANGER.

Elle... au contraire... ça la rend gaie.

Il remonte à son bureau.

LOBLIGEOIS.

Ah! c'est donc ça. (Bas, à Adolphe.) Dites donc, je voudrais vous consulter sur mon acte d'association : venez dîner avec nous mardi.

ADOLPHE.

Avec plaisir.

ROTANGER, à part.

Il est retors... voilà l'avocat qu'il me faut. (Bas, à Adolphe.) Dites donc, je voudrais vous consulter sur mon acte d'association... Venez dîner avec nous mardi ! ma femme sera revenue.

ADOLPHE.

Ah !... c'est que je suis engagé mardi

ROTANGER.

Alors, mercredi...

ADOLPHE.

Soit ! (A part.) Deux dîners de suite, j'aurais préféré un jour d'intervalle. (Saluant.) Madame... Messieurs...

Il se dirige vers le fond, on l'accompagne.

FIN DU SIXIÈME VOLUME.

TABLE

LE PLUS HEUREUX DES TROIS 3
LA COMMODE DE VICTORINE. 143
L'AVARE EN GANTS JAUNES. 203
LA SENSITIVE 309
LE CACHEMIRE X. B. T 413

ÉMILE COLIN. — IMPRIMERIE DE LAGNY

www.ingramcontent.com/pod-product-compliance
Lightning Source LLC
Chambersburg PA
CBHW070211240426
43671CB00007B/616